ゆっくりの美学

太田省吾の劇宇宙

西堂行人

Nishido kojin

作品社

西堂行人

ゆっくりの美学

太田省吾の劇宇宙

第II部　太田省吾との対話――根源に向かう思考

第Ⅲ部　最後の芸術家——太田省吾の仕事

第Ⅴ部　劇評／書評

付録

第Ⅰ部

太田省吾の〈ゆっくりの美学〉

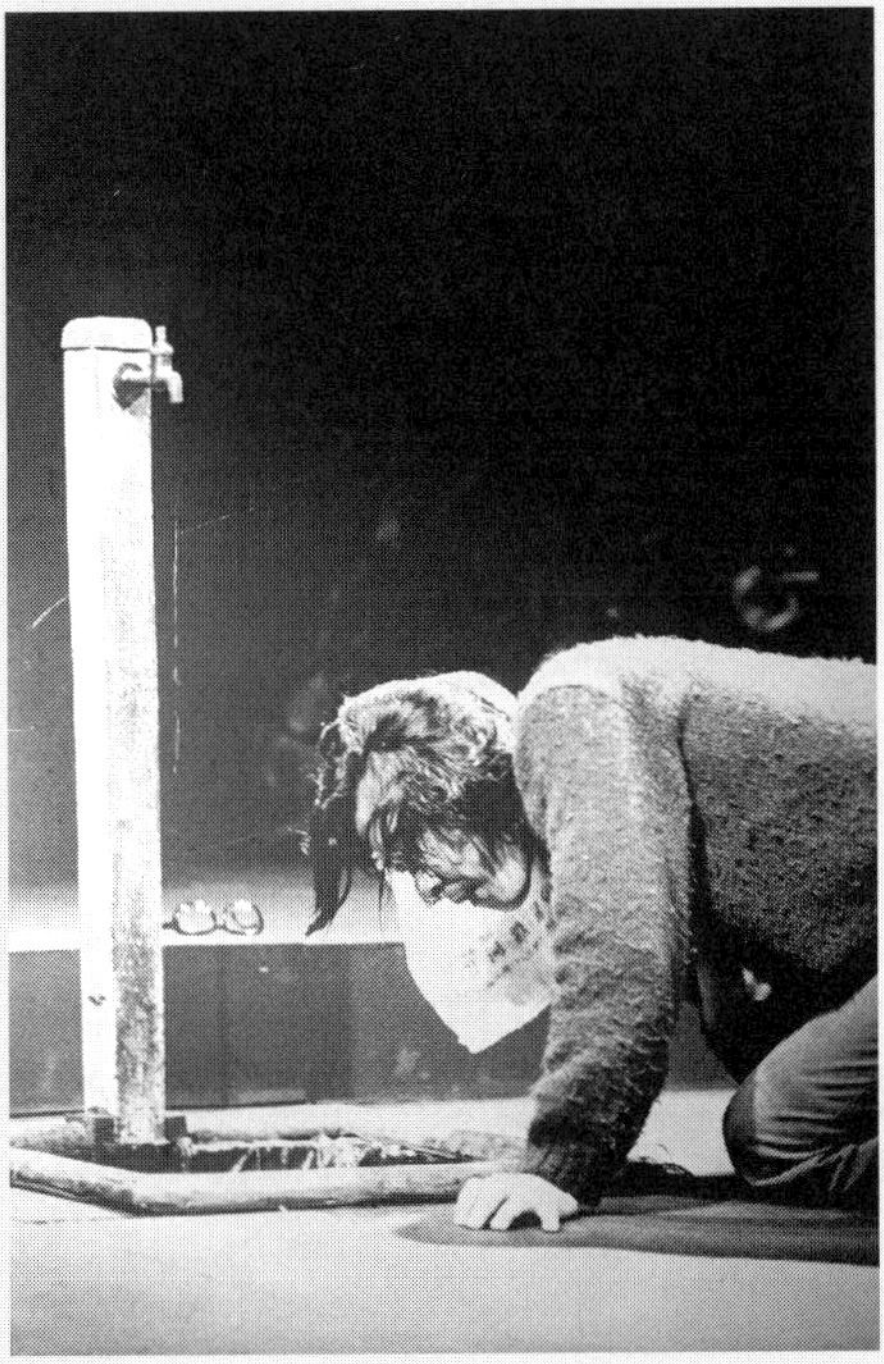

『水の駅』より

第1章　太田省吾のために

毎年夏、妻の実家に帰省する。ほんの数日間だが、わたしには貴重な体験である。その村は、絵にかいたような田舎で、観光になるようなものは一切ない。義母は、「ここは何にもなくて」と言って申し訳なさげにするのだが、わたしは「何もないからいいんですよ」と返答する。が、わたしの真意はたぶん伝わっていないだろう。都会で育ったわたしは、都市の機能を存分に味わってきた。そういう都市生活者のわたしが、「何もない」場所に来て、退屈しきっているのではないか。それが義母の〝申し訳なさげ〟の主たる理由だろう。

朝、窓から差し込む陽とともに目覚め、すがすがしい風が部屋を通り抜ける。小鳥のさえずりや小川のせせらぎも耳に心地よく響き、自然の豊かさに包まれている気分に浸される。眼前にははるかに見える小高い山も生活の背景として存在していることを知ると、都会から来た来訪者には、それは貴重な体験であり、それ自体に「価値」がある。

しかしこの土地に住んでいる人たちにとって、それは当たり前の日常であり、「価値」と名付けるほどのことではない。こうした鄙《ひな》と里の差異に文化的ショックを受けることは珍しくないが、この価値観の相違には実はもっと深い要因があるのではないか。

そこで想起したのが、太田省吾の劇である。舞台の上では何も起こっていないにもかかわらず、なぜかその光景に目を引き付けられ、そこに〈劇〉の在りかを観る。何もないからこそ、普段なら見過ごしてきた事柄に魅力を感じたり、価値を見出したりする。そこにわたしは、「価値」の相違以上の何かを感じるのである。

太田は「演劇」よりも、「劇」という言葉を好んで使っているように思われる。人間が裸で、世界や宇宙、自然に対して徒手空拳で真向かっている時に生まれる軋轢や葛藤、それを「劇」と言ったのではないか。

演劇は人の行為によって、つまり誰か（自分も含めて）を「演じる」ことで、そこに虚構の事象を立ち上がらせる。その力業を、これまで「演劇」と呼びならわしてきた。だが太田はそうした虚構をつくりださない。自然と人間の関わりに目を凝らし、そこにすでに胚胎している事実を、人間（俳優）のささやかな行為で取り出してくる。それは木の中に本質が宿り、それを削り出すことで露わにする彫刻的発想と似ている。それが太田の虚構を演じない〈劇〉ではないか。何もないこと、それは自然の景観と同義だ。その巨大な自然と相まみえることで、人間の中に〈劇〉が生まれる。それをわたしは、太田省吾の劇宇宙と呼びたい。

この〈劇〉を浮上させる仕掛けが「ゆっくりの美学」である。本書はその一つの試みに他ならない。

第2章　太田省吾の「希望」

1……身体の不自由から

太田省吾の演劇を語る前に、あるいは「沈黙劇」を語る前に、わたしは最近自分が体験したことから語ってみようと思う。

二〇一二年の三月、わたしは路上で転倒し、右手首と左手薬指を骨折しました。全身麻酔で手術を受け、術後は右手にギブスをはめ、三角巾で吊り、左手は添え木をするなど、傷病兵さながらの状態ですごしました。食事や風呂もままならず、両手から包帯がとれるまで、約一ヵ月半かかりました。現在では右手は回復し、左手に軽い痺れが残っていますが、普通の生活をほぼ送れるようになりました。

わたしはその間、自分の身体に向き合い、かつてないほど身体についての思考をめぐらしました。それどころか、今まで生きてきたこと自体の見直しを迫られたと言っても過言ではありません。今まで、「前のめり」になって慌しく生きてきたこと、無理して過剰に仕事を抱え込んできたことへの反省、もっとゆっくり行動することの必要性、等々です。

怪我をして気が付いたことがあります。それは世の中が暴力に満ち満ちていることです。道を歩いていても、平気でぶつかってくる人、自分本位で行動し、他人に関心を向けず、他人の迷惑を顧みない者、日々危険がいっぱいだったことです。とりわけ怪我した身体に応えたのは、音です。身体は音に過敏になります。身体に直接働きかける音はノイズと言うより、暴力そのものと言えるでしょう。

他人との接触を怖れた身体は、引きこもりがちになり、自守防衛的になります。今社会問題となっている「引きこもり」とは、身体的弱者の別名でしょう。彼らの気持ちが初めてわかるような気がしました。家の中は、最後の自主防衛の砦なのです。それくらい、家の外に出ると、暴力が溢れているというわけです。自分が弱者となると、他人に少しだけ寛容になり、慮るようになりました。健康な肉体には、考えられない事態でしょう。

わたしは怪我した直後、ある人の本を無性に読みたくなりました。六一歳の時、交通事故に遇い、奇跡的にかすり傷で済んだ竹内敏晴のエッセイです。もともと彼は演出家でしたが、演劇教育に長年携わり、後年は、身体のワークショップを開拓して、数々の身体についての著作も残しました。中でも一九七五年に刊行された『ことばが劈《ひら》かれるとき』は、今でも多くの人に読み継がれている名著です。竹内は身体から思考し、障がい者やマイノリティの生き方を考え抜いた人です。強者によって構成されている社会の仕組み、演劇のあり方にも通じる思考です。

彼の言葉に、「したくないという自由」があります。日々の生活でつねに何かをせざるをえない現代人のストレスは相当なものです。ならば〝身体が拒絶すること〟はしなくていい、ということを言ったものです。あるいは「じかの思想」という言葉もあります。本当のことは直接触れてみなければその真偽がわからない。そうした身体接触の本質について言及したのです。

高校生の時まで、耳が不自由だった竹内は、ようやく他人の声が聞こえるようになり、他人と接触できるようになって、からだが解放された、つまり「劈かれた」という経験をしました。それが「からだ＝ことば」が劈かれた瞬間なのです。その時になって、ようやく他者に呼びかけが可能になった、と竹内は言っています。


実は竹内の本を読み返しながら、わたしが連想していたのは、太田省吾の演劇であり、思想でした。太田のエッセイに「人はどういうことがしないでゐられないだろう」というタイトルのものがあります。人間の行動の選択肢を洗い出していくと、いろいろな物が不要となり、最後に残るものは、本当にやらなくてはならないことだ、ということです。言ってみれば、消去法、つまり引き算の思考です。

太田省吾の沈黙劇は、言葉を無言にすることが大事なのではなく、動きを極度に緩慢にすることが重要だと言っています。これは言葉が奪われていく過程で、ついに沈黙に至り着いたということです。つまり究極の引き算です。

彼のキーワードの一つである「裸形《らぎょう》」は、演劇の要素を一つずつ取り除いていって、最終的に残るものが「裸形」だということです。そこで存在の意味が問われるのです。

太田はまた雄弁な言葉よりも朴訥な言葉を、目明きで明晰な思考より、盲目で視界の見通しにくい思考をより重視しています。いずれも弱者の側に立った思想です。弱者はつねに「受動的」であり、権力を持った者に操られ、支配されてがんじがらめにされる存在です。明晰で達者な言葉に、いつでも懐柔されているのです。それをどこかでウソだと見抜き、拒絶するのは身体です。というより、本来言葉ほど明晰でない身体は、そのウソを直観的に見破り、虚偽を察知してしまうのです。

怪我した直後のわたしはそうした身体のあり方を見つめ、そこで自分に言い聞かせたことがあります。「〈無為〉を生きる」ということです。骨折した状態から回復するには、じっと動かず、できるだけ何もせず、そのまま放っておいて、骨がくっ付くのを待つしかありません。つまり、わたしはゆっくりとした時間を「〈無為〉のままにすごす」ことを強いられ、それをすすんで受け容れたのです。それはまるで太田省吾の劇を観ている時のようでした。

しかしそこで、確実に何かが変わるのではないか。一旦、身体の機能を失ってみると、別の機能が起きだし、世界の見え方が変わってくるではないか。そんな解体と再生の契機が、わが身体に訪れたのではないかと思いました。

2……絶望の底からの希望

太田省吾の『小町風伝』(一九七七年)の中に、こんなシーンがあります。

終盤近く、舞台上から家具が一つずつ運び出され、それを老婆が見ながら、箪笥や卓袱台、襖といったものが「川に流されていく」と譬え、「どう、なにもかもなくなるって、割合いいながめね」と語るのです。この言葉を今聞くと、津波の光景を思い出さざるをえません。その後、「脱皮する時の気持ちがわかるような気がするわ、あの虫たちや蛇たち、こんな楽しみを味わいながら生まれてくるんだわ」で締めくくるのです。

津波で家や自動車が流されていく光景を、被災者たちはどんな気持ちでながめていたでしょう。被災直後には、とても「いいながめ」とは言えなかったでしょうが、時間が経って、徐々に回復、再生するにつれ、「脱皮する」という言葉は、案外しっくりきたのではないでしょうか。

老婆の台詞の後、ト書きはこのように綴られています。

「部屋って、この世をせばめる枠なのね。なくなってみると、宇宙と仲よくなる気持」。

ト書きが台詞体で書かれているのは『小町風伝』の非常に大きな特徴でもあり、これを書いた太田はたぶん無意識で書き付けてしまったのでしょう。しかしこの自由な記述は最大の収穫だったと考えられます。わたしは同じ一九七七年にハイナー・ミュラーによって書かれた『ハムレットマシーン』との類似性を想起しました。ミュラーもまたト書きと台詞の境界を超えてしまったのです。

部屋が解体され、自由な連想の翼に乗って、老婆はこの世と地続きで、その向こう側に「宇宙」を想定しています。この部分は、晩年の太田の思想と呼応するところです。

太田は絶望の向こう側に、辛うじて手触れる「希望」を見ていたのではないか。安易に希望を語れないことを重々承知の上で、あえて「脱皮する」と言ってみたり、「なくなってみると、宇宙と仲よくできる」と前向きに捉えるのです。下手をすれば、不遜に聞こえるかもしれない言葉を、ぎりぎりのところで切り出している。わたしにはそう思えました。それは悲劇に「希望」を見ることだと思います。

ギリシア悲劇の代表作『オイディプス王』の主人公は、怪物スフィンクスを倒して国を救ったという功績で王位に就き、市民からの賞賛と妻と子供たち、つまり家族を手に入れました。そして最後には、自らが望んだ通りの知＝自分の出生の秘密を知ります。だがその「発見」は直後の彼の運命の「急転」となり、オイディプスはすべてを失います。ある意味で、絶頂の時期から一気に転げ落ちてしまった、それが『オイディプス王』の悲劇です。

最後の最後で、オイディプスもまた「何もかもなくして」しまったのです。しかも彼は自らの目を潰し、光も失った。自らの光＝知をも「なくしてみた」のです。絶望の中で、彼は国外に出て行く。しかしオイディプスは死を選びませんでした。あらゆる苦難と辛苦を背負いながら、生きることを選んだのです。しかも最弱者となって。最弱者を引き受けることで、彼は神に立ち向かい、生きることの希望を未来に託したのです。それが悲劇を引き受けることでしょう。

とすれば、ソフォクレスから現代の太田省吾まで、同じテーマが変奏されているのではないでしょうか。それは津波によって何もかも奪われてしまった者たちへも引き継がれていきます。こうしたテーマは、現在を生きるわれわれに等しく迫ってくる問題でしょう。

太田省吾がなぜ「沈黙劇」に至り着いたのか。言葉を失い、動きが緩慢になり、何もかも奪われてしまう過程で、すべてを奪い尽くされた地点、つまり死者の視線から、現在を見返すこと、そこに「希望」や「未来」を見ようとしていたのではないでしょうか。そうわたしは今、考えています。

（二〇一四年）

第3章　沈黙、減速、老い——「伝統とゆっくりの美学」から

0……問題提起

今回のセミナー[1]「伝統とゆっくりの美学」のタイトルから、わたしが思い浮かべたのは、以下の三点である。

最初に想起したのは、太田省吾の「沈黙劇」である。「沈黙」は主として一九八〇年代に展開された太田と転形劇場の方法だったが、この時代の主流は、「速度感ある動きと饒舌の演劇」だったので、こうした潮流に対して太田はどう闘ったのか。これが本稿の一つの主題となる。

次に連想したのが、ドイツの劇作家ハイナー・ミュラーがベルリンの壁崩壊後に語った「減速化」という言葉である。[2]東ドイツの作家であるミュラーは、統一後、強大な資本主義国・西ドイツに呑み込まれる祖国に対して、オルタナティブの方向をこの言葉で指し示そうとした。それが今回の「ゆっくり」というテーマとどう結びつくのか。美学と社会システムの関係がここでは課題となる。

最後に、蜷川幸雄が展開中の「老いの演劇」である。彼は二〇〇六年に芸術監督を務める「彩の国さい

たま芸術劇場」の中に、「さいたまゴールド・シアター」というユニークな劇集団を創設した（二〇二一年をもって解散）。これは五五歳以上を対象とした劇団で、現在四一名の劇団員の平均年齢は七四歳、最高齢は何と八七歳である。彼らは職業俳優とアマチュアの中間のような存在なのだが、彼らの創り出す舞台は、他のどこことも違う雰囲気を醸し出す。一九三五年生まれの演出家・蜷川が日本の高齢化社会に向けた「老いの演劇」の実践例としても注目される。

以上、三つの事柄から、太田省吾の演劇を軸に今回のテーマを考えてみたい。

1……太田省吾と転形劇場の「沈黙劇」

「沈黙劇」は太田省吾と転形劇場の代名詞のようになっているが、この「沈黙」とは、言葉を喋らない「無言」の劇である以上に、動きを遅くすること、緩慢さが実は重要なのだと太田は言っている。つまり、動きや喋りを遅くした結果が、「沈黙」に行き着いたのである。

では速度ゼロ＝沈黙に向かうプロセスはいったい何を意味しているのか。具体的に、「沈黙劇」にたどり着いたプロセスを考えてみよう。

一九七七年に発表された『小町風伝』は、一般的に最初の「沈黙劇」と言われている。太田が「沈黙」という方法を発見したのは、主人公である老婆が舞台上で一言も発しなかったことが、実に効果的な舞台の美学と結びついたからである。

この舞台は矢来能楽堂で初演されたのだが、開幕は圧巻だった。本物の能舞台の橋掛かりを老婆がゆっくり歩んでくるシーンから始まる。およそ七、八メートルを二〇分くらいかけて登場するのだ。観客は静まり返った舞台を固唾を呑んで見守ることになる。

前述したように、七〇年代後半から八〇年代前半にかけて、時代は饒舌で速度感に富んだ芝居が流行していた。わたしもまた、笑いに包まれていた当時の小劇場の芝居の中で、初めて観た転形劇場の舞台に度胆を抜かれた一人であった。

冒頭の二〇分余り、観客はこんな反時代的な超スローモーションに立ち会って、別天地に連れ出されたことは言うまでもない。しかし観客はほどなくして、この舞台に接するにふさわしいチャンネルを探し当て、舞台との適切な距離を見出していった。つまり観客は、舞台の〈実験精神〉を受け容れていったのである。

「老婆」こと駒子さんは、一八年間に三言しか喋らない痴呆症にかかった老人である。だが彼女の内面は決して空白ではない。自身を中世の絶世の美女であり歌人の小野小町だと思い込んでいる彼女は、その内面でさまざまな妄想や欲望が渦巻き、過剰なほどに想像力が高速回転している。だが彼女は舞台では一言も発しない。彼女は現実生活では、排泄もままならぬ要介護者であり、身体のありさまは彼女の内面を裏切ってしまうのだ。

ところで、この老婆の内面は、当初台詞で書かれていた。モノローグともつぶやきともつかぬかぼそいその言葉は、転形劇場の公演ではついぞ発せられることはなかった。なぜか。それに関して、太田は興味深いことを語っている。

この戯曲台本を能舞台で上演するさい、日常の軽い言葉では能舞台という伝統的な空間には拮抗できない、台詞が「舞台に蹴られた」と演出家・太田省吾は語っているのだ。そこで太田は、伝統的な空間と対決するために、小町＝老婆のセリフをすべて削り、内語にした。これが結果として「沈黙」になり、舞台の成功に繋がったのである。

『小町風伝』

ここで興味深いのは、李潤澤《イ・ユンテク》演出による『小町風伝』である。彼は日本と韓国で『小町風伝』をそれぞれの言語で演出しているが、舞台上で発せられなかった小町の台詞を語らせたのである。その台詞はつぶやきや誰に向かうわけでもないモノローグだが、李氏は太田の台詞の中に「詩」を発見したという。これを舞台上で語らせないのはいかにももったいないと考え、あえて台詞を外化したのである。その結果、俗語にまみれた小町＝老婆の内面が赤裸々に吐露され、饒舌な小町が浮かび上がった。ただしそれは対話体ではなく、あくまで小町の内語であることは徹底された。舞台の外側から発せられる言葉は、時として舞台に対するコメントとしても機能した。

その結果、舞台は活き活きした祝祭的気分を醸成し、小町を始め登場人物は、賑々しくも当意即妙に演じていくのである。舞台は華やいでいったことで、転形劇場バージョンとはまったく異なるものになっていった。つねに目前にいる観客を対象にやり取りする韓国演劇にふさわしい方法とも考えられる。

太田演出では、老婆の無言は、沈黙ゆえに崇高というのが一般的な評価だった。が、俗語まみれの韓国版の老婆からは、崇高さは錯覚だったのかと思わせられたのである。

世俗に降りてきた『小町風伝』は思わぬ副産物も引き連れてきた。例えば、介護を必要とする高齢者はいったい何を考え、何を生きがいとしているのか。淡々と時間をすぎゆくままに生きているというのは俗説ではないか。とりわけ高齢化社会のおける性の問題がここで浮上してきたのは、思わぬ副産物だった。

2……『水の駅』――沈黙劇の方法化

次の『水の駅』（一九八一年）は、最初から「沈黙」を前提に創作された。テクストは上演のための進行用台本、スコア（上演譜）のようになり、動きの指定や、上演イメージが画で示されることもあった。

ここで「沈黙劇」は、方法化されたのである。動きや喋りの「遅れ」ゆえの「沈黙」は後景に退いた。

ここで注目したいのは、時間の遅度による観客の受容の変化である。

例えば、人は時速四キロで歩く時、時速一〇〇メートルで歩く時、それぞれまったく異なる風景を見ていることになる。時速四キロなら、漠然と風景をながめている。けれども時速一キロになると、店の看板の文字をじっくり見ることができる。これは凝視と言ってもいいかもしれない。そこで普段見逃していた絵面《えづら》を再発見することになるだろう。時速一〇〇メートルになると、足を止めて空間に佇む、あるいは周囲の風景の中に立ち尽くす、といった感覚に近いだろう。顕微鏡で細部を覗き込む感覚である。時間の遅さは、観客に舞台上のオブジェである俳優の身体をどのように観るかの変化にも影響を及ぼす。

演じる俳優もまた身体を分解して、細部にまで神経を行き届かせる。俳優は身体の内部に向かう時、冷静さや内省、自己集中が重要になる。

一九八〇年代の小劇場演劇は、つかこうへい、野田秀樹、鴻上尚史らに代表される「速度の演劇」が主流だった。時代の目まぐるしさに対応する舞台形式がメインストリームにあったことは疑いのないところだ。観客が激増し、知名度を一気に上げて時代の寵児になることも猛スピードだった。これは高度消費社会＝高度情報化社会にふさわしい演劇のあり方であり、後期資本主義に適合したスタイルと言っていい。さらに付け加えれば、資本主義の謳歌と肯定が絶対不動だったのである。

こうした時代潮流にあって、その対極に太田省吾と転形劇場があったこと、それがいかに奇跡的なことであったか、改めて認識すべきだろう。同種の傾向として、岸田理生と楽天団、岡本章と錬肉工房らがあり、ゆったりとした台詞回しと身体＝演技を見せることで共通していた。いわば「前衛精神」の正統的な発露なのだが、こうした「芸術的志向」がきわめて分の悪い闘いであったことはたしかだろう。

したがって一九八〇年代の東京の小劇場とは、賑やかでアグレッシブな流行的演劇と、その対極にある反時代的な演劇の幅で捉えるべきだろう。これをより抽象化するならば、芸能的な現象と本質的な芸術の追求ということである。

転形劇場の解散は一九八八年だったが、「沈黙劇」という方法が実験され、着実に方法化されていったのは、やはり転形劇場という集団が持続的に活動し、実験が繰り返されていたからに他ならない。そして八〇年代末、ある意味で絶頂期にあったにもかかわらず、活動は停止し、劇団は解散した。芸術文化振興基金など助成金制度ができる前夜のことである。こうして類稀な前衛集団の活動は頓挫してしまったのだ。ただし、「沈黙劇」は「駅」シリーズと名を替えて、太田の個人的なプロデュース作品として生き延びた。『砂の駅』（一九九三年）、『水の駅－2』（一九九五年）、『水の駅－3』（一九九八年）らがそれである。

3……太田省吾と裸形の演劇

他方で、太田省吾は台詞劇の意欲的な試みも行なっている。その好例が『更地』（一九九二年）であろう。この劇は初老の夫婦の二人芝居である。かつて自分たちの棲んでいた家の跡地を訪ねた二人は、以前の夫婦生活を回想しながら、一つ一つの事象をたどっていく。ひとしきり回想の時を刻んだ後、終盤、実に興味深い台詞を語る。

「なにもかも、なくしてみるんだよ」という台詞である。

この台詞の後、舞台奥から大きな白い布を取り出し、舞台全面を覆ってしまうのだ。これはそれまでの芝居をリセットする意味もあり、過去の封印、といったニュアンスもあるだろう。と同時に、何もかもな

『水の駅』

くなってしまった後の解放感も漂っている。

『なにもかもなくしてみる』とは太田省吾のエッセイ集（二〇〇五年、五柳書院）のタイトルにもなっているが、晩年のキーワードでもあることに注目したい。

この言葉には言い知れぬインパクトを感じる。「なにもかも」とはいったいどこまで指すのだろう。文字通り生活の一切合財なのか。だが命までなくしたら、この言葉を背負う主体がいなくなってしまう。それとも誰かが引き受けて、リレーしていくことを意図しているのだろうか。

また「なくしてみる」とは、どういうことを指すのか。それは意志を表わし、積極的に棄てることを意味するのか。あるいは外部からの力によって、否応なく「なくされてしまう」という意味も含んでいるのか。だがそこでも、自らの命以外、すべてをなくしてしまったら、その残った命も自ら「なくしてみよう」とは思わないだろうか。

この言葉を思い出したのは、東日本大震災の津波の映像を見た時である。命は残っても、自分がこれまで積み上げてきたものが一挙に押し流されてしまったら、わたしたちは「その後」を毅然として生きていけるだろうか。わたしには確たる自信を持てなかった。

「サバイバーズ・ギルト」という言葉がある。生き残った者が、亡くなった者たちに対して「すまない」と思う罪悪感から出て来た言葉である。紙一重で津波から生き残った者たちは、亡くなった家族や親類縁者、隣人や友人たちにそのような後ろめたい思いを抱いたという。なぜ救えなかったのか、自分がもっと別の判断をしていたら、救えたのではなかったか、と。

だがこの思いは、何も今に始まったことではない。戦後の日本に帰還した兵士たちは、皆一様に戦友たちへの悔悟と無念の思いを抱いて帰国した。同じ戦場で闘った者たちへの連帯の情、罪のないアジア人を殺してしまった罪悪感。彼らは戦後の日本で、彼ら死者たちの思いも背負って生きていくことを強いられた。

舞踏家の大野一雄は、戦争体験をベースに舞台創作にいそしんだ。彼は戦地で亡くなっていった戦友たちの思いを背中に背負いながら帰国したに違いない。その思いを当人に代わって代弁する責務にかられた。それが彼の舞踏であろう。

戦後派と言われる作家たちは小説を通して、その思いを言語化してきた。武田泰淳の『ひかりごけ』などはその代表例だろう。現地で生き残るために、戦友の死体を「食べた」男の話である。過酷な生存の条件は、人をして非日常的な行為に赴かせる。

生き残った者たちは、「なにもかもなくしてしまった」ところから何かを始めなくてはならない。彼らは、亡くなった死者の代弁者となる。それは当事者としての自分を表現するのではなく、「死」を免れた非当事者として死者を演じることになるだろう。この「代理性」こそが演劇＝芸術というものの存立条件だ。

否定され尽くした後に辛うじて残った言葉。それが「なにもかもなくしてみる」である。これは太田の演劇論の骨子をなすキーワード、「脱衣」、「引き算の演劇」、「裸形《らぎょう》」という言葉と響き合う。身体行為を引き算していってたどり着いた「沈黙」。これはポーランドの「演劇実験室」のイェジュイ・グロトフスキが提唱した「持たざる演劇」（Poor Theatre）、すなわち貧困ゆえの「持たざること」＝「なくしてみる」こと、あるいは「奪われること」と繋がる。「なくす」ことと、「奪われる」ことは、ここでは同意なのだ。

4……ハイナー・ミュラーの減速化――脱資本主義的演劇

ここでドイツの劇作家、ハイナー・ミュラーの語った「減速化」について言及しよう。

ミュラーは「資本主義は前進運動である」ことを前提に、「東においては減速化の原理、西においては全面的な加速化の原理が、それぞれ支配している」▼3とした上で、「減速化」を提唱した。そこで社会主義というのは、イデオロギーの問題である以上に、社会システムの問題である。資本主義のように、つねに問題解決を先送りし、矛盾を未来に送り続け、決着をつけないことを批判するシステムとして社会主義を考えたのだ。ミュラーにとっては、社会主義は資本主義にとって替わるオルタナティブであり、未来の人間社会の実験段階だったのである。

これを演劇に転用すると、こうなる。アリストテレス以来のドラマの構造とは、問題解決を引き延ばすことで観客の意識を宙吊り状態にし、心理的ストレスを蓄積させ、最後の謎解きのクライマックスを経て、カタルシスをえる。これが「ドラマ演劇」の原型だった。「推理」劇の意味で使われるサスペンスという言葉は、もともと「宙吊り」を意味する。

言うまでもなく、このドラマ批判を最初に行なったのは、ブレヒトだった。ドラマ形式を批判して、ブレヒトは「叙事的演劇」を対置した。そこでは、問題解決を先送りせず、その都度現在形で捉え、観客は不安定な宙吊りでなく、現状を正しく認識した上できちんと判断できるようにしたのである。観客は劇の熱狂に巻き込まれず、その外にあって冷静な観察者の立場を獲得した。舞台と観客の相互性、インタラクティブな関係を重視するブレヒトの演劇論はここに集約される。

ここで重要なのは、つねに矛盾や問題点を先送りせず、現在において批判を成立させることである。言い換えれば、〈現在〉を等閑に付す資本主義的思考を停止させ、〈今ここ〉という現在性を立ち現われさせることである。そこに「批判力」が生じる。

ブレヒトの後継者であるミュラーはこれを踏まえながら、猛スピードで回転しながら目くらましまししていく資本主義的演劇を批判し、「減速化」というスローイズム、もしくは時間を遅巻きにし、現実を直視できる速度で劇を進行させることを提唱したのである。先の歩行の例で言えば、時速一キロ程度なのかもしれない。もちろんこれは比喩だが、発想としては、太田はブレヒトやミュラーと通じるところがあるだろう。

一般に「社会主義」は、私有財産の徹底的非所有や生産性合理主義の解体などを意味する。が、ミュラーはもう少し広い意味で捉えていた。彼の言う「社会主義は実験段階」とは、資本主義との対立としての社会主義や、資本主義を乗り越える社会主義ではなく、もっと別の、オルタナティブを志向していたのではないだろうか。唯物論的弁証法ではなく、二項対立の既存の思考法の外し方、脱臼の方法をミュラーは芸術論的に考えていたのだと捉えることができる。

これを敷衍すれば、世の中の支配的でない考え方や切り捨てられてきたものの再評価、見直しということにも通じてくる。つまり「減速化」とは社会のあり方そのものの実験であり、オルタナティブはポスト資本主義的なのである。

5……蜷川幸雄の「老いの演劇」——老態から沈黙へ

ここでもう一つの事象を上げよう。日本演劇を代表する演出家・蜷川幸雄が二〇〇六年から開始した「さいたまゴールド・シアター」は、高齢者による演劇活動である。

最近発表された『鴉よ、おれたちは弾丸をこめる』は、大変感銘深い舞台だった。清水邦夫作、蜷川幸雄演出、現代人劇場による一九七一年の初演は、当時三十代だった清水、蜷川や俳優の石橋蓮司、蟹江敬三、緑魔子ら「若者たち」によって上演された。これが四二年ぶりに再上演されたのである。

この劇は成田空港建設のため、農民が住んでいた三里塚の土地を収用し、そこにアジア最大級の空港を建設するという、まさに日本資本主義の野望が背景にあった。この建設を阻止しようと爆弾闘争に走った若者たちが裁かれる法廷に、農民の老婆たちが雪崩れ込み、占拠してしまうというのが劇のあらましである。この老婆たちを、二〇一三年版では、実際の老人たちが演じることで、作品が一新した。

七〇年代の初演では若さや輝く肉体が全面に押し出されていた。老人を演じる若者の演技は、いかにも「虚構」を感じさせるものであったろう。だが今回は本物の「老い」や「貧しい肉体」がそこに対置されたのだ。まさに実物大の肉体がそこに現前したのである。虚も実もないまぜになった不思議な空間が現出したことは言うまでもない。

だがそのことで、老齢の俳優たちでしか立ち現われることのない舞台の可能性が引き出されたことは疑いない。とりわけ老婆たちは怒っていた。社会的地位や建前にしがみつく男たち＝支配者たちに対して、何も持たぬ農民たち（＝婆ぁたち）は怒りをぶつけた。虐げられてきた老婆の呪詛にも似た言葉が外化される時、高齢者たちの内なる思いが一挙に吐き出された。そこには長く生きた者でなければありえない人生の重みと厚みがあった。

シェイクスピアの『ハムレット』のセリフに「俳優は時代の縮図、生きた年代記」という言葉がある。これがまさに舞台で実現したのである。

ところで、一九七〇年代の転形劇場は「老態」シリーズというものを展開していた。『小町風伝』まではその一貫と考えることができる。『小町風伝』は最初の沈黙劇であると同時に最後の「老態演劇」となるのである。とすると、「沈黙劇」とは「老態」シリーズの延長線上にあると考えられないだろうか。

これは伝統演劇である「能」に近づいたとも考えられる。「能」もまた死者の視線から現在を見返すことを本質とする日本の芸能である。ゆっくりとした演技と幽玄と形容される静謐な美学を内包させているのが能だからである。

6……「ゆっくりの美学」は、何をめざすのか？——資本主義の〈彼方〉へ

ここまで太田省吾の「沈黙劇」を軸に、ミュラーの社会思想や、蜷川幸雄の「老いの演劇」に言及してきた。三者は、時代こそ異なるが、現代社会の危険な兆候を前にした人間による時代の閉塞感への抵抗であり、芸術の行き詰まりへの批判と考えることができる。

資本主義社会によって前進運動に駆り立てられ、立ち止まることを許されなくなった人間が対抗運動として展開したのが、上記の活動ではなかったか。ただし、あからさまな挑発や暴力的な対抗性を露わにせず、きわめて知的で洗練された静謐さをもってして。

ゆっくりさ、緩慢さ、時間の遅れ等々、いずれも資本主義の向こう側に何か探ろうとする試みであると思われる。これをオルタナティブとするなら、オルタナティブはポスト資本主義社会での芸術のあり方を指し示すものではないだろうか。その実践例が沈黙劇であり、減速化された演劇のオルタナティブであり、老いの演劇に他ならなかったのである。

わたしたちはこうして、「ゆっくりの美学」の中に、現在を、批判精神をもって表現活動していく根拠

を見出すのである。

（二〇一三年）

▼1　本稿は二〇一三年八月一日、韓国・密陽市で開催された「夏の公演芸術祭〈祝祭〉」のセミナーで発表された原稿をもとに加筆したものである。

▼2　「ユートピアをテロリズムから救い出す——オルターナティヴとしての東ドイツ」より。ハイナー・ミュラー『人類の孤独——ドイツについて』（照井日出喜訳、窓社、一九九二年）、四頁。

▼3　前掲『人類の孤独　ドイツについて』、四頁。

第Ⅱ部

太田省吾との対話

根源に向かう思考

第1章 太田省吾と沈黙の演劇

1……最初の記憶

西堂行人　今日は「アングラの源流を探る」ということで、太田さんの初期の頃の話を中心におうかがいしたいと思います。とりわけ、実際に演劇をやるまでの動線というのはどのようなものであったのか。

太田さんは一九三九年に中国で生まれ、戦後まもなく日本に引き揚げられています。その当時のことを書かれたエッセイで、一家で引き揚げる時のことに触れられています。港までたどり着くのに、子供でも大きな荷物を背負ってずっと歩かなくてはいけなかった。それで重さに耐えかねて、荷物を一つずつ捨てていったというエピソードです。子供心ながら何か捨てていくということが、太田さんのその後の創作活動に何らかの影を落としていたのではないか。今このエッセイを読むとそう感じるのですが。

太田省吾　普通記憶というのはだいたい何歳頃から始まるのかわかりませんが、いろんな人と比較してみると僕は遅いような気がします。六歳以前の記憶があまりない。敗戦時以降ということです。「引き揚げ」というのは歩くだけじゃなくて、覆いのない汽車に揺られたり、逆に閉じ込められた貨物列車を乗り継ぎして、ようやく港にたどり着くわけです。その前後の記憶はかなりあるんですが、例えばその時強烈だったのは、ドンドンドンと門を叩かれておじさんが出て行くと刺された、という敗戦と同時の記憶です。それ以降の引き揚げのさまざまなことによって以前の記憶が飛ばされてしまった。そういうことじゃないでしょうか。

引き揚げの体験は今考えると、二つの面があるような気がします。一つはとにかく手にしているものを手離す、なくなってしまうということ。しかし一方では、こういうふうにして始まった少年時代というのは非常に楽天的になりますね。何とかなるんだ、全部捨てても何とかなるというような楽天性がある。それからわが祖国というか、日本に対しての祖国観というものはまったくない。だからナショナリズムに関してはかなりの抵抗感があって、今の風潮なんかは非常に嫌だという感じになる。その二つがあると思います。

ちなみに少し説明すると、別役実さんはもっと北のほうの満州なんですね。僕は北京だから、こっちのほうが引き揚げ状況はそれでも楽だったんだと思いますよ。別役さんは二つぐらい上だからある程度少年の記憶があるようですが、そういう違いはあります。

西堂 意外なのは、そういう少年時代の苦しい思いが〝楽天的〟というか〝身軽〟になった感覚のほうが勝るということですね。それでそのまま東京にたどり着かれるわけですか。

太田 両親の故郷が北海道ですから、そこへまず行って、親父が東京で仕事することになり、また戻ってきた。小学校二年生から東京ですね。

西堂 太田さんは裕福な家庭で育ったようなイメージがあるのですが。

太田 裕福ではないんだけど……。つまり学習院に進学したってことでしょ(笑)。もちろん、学習院にはそういう（華族関係）人たちもたくさんいましたが、日本の近代がたどってきたもう一方の側の庶民の欲望が絡んでいたんじゃないでしょうか。（戦後は）誰でも入れるようになったわけですから。親父の場合は北海道の農村で育って、そこでは生きていけないから、専門学校に入って建築土木の仕事をやる。そのせいで、中国でダムを作ったりトンネルの設計をしたりしたわけで、僕は中国で生まれることになったんです。ですから父親が学習院に入れたことには、戦後の解放を利用するような気持ちが働いていたんじゃないでしょうか。

西堂　それで東京に帰られて小学校から学習院ですね。その頃、演劇評論家で劇作家の菅孝行さんと一緒だったんですね。

太田　その時から高校までずっとね。小学校四年生から学習院だから。

西堂　四年生というと一〇歳ですか。菅さんは早熟で、高校時代には一緒に同人誌まで作る深い仲ですね。

太田　彼の親父はもの凄く偉い人でね。三島が自決した市ヶ谷の駐屯地の上に丘があって、それを見下ろすような場所に自宅があった。陸軍中将だからね。そういう家に育ったというのが、彼が左翼の運動に入る要因になったと言える。僕とは違う立場だけど、これもまた近代日本から生まれるべくして生まれてきた道という感じですね。それで同人誌は高校時代に二人だけで作りました。普通詩とか小説でやるのですが、全部戯曲でした。でも僕はそれまでものを書いたことがなかった。

西堂　ということは太田さんは高校時代に初めて戯曲を書かれたということですか。

太田　書きました。その一本を大学生が取りあげて上演した。それがこの道に入るきっかけになりました。菅は演劇を高校時代からやっていたのですが、僕はスポーツ少年でした。同人誌と言うと、詩とか小説とか書くのが自然だと思うけど、それが何か恥ずかしいという感じがあった。僕としてはスポーツだけでは満たされないものがあったんでしょうね。そっちをどうやって満たそうかという気持ちが湧いていた時に読書会に誘われて彼と接点ができました。

西堂　ちなみにその戯曲は今読むことは可能なのですか？

太田　できません。幸せなことに（笑）。

西堂　もう散逸されてしまったわけですね。その処女作はそれ以前に演劇の勉強をして書いたというのではなく、いきなり書かれたわけですか。誰かの影響を受けたというのはありましたか？

太田　書くにあたっては、恥ずかしいんですけど一つだけ修業したんです。それはチェーホフの『かもめ』をノートに全部書き写したんです。それだけが修業でした。

西堂　写経したわけですね（笑）。なぜ『かもめ』だったのでしょうか。しかもなぜチェーホフだったのか。高校時代にチェーホフを読むというのはかなり大変じゃないですか。チェーホフはある程度の年齢にならないとわからない。僕も高校時代に読んだ時まったくつかめなかった。いきなりチェーホフへいくというのは太田さんの資質としては興味深いものがありますね。

太田　まあ、とにかくそれが唯一の修業でね。それだけで書き始めちゃった。『恋重荷』というのが謡曲にありますが、同じモチーフのものとしては『綾の鼓』がある。ほとんどあれに似たようなものでした。

西堂　三島由紀夫が『綾の鼓』を書いたのは一九五二年ですが、それは読まれていなかったわけですね。少し幻想的でリアリズムとはかなり違った作風ですが。それで大学時代は演劇部に入って活動するのですか、学習院大は演劇サークルが盛んですよね。

2……学生演劇の動向

太田　大学には（サークルが）二つありまして、いわゆる演劇部はモリエールなどを訳された鈴木力衛さんがいらした。僕が所属することになったのは戯曲研究会というところで、ちょうど五九年から六〇年の安保闘争が始まる時で、運動をやっているのか演劇をやっているのかわからない状態だった。この二つの演劇クラブはまったく対照的なものでしたね。

西堂　学生時代から演劇は、サークル活動としてかなり熱心にやられていた部類に入るのですか。

太田　そうですね、入ってからは。学生時代に僕が一番長く付き合ったのは久野収先生で、市民派の論客です。新左翼の側では当時清水幾太郎さんがいらした。そういう方々と戯曲研究会とは横の関係がありました。

西堂　こううかがっていると、市民派リベラリストたちの集まりのようだったわけですね。演出家の末木利文さんもいらしたし、後、佐伯隆幸さんもこの時学習院にいらしたわけですよね。

太田　当時は一校だけでは人数が少なくて、舞台を一本立ち上げるために三校ぐらい集まってやっていた。菅孝行が東大でやっていまして、僕らがそれを手伝ったり、一応プロと言っていい俳優たちに出演してもらったりしていました。佐伯隆幸は僕らが東大に応援に出かけた時に一緒に出かけました。彼は学習院にいたけど、それ以降東大劇研でずっとやっていました。

西堂　六〇年前後は学生演劇がもの凄く盛んだった時期とうかがっています。例えば同世代では鈴木忠志さんは早稲田の自由舞台で百何十人を率いているという話を聞いたのですが。

太田　それは特別ですね。基本的にはやっている者は少ない。だから合体しないとできなかった。

西堂　では人数的にはかなり弱体のグループだったわけですね。この頃の学生演劇のメインストリームというのはどんなものだったのでしょうか？

太田　例えば松竹で大島渚が撮った『日本の夜と霧』という映画がお蔵入りになる。それを菅が演劇でやった。それは相当な話題を呼んですごかった。

西堂　菅さんは学生演劇の演出家としてちょっとした有名人だったらしいですね。学生演劇の演出家がスターになるというのは今ではちょっと考えられないですが。菅さんは後に文筆の方でもいろいろ活躍されますが、演出家一本でスターになったという感じなのでしょうか。

太田　福田善之さんの『長い墓標の列』、あれを演出しましたし、スターでしたよ。

西堂　今から思うと隔世の感があるのは、学生演劇は新劇の三大劇団とその周辺の衛星劇団、四季、サークル演劇の次に来るということです。だから演劇雑誌の劇評でも取り上げられる。若手の新しい担い手は学生演劇から出てくることは必定でした。太田さんと同世代だと、鈴木さんが早稲田にいて、唐十郎さんが明治にいて、東大に菅さんがいたりして、学生演劇が今から思えば大変な影響力を持っていたと言われますが。

太田　学生劇団自体は非常に少ない。分散していなかったというのがありますね。全部が全部をお互いに見て歩けるぐらいの数じゃなかったかな。

西堂　新聞の演劇記者も全部見て回れるぐらいの数だったようですね。もう亡くなられましたけど、東京新聞の森秀男さんは学生演劇までフォローできたと話されていました。だから今よりも若手が脚光を浴びるのが早かった気がします。太田さんは大学にいて就職とか卒業後の進路もだんだんと考えられていたと思いますが、演劇を続けていくというのは無理なく、スッといかれた感じなのですか。

太田　個人の家の問題としてはそうはいかないですね。まだ旧文化というか、今とはずいぶん違って、（演劇をやることは）ヤクザな道に入るという感じになる。

西堂　学生が卒業後に演劇を続けていく場合、選択肢としては新劇団に入るしかないという時代でしたね。

太田　だから俳優座養成所に入る、菅も入ったし、佐藤信さんもそうだった。

西堂　そこでもう一回役者として出直しをするわけですね。太田さんはその時どうなされたのですか。太田さんは大学を中退なさっていますが、大学には何年いらしたのですか。

太田　大学には六年いました。

西堂　その間のことがあまり発言としては残されていません。演劇を続けるか続けないか、どうお考えになっていらしたのか。

太田　その理由が整理されていれば問題ないのですが、ぜんぜん整理できない状態でした。政治活動のほうは、六三年ぐらいまでやっていましたが。自分が何をやるかは、皆目見えていなかった。

西堂　六〇年安保の余燼が燻っていて政治活動のほうもやられていたわけですね。政治と演劇を同時にやるというのは、デモに行って稽古して、稽古をしてデモをするという往復がわりと矛盾なくやられていた。六三年にその両者が合体したまま、いつのまにか大学を中退されていたというわけですか。

太田　まあ、そんな感じです。

3……言葉への不信

西堂　そこから六八年に転形劇場を創設されるのですが、その間の五年間もまた空白になっています。このあたりのことはよく覚えてないと言われますが、三〇歳ぐらいまでの五年間はかなり重要だと思うので、今後演劇を続けていく人たちのためにもぜひ聞いてみたいのですが。

太田　演劇というものをやりたいのか、そうではないとすれば何なのか、ずっとわからなかった。結局演劇しかなかったということになるのかな。少しぐらい（他の劇団を）手伝ったりはしていましたが、どうしようかということでずっと迷っていた。だから今の若者たちの先駆者じゃないですか（笑）。モラトリアムというかニートというか。そういうすごし方をしている人は当時そんなに多くはなかったでしょう。

西堂　菅孝行さんなんか本当に節目節目をピシッピシッと切り替えていきますね。学習院の高校を卒業して東大に入って、そこから俳優座養成所に行って、卒業すると東映に入社し、今度は辞めて物書きになる。まるでデジタルのように動いていきますね。そうすると太田さんはアナログになるのかな。

太田　菅も彼なりに悩みを抱えていたと思いますよ。後に「不連続線」という劇団をやったりするわけですし。僕の方はアナログでもなくて、もともと針がない時計で生きていた（笑）。

西堂　この五年間はいわゆる修業時代というのとも違うし、暗中模索というか。でもこの五年間でいろいろなことを考えたとは思うのですが。

太田　考えざるをえないですね。もし過去に戻ることができても絶対に一八ぐらいから二五、六までは戻りたくない。これは何を自分がやってきたのかという話ですけど。そういう僕が言うべき言葉ではないんだけど、「霧の中を歩くんだ」というミラン・クンデラの言葉があります。人間というのは「霧の中を歩く」、そういう考えが芸術表現には必要なのではないでしょうか。何かを創るということを、人間を霧の中を歩くものとしてとらえていく。明解な答えが出てくるものを扱うのではない。それと対照的なのは、明解さを価値とする態度です。後ろを振り返れば、そこは霧が晴れている。例えば今ここから六〇年前を振り返る、するとこっちはもう霧が晴れていて見通しがきいている。そこから世界を見ていくという態度もある。いわゆる後知恵というやつでね。そういう見通しの中で人間を描いていくこと。劇作だけではなくて、そういうものへの不信というか違いというか、これはかなりはっきりありました。

西堂　一種の明晰さへの不信というわけですね。

　その後、リアリズム演劇の程島武夫さんらと一緒に六八年に転形劇場を創られるわけですが、これはかなり意外な組み合わせですね。もちろん品川徹さんなんかもいらして後に大きな出会いとなっていくわけですが、この経緯はどうでしたか？

太田　これは、大学生時代に（黒テントの自由劇場とは違う）「自由劇場」という劇団があって、そことの関係です。アーノルド・ウエスカーの『調理場《キッチン》』の初演をやったり、ジョン・アーデンをやったり、イギリスのアングリーヤングメン（怒れる若者たち）から始まった動きがありますが、それをわりあい取り上げてやっていた劇団です。その人たちが大学に来たりして、さっきも言いましたが、こっちは学生演劇だけど何人かこの劇団の人たちに出てもらったりした。いわゆるニューレフトと関係がある劇団で、程島さんはそこの主宰者だった。何年か経ってから、ここで芝居をやろうと決めて電話したら、「自由劇場」は潰れて何人かは別の劇団へ移動したと言われました。それで「発見の会」を作った一群があって、一時僕はそこに身を寄せたんですね。程島さん自身もそれ以前の新協（劇団）あたりのリアリズムから切れようとして発見の会へ行きました。

西堂　程島さんは戦前・戦中のリアリズム演劇の牙城だった新協劇団の演出家、政治的イデオローグとしても活躍された方です。発見の会には瓜生良介さんがいらして、その周辺には広末保さんとか、花田清輝さんとか新日本文学系の人たちがいました。そういう集まりに対して太田さんはどうお思いでした。

太田　けっこうぶつかっていましたね。それでも後のことを考えたら影響を受けています。その後転形劇場を創ってすぐに鶴屋南北のもの（『桜姫東文章』）をやったりしている。「近代を超えるための前近代の可能性」という、言葉は嫌っていたんですが、頭に残っていたんでしょうか。

ここではまず文学者と演劇人の関係がおかしいと思った。お言葉拝聴ということが花田さんや広末さんに対してあったりして、そういう関係をとることは演劇の自立性を考える時、相当疑問でした。

西堂　政治の優位性というものもありましたね。そこに反発を持たれるというのは、文学の演劇に対する優位性への不信。もちろん政治から独立した芸術表現の自立性というのがかなり大きかったわけですが。

太田　文化政治も含めて政治の優位性はありましたし、かなり政治が演劇に侵食していました。そこで喧嘩したのはかなりよかったと思います。

西堂　転形劇場を程島さんと創るのですが、程島さんには私淑するとか、かなり深い関係にあられたのですか。

太田　程島さんとの関係をどう考えていたかというのはむずかしい問題ですね。手伝いはやりました。彼は舞台芸術学院の講師もしていて、そこの卒業生で品川徹とかがいたわけですが、その助手もやりました。

西堂　俳優座養成所は養成所としてはエリートなわけですが、舞台芸術学院からは一癖も二癖もありそうな人が出てくる。そういう人たちが程島さんを中心に集まって新しい演劇運動を起こそうとしていたわけですか。

太田　そうですね。学生時代に左翼系の学生が見に行く劇団は二つしかなかった。青芸（青年芸術劇場）と自由劇場です。この二つの劇団はデモをするにしても、新劇系の劇団のデモとは違って学生の列に加わっていたように思います。

西堂　いわゆる新左翼系というわけですね。この時代には明大の実験劇場から状況劇場ができたり、自由舞台から早稲田小劇場ができたり、アングラの創世期は学生演劇出身者たちがいきなり劇団を作って開始していくという華々しい感じがあった。佐藤信も俳優座養成所から自由劇場に繋がっていきます。そこの流れと太田さんたちはずいぶん違う感じですね。どういう位置づけだったのでしょうか。学生演劇を母胎とせず、舞芸とかいろいろなところから集まってきた劇団というのはセクト的には深い溝だったのではないでしょうか。

太田　六〇年代の学生というのはいろいろな言葉がすごく飛び交った時代でした。とにかく言葉、言葉が消費される。その言葉をこれでいいのか、信じられないなという感じを持った時に、ではどんな言葉なら信じられるのかということになった。その時盛岡のほうにある農民運動を参考にしようとしたりしました。これはかなりしつこい農民運動で、小繋《こつなぎ》村という啄木の渋民村のすぐ傍なんですが、入会権をめぐってのものでした。山を利用する権利を昔からの村の人たちが持っていた。そこに所有権が発生して立ち入れなくなった。薪とかがとれない。入会権が強いのか近代法が強いのかという闘争でした。この時農民たちがどんな言葉で闘争するのかを見に行った。これと同じ闘争が新島でも起こりました。言葉というものがどんなものなのかというのが疑問でした。それと関係するのだろうけど、演劇をやるにしても同世代とはどうもやりたくない、同世代とは避けたほうがいいという基本的な考えがあって、だからアングラ世代の中では珍しい集まり方をしていた。つまりスッと通じない相手ばかりだった。学生時代に使っていた言葉では通じない。そういうことが起こったし、潜在的にもそういうことを避けた。自分の言葉を求めたんだと思います。

西堂　華麗な言葉を避けたということですね。それの代表格はひょっとしたら菅孝行さんかもしれないですね。それとはもっとも反対側の方向で探り始めていった。当時、鈴木忠志さんなんかはかなりの論客

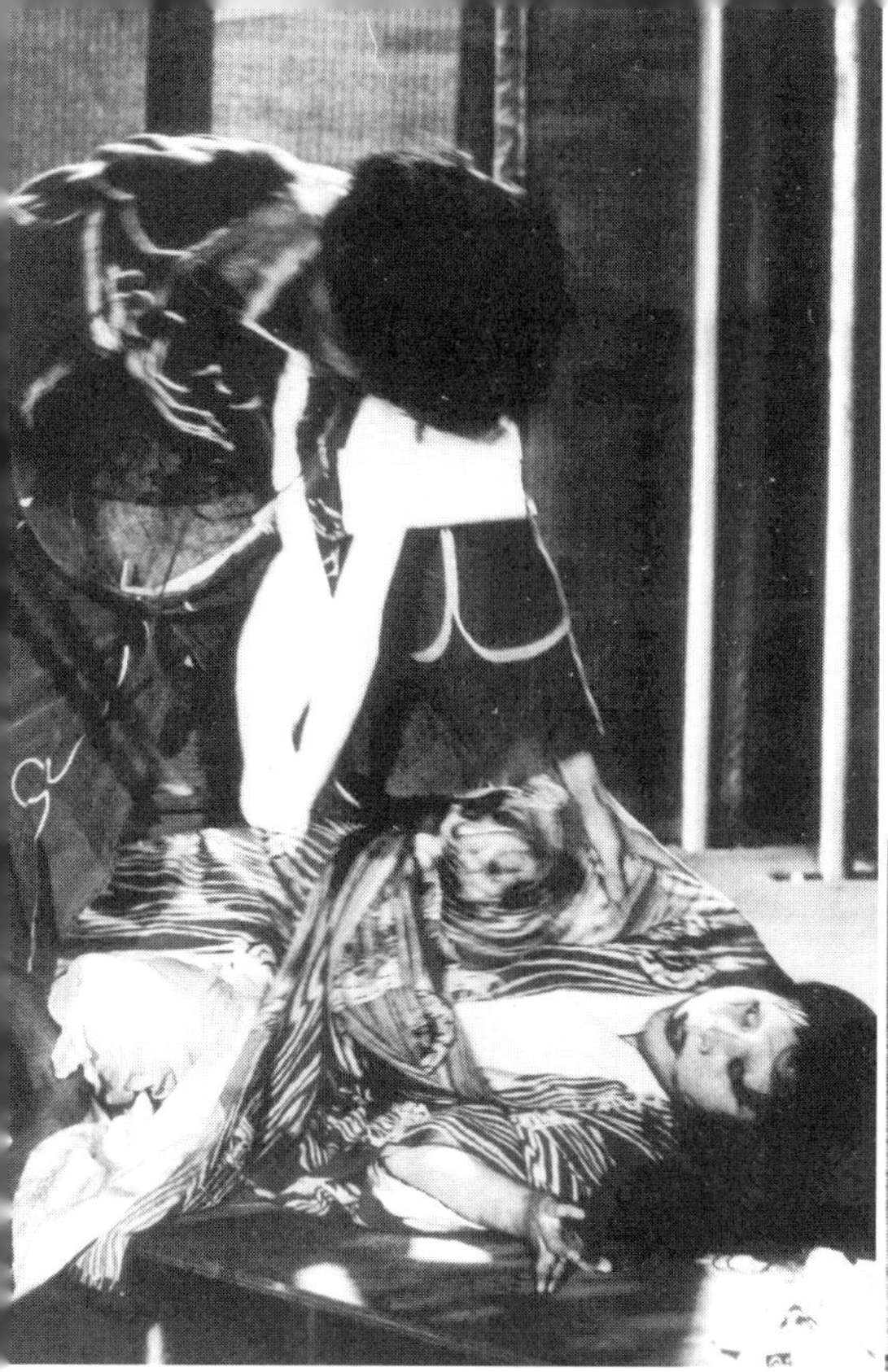

『桜姫東文章』

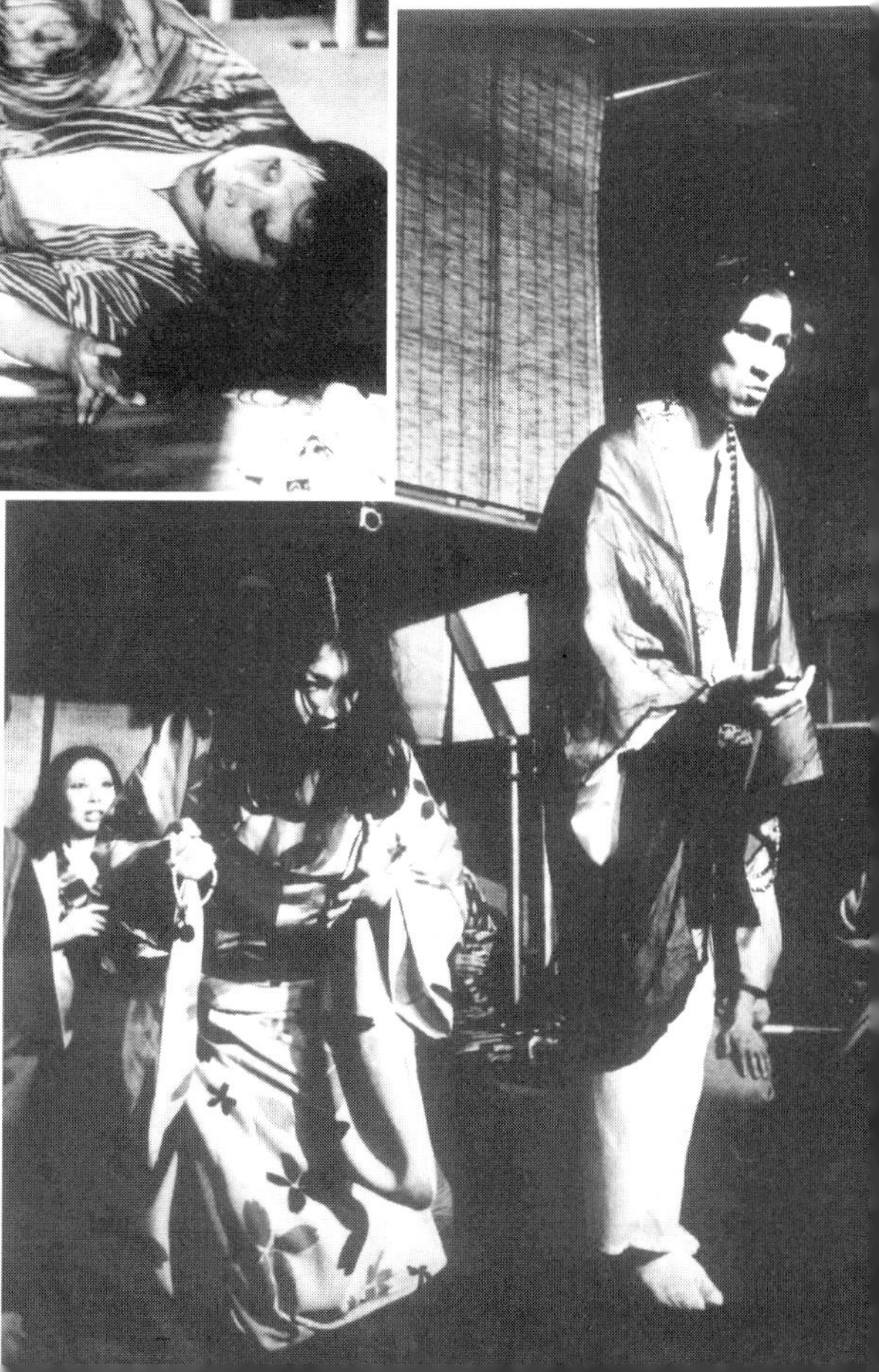

だったと聞くし、学生運動も論争して論破するというような感じでした。そういう華麗な言葉とはまったく違うところに太田さんがいたのですね。

4……転形劇場創設

西堂　それで転形劇場の主宰になるまでにワンクッションあります。『乗合自動車の上の九つの情景』を書くのが第一作目の作品となるのですが。

太田　その前に（新作戯曲が）あるにはあります。

西堂　それも門外不出というか……。

太田　それはそれでおいておいて（笑）。ささやかながら、プロデビュー作はこれでした。作品を書いて渡したら手に負えないということで、（程島さんは）「勝手にやれよ」ということになった。幸せだったのは集まっていた役者たちはそれを支持してくれたことです。それで僕が主宰者になった。普通主宰者が変わる時は内部分裂とかあるのにすごく簡単でした。

西堂　劇団のっとるには難解の作品を書けばいい（笑）。では程島さんは転形劇場を創られて、『戸口の外で』（ボルヒェルト作）を一回やったのみで（主宰を）降りられたわけですね。七〇年から太田さんの作・演出という形態で始まっていく。この時自分が書かなければ劇団が動き出さないという感じはあったのですか。

太田　ありました。例えばチェーホフをやろうとしてもそれを演じる手（＝方法）がない。とにかく新劇のスタイルと違うもの、つまり西洋の輸入に対してピリオドを打とうというのが大テーマとしてあった。だから無理してでも書きました。

西堂　「チェーホフをやる手がない」というのはどういうことですか。

太田　チェーホフをやるとしたら結局新劇の俳優のやり方を踏襲するしかないように思えました。つまり演劇的に手がない。鈴木忠志さんが（新しいスタイルで）やり出したのも、それが可能となったのも、やっぱりある成熟を迎えた後だった。

西堂　いわゆるうまい俳優たちが揃っているわけではない若手劇団が始めていく時は、新作で新しい言葉を書くしかない。「それしかない」というのが原動力になっていくということですね。その時発見の会時代の遺産である鶴屋南北の『桜姫東文章』などが生きてきます。この時期は僕はまだ見ていないのですが、一九七七年の『小町風伝』まではかなり試行錯誤されてこられたと思います。例えば一九七五年に『飢餓の祭り』という作品で初めて海外に行かれていますが、これは当時自費で行かれている。無謀というか今では考えられない旅です。なぜこういうことをやられたのですか。

太田　七〇年から始まって五年しか経っていないことになるかもしれませんが、この五年というのはやっているほうとしてはかなり長い。今でも若い劇団などは何らかの見通しが立つまでに非常に長い状態を経験しなくちゃいけない。だからその時の感じとしては、いつも劇団が潰れるという感覚は持っているわけです。何か刺激がないと保たない。海外公演も刺激の一つだったと言っていいように思います。そこまでの劇団の歩みは、一応最初の三作のモチーフとしては（表立ってはいませんが）潜在的には「沖縄」があった。その次からの三本は人間の「老い」というものをモチーフにしてみようとした。でもいろいろと考えてはいるんですが、うまくいかない。それでたまたまあった外国からの誘いの話を刺激剤にしようとしたんです。これがうまくいかなかった。「うまくいかない」ということがその後、非常に役に立った。観客というものをどう意識すればいいのかを、初めて経験する外国で、舞台の袖から見ていて思った。僕らは非常に狭い範囲で演劇を考えていた。やっぱりその時代の演劇概念、新劇とは違うけどそれなりにイメージできる演劇の範囲でやっていた。言葉も東京で流通しているものを使っている。そこから一歩遠ざかってみると、人間をよく見ているとはとても思えないし、演劇を広く考えているとも思えないということにぶつかった。結局はその作品がまずかったということと同時に、全体を考え直さなくちゃいけないという感じになりました。人間が人間を理解するなり、そこに何かを提出するということは、そう簡単なことではない。浅く通じ合っていてもやっている意味がない。そうすると、どうすればいいのかということを考えさせられた。簡単にコミュニケーションはできない。簡単に取ろうとすること自体が間違っていたという感じですね。じわじわと『小町風伝』に近づいたと言ってもいいかもしれません。

5……『小町風伝』と沈黙劇

西堂　この時期としては『飛翔と懸垂』という評論集が出ています（而立書房、一九七五年）。戯曲集が出版される前に評論集が出る劇作家は珍しいと思います。しかも非常に硬質な論集です。

太田　たまたま書けという注文が多くあったんで書いたのですが、本当に息が詰まる感じで演劇とは何かということばかり書いていました。

西堂　この時は同時代のアングラ芝居は観ていましたか。当時は寺山修司や唐さんなんかはずいぶん派手に活躍されていますが、その中で時代と距離があるとか、自分のやっている芝居というものをどのように考えていましたか。

太田　あまり共通性を感じなかった。今は逆に（共通性が）あると感じるのですが、しょせん自分たちは河原者であるというような自己意識は僕にはなかったし、そういう言い方では自分を意識できないなあと違いを感じていましたね。

西堂　六〇年代末から七〇年代中盤にかけての祝祭的気分が世に溢れている時には、テント芝居とか市街劇がダイナミックに対応してメインストリームを形成していくのですが、それとほぼ対極に太田さんの作業というものが掘り進められていたのかなと思います。それが結実するのが七七年の『小町風伝』で、これがいわゆる「沈黙劇」というものの最初の上演になります。これも当時の流れからすると異質です。僕が初めて転形劇場を観に行ったのがこの舞台で、まったく白紙の状態でこの公演に立ち合ったのですが、当時の新しい流れとしては、つかこうへいとか東京ヴォードヴィルショーらが出てきて、若い観客が劇場に笑いに行くものでした。それで矢来能楽堂で観た時、沈黙で何も動き出さない、これは大変なところに来てしまったなと正直思いました。そういう意味では同時代の流れから一番遠いところにある演劇でした。もっとも、上演が一時間すぎた頃から、こういう受け容れ方、見方をすればいいのだと発見した時から非常に刺激的な時間が流れ出しましたが、相当な胆力をもっていなければ、ここまで時代と対極なことはできなかった。よくここまでやられたなと思います。それと同時にこういう方法を受け容れて共有し、舞台を実現していく俳優たちがいなければできない。それを含めて、新しい集団の力だったと思います。そこまで踏み込めたのはやはり『飢餓の祭り』での発見がきっかけだったのですか。

太田　そうですね、そう言っていいと思います。七五年の頃に劇団の最後の公演になるのではないかと強く思っていた。それで解散するのだったら最後に何をやろうか。その時には、ある一時期演劇に触れたこの集団のことを名付けておきたいという感じがありました。それで何をやるかという以前に、能楽堂の予約を、貸してくれるところを探して何軒かまわりました。一瞬通りすぎただけの集団であっても、六百年の長い歴史の中の一瞬にしたかった。そういう場所でやっておきたいというのがあった。劇場を決めてから作品づくりをやりだしました。

西堂　能楽堂でやるということ自体がかなり突拍子もない発想だったわけですね。現代劇に貸すということもそうでしょうし、土足で上がれないとかいろいろな制約もあったと思います。『小町風伝』は、やはり言葉がどんどん削られていくというプロセスが非常に特徴的で、実際に能楽堂の舞台に立つと言葉が撥ねつけられるという感覚があったと太田さんは書かれています。そこでも方法的な大きな発見があったのではないですか。

太田　稽古をやりだしたんですが、どうしようもない。能舞台に撥ねつけられるという感覚でしたね。（舞台の側から）蹴られるとしたら、どうしたら蹴られなくなるのか、どういうものだったら受け容れられるのかということはずいぶん考えさせられました。

西堂　言葉を削っていくということで、逆に身体が鋭く提出されていくことになったのだと思うのですが、太田さんは言葉と身体の関係を、それまでと違う局面で考え始められていたのではないでしょうか。もちろん身体論というのは六〇、七〇年代にずいぶん語られていましたが、太田さんの語り口というのはちょっと違う。とくに空間に入られた時の身体というのを三次元的に考えられている。鈴木さんや唐さんの演技論とは違うのではないかと思うのですが、そのあたりはいかがですか。

太田　一番はっきりしているのは、テンポ意識ではないかと思います。「遅い」ということは、唐さんや鈴木さんだけでなく演劇が一番嫌うことですからね。いわゆる演劇というのは（観客に）舞台へ興味を引かせるという絶対命題があって、そこから見ていくと「遅い」ということはその興味をのせていく力を削いでいくことになるわけです。でも僕には「遅い」ということに宝があるなという感じがした。その違いが大きいのではないでしょうか。

『飢餓の祭り』

西堂　当時のつかこうへいは饒舌を売りものにしていた。非常に速度感がある言葉、鈴木さんの場合は「強度」を武器にしていた。これらが一つの時代を推進させた言葉だとすると、太田さんはそれをひっくり返してみせるということだったと思います。この後『風枕』（一九七八年）『抱擁ワルツ』（七九年）『裸足のフーガ』（八〇年）とあって八一年に『水の駅』にたどり着くわけですが、ここで完全に言葉はなくなる。ここもまた大きな飛躍だったのではないかと思うのですが、このプロセスの四年というのもやはりずいぶん長く感じられたのですか。

太田　そんなふうに感じていないのですが、劇団員たちはどうだったんでしょう。劇団としては毎日何かをやっていた。一番稽古をやっていた時代ではないかな。

西堂　この時は赤坂の転形劇場工房という、アパートを改造したアトリエを拠点にして公演活動をされていた時で、だいたいアトリエ公演が主になっていた時ですね。『水の駅』の初演もここで行なわれています。そしてこの作品はその後世界中のさまざまの都市を回り、上演回数が二〇〇回ぐらいということで、太田さんにとっても非常に思い入れの深い作品ではないかと思うのですが。

太田　今でもずいぶん外国の劇団ではやってくれています。今年もニューヨークで9・11の時にやりたいと言ってくれて、そういう広がりはかなりある。ですが、ちょっと問題だと思うのは、『水の駅』という作品は台本からはとうてい起こせない作品だと思うんです。それで外国で上演したビデオをいつか取り寄せて見てみると、ほとんどが（転形劇場の上演の）ビデオで見て、それをコピーしている。ですから普通の、台本を土台にして自分たちのものを作っていくこととずいぶん違う。かなり演出が入っているわけだし、いろいろな工夫が入っているのに、それはどうなんだろうと思う。台本の著作権の問題とは異なる問題もある。

西堂　著作権料とかは入ってきているんですか?

太田　入ってない(笑)。無断使用の場合もあり、それがバレるという例もあるんですが、もちろんおおよそは許可を得に来ます。今度の9・11の時にやりたいと言ってきているのも、許可願いということだと思うんです。一方ではそうやって作られたものが広まっていくことは意味があると思っているのでよいことなのですが、創造性というか演出的著作権という意味でもちょっとどうだろうかという感じはしますね、『水の駅』の場合。

西堂　つまり作り手たちがどこから始めていくかという問題ですね。ビデオを見てそれを再現していく。形になったものはプロセスがあって最終的にこういう形になっていくわけですが、それをたどらないでいきなり形から入るというのは、著作権以上に、演劇として一番根っこにある部分、どうやって「沈黙」までたどり着いたかということを問わないことになる。ほとんどなぞりですね。僕らが『水の駅』を見て深い感動を覚えるのは、演劇というものを徹底的に解体してここまでたどり着いたかという発見と驚愕にあるわけですから。

太田　ある形式や方法が単に一つのアイデアになってしまうんですね。台詞がなくて、遅い動きでも演劇が成り立つというアイデアではあるんだけど。

6……『水の駅』と〈駅シリーズ〉

西堂　太田さんたちは『水の駅』という舞台を、方法を含めて発明したわけですけれど、発明がアイデアとして商品化されて消費財になってしまう。グローバル化するということの典型的な例です。後は『水の駅』ですとエリック・サティの曲が使われていて、これが非常に耳に残っている。曲と動きが合わさって

［右頁］アトリエ「転形劇場工房」（赤坂）。上図は、閉館の際の記念写真。
［左頁］上図は『風畦枕』、下図は『裸足のフーガ』。

一つの上演という形が想起されるんですが、それは使われているんですか。

太田　音楽はいろいろ工夫されている。でも衣裳の感じとかは似ている。

西堂　するとまるっきりコピーではないけど、やはり問題は残りますね。ヨーロッパでもアメリカでも『水の駅』のようなオリジナリティのある作品はなかなかないですが、例えばカントールの『死の教室』をなぞっていくと似たような形象はできますね。あるいは『ゴドーを待ちながら』の二人の浮浪者の何となく佇んで靴を脱いだりしている姿、これも使えます。これと同じようなアイテムとして『水の駅』のシンボリズムが使われていく。

太田　カントールの場合だとカントール自身が舞台に出るという特徴なしにはできないだろうし、歴史的なテーマにリアリティが感じられなければならないわけで、コピーはあんまりできないだろうけど、こっちは何にもないわけだからコピーされるのかもしれない。

西堂　この『水の駅』のヨーロッパ公演の後、八四、五年ぐらいから〈駅〉シリーズが続けられます。ここも大きな展開だったと思います。とくに『地の駅』の場合だと宇都宮の大谷石の採掘場という巨大な廃墟の空間を使われています。『風の駅』が八六年に上演されていますが、このあたりまでの流れで沈黙劇が行き着くとこまで行き着いたという感じはあったのですか。

太田　この形式、スタイルを継続していこうというのはありました。一定のスタイルとしての自立性を作り出したいということがあった。さまざまな場の〈駅〉がいくつか続いていくというような。

西堂　その間に台詞劇もあります。『千年の夏』とか『↑（やじるし）』、あるいは演劇集団円に書き下ろされた作品『棲家』とか『午後の光』で、これは一方で沈黙劇をやりつつ他方で台詞劇というバランスを考えられたのですか。後、円との出会いというのはどうだったのでしょうか。

太田　沈黙劇と台詞劇のバランスは考えていました。沈黙劇のスタイルが型となることを避ける方法としても。円との出会いは完全に中村伸郎さんとの出会いです。それはずっと亡くなるまでそうでした。

西堂　中村伸郎さんに注目された理由というのは何だったのでしょうか。転形劇場とは違う何かがあったのですか。

太田　一度ラジオの仕事を御一緒して、その時芝居を書いてくれと頼まれたんです。老いた俳優という身体でなければ語れない言葉がある。それを書くのは楽しかったですね。中村さんがお体が悪くなって、歩けなくなると何かしがみつくものを考えて書いていた。別役さんは車椅子を使って、僕は点滴の棒を持ってもらった。

西堂　太田さんが転形劇場という集団に書き下ろされることとずいぶん違いますね。その「楽しかった」というのは、何だったのでしょうか。

太田　それは劇団から外れた仕事というのは基本的にはあまり認められていなかったからです。いつも一緒にいる劇団員にはあまりいい顔はされない。でも中村伸郎さんだからしょうがないだろうというのがあった。劇団に書く時はやはりプレッシャーを受けているんですね。それから解放される感じでした。

西堂　劇団の一〇人とか二〇人に向けて書く時と、固有名詞の中村伸郎に向けて書くというのでは劇作家の姿勢が変わりますね。芝居書きとしての欲望がそそられるというのがあったのでしょうか。

太田　結局、中村さんに向けて書いている時というのは、(自分が)劇作家みたいな気持ちになる(笑)。劇団というのはやはり運動体というのか、演出家があって演出家の命令によってわが内なる劇作家が書くという感じがする。自己分裂をしながら、そこがパワーの出所だと思う。

西堂　劇団に向けて書かれる時というのは一つの演劇の方法を追求するとか、劇団の理念をさらに発展させるとか運動意識があるということですね。そうすると劇団というものを持たなくなって十数年経ちますが、今どのような心境で書かれたりするのですか。

7……演劇の創造現場はどこに成立するか

太田　それは僕だけの問題ではないですが、この何年かいろんなところで、いろいろなやり方でやってみて、劇団を持っていた時とは違う矛盾がある。簡単に言えば、作品をつくる条件はよくなり楽になったのですがパワーがなくなる。最初は楽になったことを歓迎しましたが、演技というものをどうしていくのかという大事な問題が残る。今のようにプロデュースという形でやっていくと、どうしても集中しどころがはっきりしない。やはり無駄なようでも、ずっと時間を共有している状態というのがないといけない。この間もある公演をやったのですが、言葉がとにかく通じない感じがする。通じるようにするには、人間同士が相当な時間を共有していないといけない。それが一番表われるのは演技です。美術のアイデアとかはそれなりの成果が出るけれど演技には出ない。逆から見るとそこをやることができるのかどうか。今の僕らの生活の仕方とかを考えると以前のような集まり方はやっぱり不可能と言っていいと思うんです。つまり今は非常に能率化してしか集まれない。一年間の二ヵ月を、その中の一日四、五時間ぐらい集まる。それだけが演劇の時間というのではやはり足りない。それでもできる方法で仕上げてしまうけど、実は仕上がっていないし、自分がそうしているので文句も言えないですが（笑）。そこの部分が演技の問題として一番大きく出てくる。

西堂　すると転形劇場の解散というのがどうしても大きなきっかけだったということになります。一九八八年の一二月に転形劇場は解散しますが、この時先ほど楽になってよかったと言われましたが、今から思うと「しまった」（笑）というのはないですか。

太田　それはありますよ、もちろん。でもあのままでの継続は不可能だった。

西堂　この時いろいろな要因が重なって解散に至ったと思います。もちろん、経済的な要因もあったでしょうし、劇場を持ったために公演を打たなくてはいけない事情というのもあったでしょう。一九八〇年代という時代が物語っている狂騒的な空間というのもあったでしょう。その中で太田さんは、芸術を追求するのが不可能だという発言もされたわけですが、その決断を一つに集約することはできないと思いますが、解散というのを今どのように考えているか聞かせていただけますか。

太田　結局は演劇には集団が必要だということになるかもしれない。しかし、あのやり方は駄目だ、破産したというのがあります。つまり一定の良さはあったのですが、要するに閉じこもる、世界をあまり見ない、それによって集中力を発揮してやっていくということだった。九〇年以前というのは助成金というのが一切ない時代ですから全部自力でやっていくわけです。そうすると出演料というのは発生しない。もちろん作品料、演出料もですが。劇場を維持するだけ。お金が少しでも支払ったりできるとそれが空気を流通させる窓になったりするのですが、それもない。組織するほうとしては自分が書いてキャスティングするという責任をずっと負わざるをえない。一人の劇作家、演出家の仕事で集団をやっていくというのは不健康ですね。いつも二十何人が出演する芝居を要求されるしプレッシャーになっていく。そういうことが重なっていくとそっち側でも風通しが悪くなる。風通しのいい方法を持った集団、しかもある集中力を持った集団がよいのですが、今劇団と名乗ってもそんなふうにどうもならないように思う。集団と言っても、ある方向を探求するという核がないと本当の意味での劇団ということにはならないんじゃないかと思う。そうするとどんな劇団があるのかということになる。

西堂　二つ問題があると思います。一つは二十代で集団を組んで皆で鍛えて修業していこうというものです。演技を探求しようとか、一つの方向を持つことがこういう若い集団ならば可能です。それが一〇年ぐらいやってある程度成果を獲得したらマキシマムになって次の段階に進むというのがある。だから転形劇場も約二〇年間、一つのやりたいことをやり尽くしてその飽和点に達したという考え方ができるかもしれない。もう一つは、例えば最近のある劇団だと、劇団内にもう一つ小さな劇団を作って小プロデュース公演を打つというやり方もあります。その場合、三人の芝居をやるというようにかなり柔軟に対処できる。だから集団が一枚岩的につねに総力を結集するというやり方をしなくなっている。だいたい春と秋に本公演をして、その合間に三人ぐらいの小公演を二つぐらいこなして年に四つぐらいの公演を行なうというのがパターンになっています。ただ、それが良いことか悪いことか。風通しが良くなったと言っても一本一本の密度がずいぶん薄くなった気がするんですね。太田さんのように苦しみながらも一本ずつ出してくるということが、今の若い集団ではありえなくなってきている。これが集団を母胎とした小劇場運動、アンダーグラウンド演劇運動の一つの到達点であり、限界点であったのかもしれない。

さっきの演技の問題が手付かずになっていくというのは、もしかして演劇の方法の追求を放棄してしまったことと等価なのではないかと思うんですが。

太田　個人的な才能というものに散らばっていって生き残るしかなくなってしまった。

西堂　個人の才能というのは、結局ある何人かが生き残って、それが資本の中でプロデュースされていって選抜されたものだけが生き残るということですね。他はみんな死に絶える。このやり方が演劇を豊かにしているのかどうか。つまり転形劇場にしろ小劇団が面白かったのは、悪い意味ではなく、こんな下手な人でも舞台に出ているのかという驚きでした。つまり多彩、多様性ですね。入ってきたばかりの新人でも舞台に出ている。それが集団の構成の中であるパーツを担っているという感じがする。そのことは演技を考えていくことと繋がっていた。うまい人がうまいなりにやっているというのは、質はもしかしたら高くなっているかもしれないけれど、未知な発見がなくなっていく。ですから八〇年代のある時期から、とりわけ転形劇場が解散して以降、「前衛」だとか「実験演劇」という言い方がなされなくなっていった。それをやっているグループというのは、いまだにかつての太田さんたちのような集団を形成しているグループのみです。これをどう考えたらいいのか。これにきちんとまなざしを向けておかないと演劇が新しく変わっていくという一番の可能性をみすみす取り逃がしていくことになる。太田さんはこのような事態をどうお考えになっていますか。

太田　まあ、言葉としてはとにかく「前衛」とか「実験」ということはなくなったと思うんです。その必然性というものもなくなったんでしょう。どういう言葉にしていくかはわからないけど、今のメディア社会の中で演劇が生きていくことは、今は何とかなっているけれど、そのうち生きていけなくなるんじゃないかと思う。飽きられた時にどういうことが必要になっていくか。いわゆる他のメディアではできない表現というものが求められると思うんですね。

西堂　ただその時に、演劇を見限ってしまうという選択もあるわけですよね。

太田　半分は見限っていますね、もう。ダンスとかパフォーマンスのほうに行くというのはその表われですね。

西堂　かつては演劇に向かっていた才能、劇作家になるべき才能が、実は違う領域に行ってしまっているのではないか。そのことをここ一〇年ぐらいすごく感じるんです。以前、美術畑にいる人から、昔だったら芝居をやっているような資質の人間がゲームの世界のクリエイターになっているという話を聞いたことがあります。演劇というメディア自体が、この時代の中であまりにも重くて向かなくなってきている。演劇は消滅していくのではないかと思ってしまう。

太田　傾向としてはよくわかりますね。ただゼロ状態というのはちょっとないんじゃないかな。ゼロになったら気持ちがいいとは思いますが、ちょっとなれないんじゃないかな。

西堂　ただもの凄く貧しい状況になっていても、（業界は）むりやり話題を作って演劇を延命させている。だから本当に突っ込んで言うとなくなってしまったほうが今後のためにはよいかなとも思う。そもそも演劇がいつでもあるというのもおかしな話で、シェイクスピアの時代でもシェイクスピアが死んだ後、演劇は一時期なくなったわけですから、なくなっても恐れる必要はない。そういう見通しで演劇をもう少し違う広がりの中で捉え直すと、先ほどの『飢餓の祭り』の太田さんの話ではないですが、狭いところで流通させるぐらいなら、させないほうがいいんじゃないか。

太田　今日の締めとしてはいいですね（笑）。

8……沈黙と間

西堂　今日のお客さんの中には、いろいろ演劇をやっていらっしゃる方もいますし、今日の話では太田さんが今どこに足場があるのかということを含めて、過去のことを語られながらも全部今の話へと直結されていますので、これから質問を受け付けたいと思います。

質問者⑴　個人的な体験をもとにおうかがいします。九九年に『水の駅−３』を見ました。そこでは舞台の上にオブジェがあって水が流れていて、その心地よい音に正直うつらうつらと眠気を誘われてしまいました。でもその直後に音が止んでびっくりしてハッとして目が覚めたんです。普通大きな音で目が覚めるということはあると思うのですが、静寂で目が覚めるというのは初めての経験でした。その時のことを今思い返してみますと静寂というものが圧迫感として自分に襲いかかってきた感じがしました。その体験をもとに質問させていただきたいのですが、太田さんが舞台に組み込もうとしている「沈黙」というものは、いわゆるストレートプレイにも台詞と台詞の間に「間」がありますけれど、その「間」が成立する沈黙というもの、文脈に依存したものではなくて「沈黙」がもっと感覚的に触覚に感じられるようなものなのではないでしょうか。

太田　それはそうですね。沈黙劇がもっている間というものは、そういう普通の芝居の台詞と台詞の間の時間というところに発生する「間」とは違っています。普通の芝居にある間は、プロットが持っている流れの中で発生します。が、『水の駅』が持っている沈黙は作り出されたものです。演劇を成り立たせている構成に、沈黙というものを置いた時に表現というものはどうなるのか、言葉を置いたものとどう違うのかという作為から始まっている。なぜそのようなことをするかと言うと、普通作為の材料というのは、もっと役に立つものから始めるからです。しかし、ここではメジャーな素材を集めてもできないことを、「沈黙」とか「遅い」といったマイナーな素材で形成していく。それを見た人が考えざるをえなくなる。だからプロットに従って進んでいくところに生じた間、そこで発生した沈黙とはやはり違うんです。

後、もう一つは水の音という物質性はあまり演劇では使われない。僕は砂も割合よく使ってきました。物質に触れることによって、フィクションの世界をフィクションでありながら、ただのフィクションにしない。その時、水とか砂とか、単純な物質性というのが必要だと思っているんです。正直『水の駅－3』をご覧になってハッとするというのは創っている側から言えば勝利なわけですね。まさに物質と人間との出会いという、創っている側からもそれが快感なのです。

西堂　沈黙に非常な圧迫感があるとか物質力があるというのは面白い言い方ですね。

太田　さっきマイナーと言いましたが、とにかく話すこと、情報をくれることが舞台の上では常識なんですね。けれどもここでは、与えられない、与えられるものが少ない。そういうことから始まる圧迫感じゃないでしょうか。普通情報をくれるところをくれないと、こちらから解釈しないといけない。それが強いられるというプレッシャーはあると思う。創っている側としては、そこから先はこんなふうになりそうだというところ、つまりこの作品の構成の道筋は一五分から二〇分ぐらいでスムーズに示して、シーンの中味を見てもらえるようになると、成功かなと思う。でも最後までそれが圧迫となってしまうとおもしろさが感じられないだろうなと思う。創っている側としては一五分ぐらいでその世界に入ってもらって、圧迫感ではなく、「自在な」感じになってもらいたいですね。

質問者(2)　沈黙劇のテクストを書く時は台詞をある程度用意して削っていくのか、それとも演出の過程で削っていくのでしょうか。とくに『小町風伝』の場合は最初は台詞があったと思うのですが、そのあたりはどうだったのでしょうか。

太田　『小町風伝』と『水の駅』の場合ではかなり違います。『小町風伝』の場合はある意味で近代劇的にも読めるように（台詞を）書いた。全部が老女のモノローグであり、その間に隣りに住んでいる家族の風景とかが出てくる。ト書きから全部その老女の範囲の言葉で書いてある。だから言葉の総量は台本を読んでくだされればわかる通りたくさんあった。稽古ではそれをずっと口に出してやっていました。ある日それを全部切りました。それを決断したのは、さっきもお話したように能舞台でやってみて「蹴られた」からです。その対抗策として言葉を封じてみたら能舞台は受け容れてくれるのではないか。人間は言葉を語らなくても、変な言い方ですが、生きている人は充実しているわけです。内的には言葉を持っているからです。それは振りで動いているわけではないからです。でも舞台の上でそれをやると振りになってしまう。内的な言葉を持っていないとそうなる。台本は老女の言葉で埋めてある。外的には語らなくても、この言葉があれば充実した姿で生きられるかもしれない。それである日それを切ったわけです。佐藤和代はそれをやり切りました。

『水の駅』の場合は、そういう一人の人間のモノローグとして書いていない。どうしたかというとまず「沈黙」というものが劇団の中で共通理解としてできていたと思うんです。台本は発表している台本と違って、実際に使ったのは構成表があって、どういう場面があって誰と誰が会うとか、一つ一つのシーンの行動の基本的なところ、例えば遠い道をやって来た少女がいて、その少女が荷物の中からコップを出してその水を飲むとか、単純なト書きはあった。その間どうするかということですが、一つ一つのシーンに対して三つぐらいの種類の言葉を並べた。あるシーンだと絵のコピーとか張られていたりする。その三つの種類の言葉がどう使われているかと言うと、稽古の最初の二、三回はそれを台詞にしてるんですが、それを切る。そうすると、例えばその中の一つの台詞がずっと延びていって台詞の中のある言葉が自分の記憶と接続したりする。演出者としてはどうなっているのかわからないんですが、とにかく充実しているかどうかを見る、その行動がリアルであればいいのですが、その時に遅いテンポが強いられているのだから、普通の言葉づかいでは話していない。ここでは俳優と演出の信頼感がないとできないわけです。『小町風伝』のように書かれたモノローグで埋め尽くすのは方法として一つのやり方としてできると思いますが、『水の駅』は共有されている言葉がないと、実際は非常にむずかしいと思います。さらにそれが進んで『風の駅』になると日々やる即興のいろいろな稽古があるのですが、稽古の中での人間関係とかいろいろな行動が出てくる。その中で残っていくものは残って再構成されていく。約束としてはあるテンポの中で行なわれていて、即興的にさまざまな関係が出てくる。つまり沈黙のつくり方もかなり変化している。それを進化だと僕は思う。俳優の力が必要とされる現場ですから。

西堂　沈黙の共通理解が俳優たちにあったというのは、これは沈黙劇でなくとも応用できると思うんです。例えばさっき、言葉は素材と言われましたが、それはつまりテクストがマテリアルということですね。それは小説の断片であり、詩の一部であって必ずしも舞台の上では発語しなくてもいい。あくまで俳優が自分の内部に言葉を潜らせて、その後に捨てられていく言葉のことでしょう。ところで発語してもしなくてもいいという制約を設けるのは沈黙劇でなくとも可能だと思うんです。こういうテクストは今書かれ始めているのではないか。例えばハイナー・ミュラーはまさにそれをやった劇作家だと思います。彼の書いたテクストは俳優がその通り話さなくともいい類のものです。全部捨てようというのが太田さんの沈黙劇ならば、発語には話さないというように取捨選択されている。自分の中でこの部分だけ発語する、この部分関してもう少し緩やかな制約をつけて、そこに向けて言語を書いているのがミュラーだと思う。太田さんは同じことを言われていると思うのですが、ただ、その時に写真を使ったり、エッセイを使ったり、そのままでは発語できない言語以外のものを加えているところが、劇作家としては異質なところですね。

質問者(3)　『裸形の劇場』(而立書房、一九八〇年)においてグロトフスキとか鈴木忠志とかの身体訓練を前面に押しだしていく方法に対して、そこから切り捨てられていくものを模索していると言われています。俳優訓練にどういったものを見出しているのでしょうか。

太田　訓練優等生というのがいて、舞台では全然魅力がないけど訓練がうまい者というのがいる。そういうのは嫌だな。結局先ほどスタイルだと言いましたが、型とは言い切れないんですね。テンポを遅くするというのは、それは「形式」だと思うのです。ナチュラルな動きをフィクショナルに補足するだけです。テンポだけを意識しているスタイルです。型は避けたいけどスタイルは必要だと考えていました。型というものは形を強いられて、それによって殺されてしまうものがある。型と形式の違いがどこであるのかということですが、その後『劇の希望』（筑摩書房、一九八八年）で吉本隆明さんと対談したさいに「型にしてしまえばいい、観客もやるほうも楽になる」という発言をされていらしたのですが、あの「型」という言葉は今わたしの言った「形式」という言葉と同じものとして考えていいと思っています。

西堂　太田さんは初期から「制約」という言葉をよく使われますね。スタイルは固定化するものではなく、ある枠を制約として設定してつねにそれを壊していく運動だということです。言い換えれば、スタイルというのはテンポを遅くするという仕掛けで、そのことで舞台は太田省吾という演出家の署名が入ったものとなります。

質問者(4)　『小町風伝』は老婆の内的言語みたいなものが一人称の劇、能と非常に近いと思いました。それで『水の駅』も夢幻能と似ていると思いました。夢幻能も構造だけを取り出すとストーリーはだいたい同じでも中身がやはり違います。『水の駅』も枠組みは同じでも、それを作っていくのは演じる人たちがやり直すということなのではないでしょうか。それで太田さんにとって能との出会いはどうだったのか改めて聞きたいのですが。

太田　奇妙な芸能だと思いました。小学生の時から学習院では連れて行かれるんですね。だから特別興味を持つ前から見てはいました。一番意識したのは当然『小町風伝』をやる時でした。能は田楽とかいろいろな要素が入っているのかもしれませんが、生成されていく動きの中で、かなり奇妙な工夫をやっている。「イグセ」という部分など全然動かないですね。前に出なくても成り立つ芸能というのは世界の芸能の中で能しかありません。身を「引いて」いても人間が成り立つと考えたのは、すごいことだと思います。能の蓄積された知恵は歌舞伎的な知恵とはやはり対照的なもので、能のほうに僕は惹かれる性質があった。能と沈黙の関係で今考えているのは、能は実は非常に饒舌なものであって、シテの状態を全部言葉にしている。でもそれをいわゆる説明とせぬ工夫がこらされている。もちろん、謡と舞があるからそれによって抽象化されているということがあるけれど、でもそういう芸を持たない僕らはどうしたらよいのだろうかと思っています。あんなに何でも言葉にするうるさい台本を抱えていながら能のようになるというのはどういうことか。

西堂　「受動の力」という太田さんの素晴らしいエッセイがあるのですが、甘んじて引き受けている状態、そこに表現、演技の場所みたいなものがあると言われています。グロトフスキも同じように言っている。それは能だけの問題なのか、それともグロトフスキが能から影響を受けたのかもしれません。ただ削いでいくとか受動の問題、ポジティブな思考でないことによって演劇が考えられるのは六〇年代以降の共通認識と繋がっているでしょう。それが成立しているのかどうかは、演技の問題も含めて、そこに価値があるのかということがもう一度問われ直していると思います。

今日のお話をうかがっていて、『小町風伝』から『水の駅』へは物すごく大きな飛躍だったと改めて思いました。『小町風伝』の時はやはり言語に拘束されている中での飛躍であり、『水の駅』の場合は、本来捨てられない言葉を捨ててもいいとした上で、それに応えられるだけの俳優や集団がいるかどうかということが問われた。演劇に対する共通理解や身体性が必要になってくるのはこの次元ですね。現代劇の一番の核心はそこだと思います。太田さんが劇団を解散してプロデュースになってではできないこととして挙げられたことは、まさにその先の問題、上演のための劇団というより知的な共同体としての劇集団というものがもう一度組まれる必要があるのではないかと思いました。

9……解説　対談を終えて

「沈黙劇」で知られる太田省吾は、六月に彼の本拠地である京都造形芸術大学の春秋座で『聞こえる、あなた？』を上演した。一九八〇年に書かれた『裸足のフーガ』を書き直したもので、京都在住の役者たちを配役した久しぶりの新作公演だった。その時、わたしは改めて二五年の時の推移を感じた。二五年前の初演は赤坂の転形劇場のアトリエだった。当然ながら観客との至近距離で舞台は成立する。あの息詰まる緊張感、観客もまた自分なりの切実なテーマを持ち込んで舞台に接していた。上演後に行なわれたシンポジウムでパネリストの一人、宇野邦一氏は「観客もまた（創造現場の）メンバーとして一緒に演劇をやっていた」と発言した。舞台は、メンバーとして関わる観客に向けて発信されていたのである。これは少数とはいえ、創り手にとっては幸福な関係ではなかったか。小劇場運動は創り手、観客（批評家）ともどもが共通に何かを探求していく運動だったのである。今回の舞台を見て、二五年前とは空間もまた大きく変容したことも痛感した。かつての「陰影」を持った濃密な空間はもはやどこにもない。ツルツルとして平板で、テクノロジーによってすっかり漂白されてしまったのだ。当然そこには生身の身体はそぐわない。総じて、創り手の苦戦は明らかだ。その中で太田省吾は、天井にビデオを設置し、舞台上の行為を上空から映しとりながら、最後で一発逆転の荒業を見せた。舞台上で大の字になった役者たちをホリゾントに映し出し、観客の視線を反転させたのである。のみならず、スクリーン上の映像を逆回しにして、それまでの行為を巻き戻してみせた。陰影がなくなり、生身が成立しなくなった環境で演劇の成立は可能か。どうすれば一矢を報いることになるのか。わたしはそこに彼の「逆襲」を見たのである。

太田省吾は六〇～七〇年代に活躍した同世代に比べると、明らかに大きな隔たりがある。とくに七七年の出世作『小町風伝』に至るプロセスは苦戦の連続であり、解散を覚悟しての公演という言葉には身を切られる思いがする。能舞台を使ったこの公演自体も、決死の覚悟が産み落とした奇跡の産物なのだ。最後の質疑応答に出てくるエピソードは、言葉と身体の関係を語っていて興味深い。さらにそこから完全な「沈黙劇」へと展開していく『水の駅』についての言説は、今なお最先端の問題を提起していると言っていい。

もう一つ興味深かったのは、アングラの開始時にあたって、自分たちで戯曲台本を書かねば何も動き出さなかったという内部事情である。この感覚は、既成の戯曲から離れることで出発したアングラの本質、素人が徒手空拳で格闘することから開始した運動の本質を言い当てている。この頃の時間に対する感覚もまた示唆的だ。創立して五年頃までの時期は順風満帆とはほど遠く、この悪戦はどの若手劇団も体験することだろう。劇団として目鼻が整わず、評価も出ない時期だけに一番苦しい時期だ。そこを乗り越えられるか。それゆえ「劇団としては一番稽古をやった時代ではないかな」という発言には勇気づけられ説得力がある。

太田発言でやはり苦いのは、劇団解散のいきさつと現在の創作現場に関する箇所であろう。文化振興基金が創設され、創造環境はいくぶん良くなったが、その分、商品主義、資本主義の諸関係が一挙に雪崩れ込んできた。もはやかつてのような小劇団を再構築することは不可能になったという。アマチュア的だったが、きわめてクリエイティブだった二五年前、あの頃を懐古するわけではないが、アングラはその貧しさゆえに出立した。相対的に豊かになった現在、どうすれば今一度クリエイティブな関係、現場を創出できるのか。その隘路に立たされているのが、目下の太田省吾の課題だろう。

（二〇〇五年七月一三日、江古田ストアハウスにて）

第2章　根源に向かう演劇――虚と実のバランス

1……沖縄と初期作品――素材と演劇

西堂　最近太田さんは沖縄に行かれていたそうですが、その話からうかがうことにしましょうか。これは演劇関係の仕事だったのですか。

太田　いや違います。ご存知かもしれませんが、「日本デザイン会議」というものがありまして、一〇〇人くらいのパネラーが集まり、三〇以上の分科会を持つ大きな会議です。演劇関係では僕だけだったんですが、『遊女の文化史』の佐伯順子さんの受け持たれた分科会への出席のためでした。今回のテーマはすべて「さんずい」のつく言葉でまとめられていましたが、僕の出席したのは、「汚れと浄め」というテーマでした。僕が『水の駅』をやっているので、この「水」関係で招かれたのだと思います。

実は沖縄に行くのは初めてだったんです。ところが僕の処女作から初期の三本の作品は、沖縄の三枚の写真を見ながら書いたんですよ。一九七〇年の『乗合自動車の上の九つの情景』や『黒アゲハの乳房』（一九七一年）、『老花夜想』（一九七四年）です。もっとも芝居には「沖縄」という言葉は一切出てきませんが。

西堂　三〇年前の沖縄と言うと返還前ですか。今とずいぶん違っていたでしょうね。沖縄と言うと、木下順二さんや最近では坂手洋二さんも沖縄を素材に作品を書いていたことを思い出します。木下さんの『沖縄』の場合は、返還前の沖縄についてどうしても考えておきたかったということがあったでしょうし、坂手さんの『海の沸点』などは、実在の人物との交流から沖縄問題に斬り込んでいった。それと太田さんは違うんですか？

太田　かなり違うと思いますね。そもそも沖縄は鉄道がない島で、交通はもっぱらバスが利用されます。で、僕の見た写真は、このバスを撮ったものでした。一枚はバスの内部を写したもの、二枚目はバスの背後に鉄条網が張ってあって、立ち入り禁止の立て看があり、「この周辺には軍用犬が放し飼いにされている」という言葉が書かれているのです。上演した赤坂国際芸術家センターに、本物のバスをもらってきて、それを半分に切って舞台装置にしたんですよ。

西堂　実物のバスを劇場に持ち込まれたわけですか。

太田　この劇で、転形劇場が発足したんです。

西堂　転形劇場は一九六八年にリアリズム演劇出身の程島武夫さんが中心になって創設されたのですが、たしかこの作品は、程島さんが演出されるはずだったのに、太田さんの書かれた台本を理解できず、結局演出を降りることになった。それとともに、劇団も太田さんに譲られたという話を聞いたことがあります。

太田　そうです。この公演以後に僕が主宰者になりました。

『老花夜想』は太った娼婦が写った写真、『黒アゲハの乳房』は米軍に殺された子供が水たまりにベチャと倒れているもので、どちらも写真から最初の構想が生まれたものです。

西堂　それは写真が重要だったのか、それとも「沖縄」という固有名詞に意味があったんですか。

太田　やはり沖縄という地は、米軍との関係で象徴的な場所で、それを裏からというか、闇のほうから照射したということですね。そういう地点から歴史を見てみたかったということでしょうか。

西堂　沖縄には佐喜眞《さきま》美術館というのがあって、これは基地の中に突き出した土地の一角に建てられたんですね。もともとこの土地の所有者は基地拡張のための土地買収に応じず、ここに反戦美術館をつくってしまった。丸木位里の原爆画が展示されているのを見たことがあります。まさに歴史が見える場所ですね。七〇年代と言えば、まだ沖縄ではドル通貨の時代で、基地というのは戦後社会の矛盾が一番突出した場所ですね。太田さんにとって沖縄は、そういうものをよく見るための素材ということになるのですか。

太田　そこがむずかしいんだよね。素材と演劇を結びつけることは、きちんと整理しないままやってました。一つ言えるのは、「沖縄」という言葉を使わずに描こうとしたということがあります。

西堂　例えば坂手洋二さんの『海の沸点』は、日の丸焼き捨て事件の知花昌一さんのような実在の人物を扱っているわけですから、素材としての沖縄はきわめて重要になります。

一方、太田さんの場合はそれがもう一つ加工されているように思えるのです。少なくとも表面的には沖縄を出さない、隠されている。これは太田さんの劇の特徴かと思うのですが、素材が抽象化されて、例えば「沈黙劇」といった形式に置き換えられていく。そんなふうに感じるのですが。生の素材と劇が結びつくことをどう考えられていますか。

2……全米同時多発テロ——演劇表現の二重性

太田　それを話す前にちょっと別のところから入りましょう。来年（二〇〇二年）の秋に新国立劇場で

『↗ヤジルシ～誘われて』という新作をやるんですが、その上演台本の初稿を今年の八月三一日に書き上げました。上演の一年三ヵ月前に書いてしまった（笑）。この芝居は、舞台の床を日常生活を形成しているモノで埋めつくそうというものなんです。で、これが九月一一日の例のニューヨークのビル爆破の光景とあまりによく似ているんですね（笑）。あるいは別の意味で、アフガンのモノの何もない状態とも似ている。いずれも一種の廃墟ですね。

芸術でなければ触れられないものに触れるさいに、演劇表現の二重性にぶつかります。ストーリーやメッセージといった内容表現と、それをどう描くかという形式の問題。つまり戯曲の再現ではなく、〈劇〉の上演をめざした僕らの演劇——つまり演劇の独立運動ですが——で言えば、素材というのはメッセージ性が強くて、後者の演劇表現の問題になかなか行き着きにくいんです。

西堂　実際の観客もその構造を見抜けなくて、俳優の直接的な存在や作家の書いた言葉にどうしても引きずられがちです。つまり俳優の放つ言葉の意味作用と彼自身が存在することの「佇まい」の間に立往生し、えてして前者に感動を覚えてしまう。そこで後者を浮かび上がらせるためには、前者、つまりメッセージ系の物語をつくらないとか、過度の情報を与えないといった禁欲がなされる場合がある。本来はその二重性が十全に機能して初めて演劇が立ち現われてくるのですが。

太田　虚と実の問題で言えば、実のほうに引っ張られると二元性のバランスが崩れてしまう。

西堂　実だけ一元化してしまうと、演劇は生っぽくなってしまいますね。

太田　何で演劇やっているのかというと「虚」をやりたいんです。フィクションがないと演劇は生きられない。

西堂　フィクションにもいろいろなレベルがあると思うのですが。

太田　この間の「テロ事件」というのは、そのことを考えるのに、僕にとっても重要な事件でしたね。

西堂　そのことを是非おうかがいしたいですが。

太田　これまで経験したことのないくらい幅の広い事件だったと思います。その日『朝日新聞』から電話がかかってきて感想を言えというので、物質文明とはこういうものだったのかとしか言えなかった。後で考えてみると、僕の中に残った像というのは、スポンジケーキのなかにナイフがスパーッと突き刺さったというものなんです。その後、一時間くらいしてビルが崩れていくのですが、あれは完全に角砂糖といった感じでした。

西堂　徐々に水を吸い上げていって、もう支え切れずに崩れてしまったという感じでしたね。

太田　そうです。つまり「スポンジケーキ」と「角砂糖」の間に物質文明の到達点と思われていたビルディングがあった。しかも世界の中心と思われていたものが、実は脆いものにすぎなかった。ビルディングはたしかに堅固ででかいブツですが、その内部でとり行なわれている金融というものは、まったくフィクショナルなものです。最初に「ナイフ」がスパッと入っていった時、マネー支配が崩壊したと思いました。実と虚の間には実に複雑ないろいろなものが絡まり合っていることを深く考えさせられた経験でした。

　身体感覚には、硬いものは硬いと感じる物理的な感覚があると思うんです。だがそれがこの事件でにわかに信じられなくなった。身体＝感覚が砦でなくなってしまったという感じです。それを一言で言うと、「力が抜けてしまった」と。これからどこにポイントを入れてやればいいか、そんな感じです。

西堂　ここまで積み上げてきたものが一瞬で無効化した脱力感ということですか。

太田　いや、そこまではまだわからないけれども。

西堂　「やり直し」ということで言えば、一九九五年の阪神淡路大震災の時にも関西では似たような体験をしたんじゃないかと思うんですよ。これまで営々と積み上げてきたものが一瞬のうちに崩壊してしまった。その時、太田さんは『シアターアーツ』四号の座談会で「うずくまるしかない」といった発言をされていたように記憶するんですが。

太田 そうなんですが、あの時と違うのは、地震は何と言っても自然現象ですからね。テロ事件はあくまで文明の問題です。文明の問題がまずあって、その後、アメリカが「報復」を旗頭にして急速に政治化していったけど、政治を超えた文明事件というのはそんなに例が多くない気がするんです。

3……深刻な事態——演劇ですべきこと

西堂 この戦争で僕が一番感じたのは「知性の衰退」ということです。この戦争は非対象だとよく言われますね。アメリカとアフガンでは武力的にまったく不均衡です。国力から言えば、二桁か三桁くらい違っている。そんなところで戦争は成立しない。比喩的に言えば、電車のなかである男が隣にいた大男に乱暴に押されたので思わずその大男の足を踏ん付けた。すると腹を立てた大男がその男をボコボコになるまで痛めつけてしまった。一回やられたからお返しをする。やられた量よりやり返した量のほうがはるかに大きいのに、あくまで一回は一回と言って、まるで「子供の喧嘩」レベルで推移しているとしか思えない。そんな感じです。この場合、強い者が思い留まるしかないんです。「テロ事件」で言えば、合法的な手段を行使するしかない。その抑制を押し進めていくのは、もはや政治でなく、「知性」の問題ではないか。それがまったく機能しなくなっている。

太田 僕もそれはクリアしたと信じていましたね。二〇世紀であれだけ戦争やってきたんだから、もう戦争はしないと。

西堂　そう、世界レベルでのコンセンサスがとれていると思っていました。ただどうなんでしょうか、一番わからないのは、アメリカだって知識人はたくさんいるはずだし、実際スーザン・ソンタグやサイードが、この「報復」は止めるべきだと発言していると新聞で読みました。でもニュースで伝えられているのは、このテロ戦争を支持しているアメリカ国民は九〇％を超えているという数字です。その数字を突き付けられたら、もうどうにも反論しようがないですね。太田さんが先ほど貿易センター内の金融をフィクションと表現していましたが、たしかにここでも数字の魔力、つまりフィクショナルなものにしてやられているわけです。もしかすると、その内実は公に発表される数字に反映されない仕組みになっているのでは？　と勘繰ってしまうわけです。

太田　僕はきちんと把握しているわけではないですが、日本でもインターネットに相当反対の書き込みがあるようですね。

西堂　ただインターネットの小さな「声」と実際にデモを行なうといった行動の間には、かなりのギャップがありますよ。頭では理解していることが身体をともなった行動にまで至らない。そこに僕は「シニカル」な態度というものをどうしても感じてしまうんです。とくに三十代以下の若い世代に。何かに対応することにあらかじめ無力感を抱いてしまう。何をやっても無駄だと思ってしまう。このシニシズムというものが、何をもたらしていくか。

太田　状況がここまで来ているというのは相当深刻な事態だと思いますよ。演劇で何をすればいいのか。

西堂　つい先日、高田馬場のプロトシアターで、「アジア・ミーツ・アジア２００１」という小さなフェスティバルがありました。この中で、インドネシアからやって来たプトゥ・ヴィジャヤの『戦争』という舞台があり、その中で、作者でもあるヴィジャヤ氏は、「いかなる戦争も悪である。仮に正義を僭称しようとも被害を受けるのはいつも貧しい民衆である」といったメッセージを述べました。ここまで来たら、そこまで言わないと駄目なんだという切迫感のようなものを感じました。以前だと政治的発言は胡散臭がられたんですけど、こうした政治劇が今再び必要となっているのではないでしょうか。

太田　これからちょっと変わってくるでしょう。それを根源のところに向かって考えていかないといけないんじゃないか。単純な「政治劇」の復活では済まないはずです。

5……『↗ヤジルシ～誘われて』——根源に向かう

太田　例えば今度やろうと考えている『↗ヤジルシ～誘われて』は、舞台が開くと、いろいろな「やじるし」があるんですね。それを登場人物がその都度選んでいく。

西堂　それは二つの選択肢のうち、どちらかを選んでいくということですか。

太田　そうですが、むしろ先に向かって選ぶというより、根元に向かって選ぶというかな。過去を遡っていく感じなんです。

西堂　そうすると、矢印の先が問題なのではなくて、その根元の方が問題なんですね。その根元には何があるんでしょう。

太田　それはもう「事実」としか言いようがないものへ言及していこうとしています。いつ生まれて、どこで育って、何をやってきて、どこで死ぬかといった事実です。人間は生まれた時から、自分の生を選べないように、その事実に付き合うしかない。

西堂　そういった話をうかがうと、『オイディプス王』を連想します。生まれながらにして運命が定められた人間。でも太田さんがやられるんだから、必然の運命に対して、偶然の反物語を志向するんでしょうね。

いったいどんな舞台になるのでしょうか。美術とかもうお考えになっているんですか。

太田　もう考えています（笑）。島次郎さんに頼んであるのですが、基本はさっき言ったようなもので、舞台セットは最初から廃墟になっています。

西堂　太田さんの舞台は今までも廃墟が多かったでしたね。例えば、大谷石の採掘所でやられた『地の駅』も自転車だとか冷蔵庫だとか廃物のヤマでした。あれは一応積み上げられて立体感を持っていたわけですが、これが上から押しつぶされてペシャンコになったと考えればいいんですか。

太田　そうです、その通りです。平面の舞台に一〇人の男女がいます。中心にいるのは中年の夫婦です。その中に、敬礼をする人、万歳をやめられない親父などが登場します。まあ、一種の社会が持ち込まれているという感じです。その中で、いろいろな言葉が喋られるんですけど、硬い大きな言葉。それに対して、柔らかく小さな言葉。明治以降、ある時期までの言葉はたいてい前者なんです。それに対して戦後という か、僕らの時代の言葉はもっと違ってきている。

西堂　身近な言葉というか、至近距離で成立する言葉ということですか。

太田　そう言ってもいいでしょうね。これらが対比的に出てきます。そうした者たちが隊列を組んで行進するんです。すると、今の日本を形成している何かが出てくるんじゃないか。

西堂　日本の問題というのは、今いろいろなところで出てきますが、その扱い方はけっこうむずかしい。ナショナリズムが昨今吹き荒れていますし、しかもそのナショナリズムは、国内的にだけ通用する価値観でまとまろうとする傾向にある。

太田　小泉問題というのも端的にそうでしょう。今回の行革の動きは、遅れてきた合理主義だと思うんです。戦後の合理化はかなり進んでいたと思うんですが、高度経済成長でそれが一端止まってしまった。この六〇年代の高度成長とは実は経済的には近代化なんですが、その内部で進行していたのは明らかに前近代に戻ってしまったんですね。これを再度合理化しようとする。しかしそのやり方がいかにも国内的なんです。

西堂　国内的には「痛みを共有」して一致団結して乗り切ろうとするわけですからね。

太田　でもこれは案外説得力がある。あれかこれかの選択で、拒否できない方をとろうとするからです。でも一歩外に出たら、その心情主義はまったく通用しない。

西堂　これもまたさっきの数字じゃないですが、小泉支持が九〇%とか七十何%といったように、反対勢力を黙らせてしまいますね。

太田　日本は、日英同盟以来、強い者と一緒にいるのが好きなんだよ。

西堂　アメリカの傘の下にいて、ヌクヌク経済発展だけに邁進していればいい時代もあったわけですから。つまり国内にだけ向いていれば、海外でどう見られていても気にしないという精神構造ができ上がっているんですね。

太田　その反面、日本人は外には弱いんです。

西堂　今回の行革の中で、新国立劇場の「演劇部門」には国費投入を廃止するということが審議されています。ある種の演劇の切り捨てですね。

6……新国立劇場――舞台の評価

西堂　新国立劇場についてはどうお考えですか？

太田　新国立劇場を民営化せよと国は言っているわけですが、僕はそれには一理あると考えています。完全民営化することも考えたほうがよくはないかと思います。

西堂　今の流れは圧倒的に民営化反対なんですね。その理由として、せっかく国から金が出るようになったのに、また元のように赤貧主義に戻ってしまうのかというのが反対派の論拠でしょう。他のオペラや舞踊に比べて、演劇が軽視されていることにも我慢ならないんじゃないでしょうか。そもそも国立劇場は何のために必要かがあまり議論されずに既成事実ばかりできてしまった。だから、どうも既得権の保守という臭いがしてしまうのですが。そこのあたりを太田さんにおうかがいしたい。

太田　僕は民営化を考えるなら、その先のプランを演劇人側が出すべきではないかと思うんです。これこれこういうメンバーでやる、こうした方針の中で作品のレパートリーを決める、といったような具体的なプランを出す。また人事に関しても、天下りが来られないようにできるだけ透明にする。これは新国立劇場の芸術監督をめぐる人事問題でモメたように、また拒否されるかもしれない。でも先手を打って綿密に練られたプランを出さないと、後で現場の人間たちが必ず遅れをとる。向こう側からこれでやってくれと言われて、しぶしぶそれを受け入れなくてはならない。審議委員の選び方にも問題がありますよ。ですから反対運動やるのもいいんですが、それだけじゃなくて、こちらから何か方向性なりプランを言っていかなくちゃいけない。その意味ではこの「劇団協議会」が果たす役割は大きいですよ。とりあえず、文化庁も劇団協議会に情報を流しておけば、全体に通じていくと思っています。つまり演劇界の代表の役割を担っていると見られている。ですから、ここで検討する委員会をつくって、いろいろデザインを練ってみる必要があるんじゃないですか。

西堂　現在の新国立劇場の活動についてはどう考えますか。

太田　芸術監督の栗山民也さんは権力的でない。それは良さだと思います。少なくとも日本の中で良質なものを並べようという意向はよくわかります。ただそれが日本の演劇全体を引っ張っていけるかというと疑問が残ります。といっても、日本には特殊な歴史があるわけで、ヨーロッパ型の国立劇場は、日本では無理じゃないでしょうか。

西堂　たしかにおっしゃる通りです。ヨーロッパのナショナルシアターは、国民の文化的アイデンティティを保証するといった大義名分があります。「モリエールの家」の別名を持つ「コメディ・フランセーズ」にしても、イギリスのロイヤル・シェイクスピア・カンパニーでも、伝統を継承するといった役割がありますが、日本の国立劇場にはそれがないでしょう。

太田　外国のモデルを学ぶだけじゃなくて、日本の現状を反映したものにしないと駄目だと思うんですよ。もっと何でもありにしないとね。とにかく日本の場合は伝統演劇の能や歌舞伎から新劇、アングラ・小劇場まで何でもあるのだから、その多様性を反映させるほうが健全です。

西堂　今、現代演劇のための国立劇場が一つしかないから、その一つで全方位をカバーしなくちゃならない、というとんでもない状況になっています。国立劇場が複数あれば、それぞれの個性が出せて、競い合うこともできるんですけど。

太田　それに日本の場合、演劇文化というものに対する正当な評価がない。これは批評の問題にも通じるのですけど。つまり演劇をやることにこれこれの意義があるといった保証のないところでやらざるをえない。これは現場としては相当キツいですよ。

西堂　舞台の評価が、すべて商業的な成功の可否に還元されてしまいますからね。つまりここでも動員や収益といった数字の魔力が席巻している。

太田　基準とか規範のないところで、何をどうやればいいのか。そもそもナショナルシアターのイメージがないんですよ。

西堂　できる前の頃は、「新劇の殿堂」のようなイメージで捉えられていた新国立劇場ですが、実際開場して五年目になるとずいぶん違ったものになりましたね。栗山さんの場合も、翻訳劇ではヨーロッパの、とくにイギリスあたりで成功したストレートプレイを軸に、来年は古典のチェーホフをレパートリーに考えておられる。それに日本の古典、例えば森本薫（これは渡辺浩子さんの企画でしたけど）を三人の若手演出家が競演するとか。またダムタイプみたいなものを入れて、老評論家の顰蹙を買ってみたり（笑）冒険している。

　結局、同じ観客がそれぞれのレパートリーを見に来るわけですね。それでこの幅の舞台を全部見て、そこで何か変わってくれと主張するしかない。

7……二〇代三〇代の演劇――テレビの影響

西堂　本来ナショナルシアターがつくるべき軸とかスタンダードって何なのでしょうか。

　イギリスみたいにこれがシェイクスピアの定番ですと言えるわけでもないですよね。

太田　もっと先鋭化するしかないんじゃないかな。何でもありの先鋭化ですかね。

西堂　そうすると、世田谷パブリックシアターと何の差異もなくなりますよね。

太田　しょうがないんじゃないかな。わが国の演劇はこうなんだと基準のないままやるしかない（笑）。

西堂　今の日本を反映させると、何となく中間的で小ちんまりとしたものになってしまう気がするんですよ。僕はその集約的なイメージを、例えば文学座アトリエなんかに見るんですね。このアトリエは、現在の三十代、四十代の小劇場出身の劇作家のものを盛んに取り上げています。でもこれは、本来の新劇が使命感なり歴史的役割を自認しながら継承しているのか、それとも小劇場の活力を吸収して延命しているにすぎないのか、わからなくなりますね。その意味で、新国立劇場が「新劇の殿堂」のようなものをつくれなかったことにはたしかに理由があったわけです。

太田　継承という意味では、小劇場の歴史の継承の失敗は明らかじゃないですか。貴方の本にもあるように「小劇場は死滅した」のははっきりしている。今、これから演劇をやろうとしている世代が参照しているのは、テレビなんですよ。それに気づき、それに飽きてから、何が出てくるかということじゃないでしょうか。

西堂　これまでの演劇史と比べて、ここ一〇年くらいに登場してきている世代が明らかに違うのは、これまではつねに前の世代の演劇が参照事項になって、それを「乗り越える」ということになっていました。それが前の世代のことを知らない、まったく意識しないという世代が登場してきた。

例えば、前号の『Ｊｏｉｎ』に座談会が載っていて、二十代、三十代の人たちが登場しているんですが、果たしてこの人たちにとって前のものは継承されているんだろうか、と疑問を持ちましたね（笑）。まったく異ジャンルが出てきたんじゃないか、と。

編集部　テレビの影響か、「お笑い」的感覚が重要視され、観る側もそれを求めているように思います。

西堂　それだと、吉本新喜劇のほうに身売りはできるかもしれないけど。変なたとえになりますが、紀伊国屋ホールを担うような人材って出てくるんでしょうか（笑）。

編集部　どうでしょう。畏れ多くて、という意識もあるみたいですが。

西堂　じゃあ、前の世代を打倒する！なんて……。

編集部　あまり意識してないんじゃないでしょうか。

西堂　やっぱり歴史は切れたんでしょうか、太田さん。

太田　僕も理解できないんですよ。僕の理解できる範囲は、前の世代を乗り越えることで、何かをやろうとするところまでで、そういう対処しかない。きっと彼らだってまだ気づいていないだけで、からだの中では「前の世代を乗り越えることが必要だ」と思っているに違いない、と。その素ぶりは見せなくても、それを持っているという理解です。

編集部　今自分たちのやっていることの存在意義を、芝居をほとんど観たことのない人をも取り込む、いわば「入門編」の「演劇」として、小劇場を活性化していければいいと考えている劇団もありますね。

太田　そりゃ、すごいね。僕らの頃と違って、賢い（笑）。

西堂　上が詰まっていて、ある種の断念とか諦観があるんでしょうね。

太田　それは間違いなくあるように見えますね。ただ誰もやっていない「すき間」を狙うというのはあるかもしれない。僕らだったら絶対言えないね、「入門編」やってますなんて（笑）。

西堂　でも彼らは先輩後輩の関係なんてないのに、不思議に礼儀正しいでしょ。もっと暴れて、アナーキーになってもいいと思うんだけど、案外、年上をきちんと立てている（笑）。

太田　大学の二年生ぐらいで将来のことを考えている子たちはいますね。卒業する前に劇団として旗揚げして、演劇界でそれなりに認められるくらいになれるように、と。

西堂　一つの傾向として言えるのは、何年かやってうまく行ったら続けよう、でも駄目だったらあっさり別のことをしよう、というのがありますね。必ずしも演劇でなくてもいい。演劇にこだわりがなくなった分、演劇が「仕事」になったのかもしれないですね。

太田　それはずいぶん風通しよくなったし、健康になったんじゃないかな。

8……大学での演劇教育——学校公演

西堂　太田さんは京都造形芸術大学（現・京都芸術大）という場で演劇教育に関わる身として、やはりカリキュラムの中から人材が出てこないとまずいですよね。そのことに関してはどうお考えになられていますか。

太田　そのことは芸術教育全般について言えることだけど、実は困っています。勝手にやっているほうがよかったりするから。

先ほども言いましたけど、まず当面は現在の水準の演劇を乗り越えることを目標にします。そのさい、演劇イメージを国内で充足しないように、広げた枠の中で演劇を考えたい。そうしないと、日本の演劇表現の狭さ、保守的でチンマリとした「リアル」なところ、つまり生活実感の範囲でしか考えられないんですよ。下地をどうやってつくるか。それには子供の頃からどういう芝居を観ているのかといったことも関わってきますね。

西堂　以前、ベルリンで見た光景を思い出すんです。ベルリナー・アンサンブルで高校生が何人かで観に来てたんですね。たぶん演劇鑑賞会をグループ・レベルで実施していたんでしょう。でもそこで見ている舞台はベルリンでももっとも先鋭的なものでした（クラウス・パイマン演出『リチャード二世』）。こんな過激なものを大人に混じって見ている。これは日本では考えられないことです。翻って、日本のことを考えてみると、子供時代に演劇鑑賞とかで面白かった記憶がまるでない。

この劇団協議会には学校公演で加盟している劇団が数多くあるから声を大にして言いたいんですが、名作や啓蒙的な作品も結構ですが、子供に最新の作品や過激な舞台を見せてほしい。「子供向き」の舞台は結局「芝居嫌い」ばかりをつくることになると思うんです。

太田　そう、子供は刺激がないとノラないからね。韓国の劇団木花の呉泰錫《オ・テソク》が高校生相手の鑑賞会をやっているのを一度見たことがあるんです。この出し物が『春風の妻』。あやしげな女が出てきたり、浮気好きな男が出てきたりと、およそ教育的でない（笑）。しかも呉泰錫は役者を客席に放つから、高校生が例えばハリボテのオッパイつけた女優とワイワイわたり合って芝居を観ているんですね。まあ呉泰錫だからやれたのかもしれませんが、これは従来の学校公演への批判にも通じますね。

西堂　最後に、大学教育に関して太田さんのイメージはいかがですか。

太田　僕らが六〇年代に演劇を始めた時は、何もないところでやっていたんですが、その無手勝流で始めた者が帰ってくる場所として大学を考えています。教える側も、自分の表現活動を客観的に見直したり、理論化していく機会として活用してもらっていい。そういう欲望や資質を持った演劇人でないと、教育はむずかしいんじゃないか。「教育者」と「芸術家」は違います。教える側にも学ぶ側にも再教育の場所です。それは単発でなく、ある程度きちんと学べるようにカリキュラムを組み立てないといけない。だから散発的なワークショップでは役に立たないんですよ。

西堂　そうですね。最近のワークショップは素人向けの「入門編」ばかりで、商売になるかもしれないけど、これは「教育」とは違いますね。太田さんが『↗ヤジルシ〜誘われて』の時に言われた「一番根っこのところに帰る」というのは、教育でも言えそうですね。その意味では、テロ事件もありましたけれど、歴史的な意識を踏まえて、もう一度「根源のところに向かって考え」直す時期なのかもしれないですね。
どうもありがとうございました。

（二〇〇一年一二月三日、日本劇団協議会事務所にて）

追記——あの時の太田省吾さん。

その日、太田さんは片目に眼帯をして登場された。話をうかがってみると、頚椎の手術も受けなくてはならないという。ここ数年、大学の新学科設立など激務だと聞いていたが、新しく事を起こすということは並大抵な苦労ではなかろう。前例のない、つねに新規の事業だから、開拓者の精神がないとつとまらない。大学も行政も、結果をまず求めてくる。しかしそう短時日で結果（つまり数字）が出てくるわけではないから、そのジレンマは芸術や文化運動にはつきものとはいえ、相当のものとなろう。だが考えてみれば太田さんの世代は、いつでもこうした役割を担ってきたのではなかったか。演劇の革命世代は、その後、制度の変革者たらんとしている。
その間隙を縫って、この秋、新国立劇場で新作の幕を開ける。久しぶりの新作だが、アングラ世代が退潮の兆しの中、太田さんにはまだまだ健在であることを示してほしい。

（二〇〇一年）

第3章 創造する伝統
――現代演劇と大学教育

1……韓国演劇の特性

太田　いきなりですが、西堂さんはこの数年、日本の演劇人としては、一番ソウルに行って、韓国の演劇を観ているんじゃないかと思うんですけど。

西堂　そうかもしれないですね。

太田　僕の今年（二〇〇〇年）の夏は、「ソウルの夏」でした。（韓国版の『更地』のために）一ヵ月半くらい滞在しまして、稽古をやって作品を仕上げて、上演してきました。「ソウル演劇祭２０００」というフェスティバルの中での上演でした。このフェスティバルは、海外から僕のを含めて五本、ロバート・ウィルソンの『海の夫人』（イプセン作）、リー・ブルーアーの『ハジ』、リトアニアのＥ・ネクロシウスの『ハムレット』、ジョゼフ・ナジの『ヴォイツェック』を招いたかなり大きなものでした。西堂さんもいらっしゃるはずだったのに残念でした。

西堂　僕がこれまで韓国で芝居を観てきて、日本と違うなと思うのは、韓国の俳優というのは、演じる時に「前に」出てきて表現するということです。あるいは、俳優同士が本当に肉体的にぶつかり合って、フィジカルコンタクトで表現をするということでした。「劇」という言葉は、文字通り、「激しい対立」と捉えるならば、韓国の俳優というのは、非常に演劇的な資質を持っているのではないかと思います。

そこで太田さんの『更地』を思い返してみると、ぶつかり合うというより、むしろ「退いていく」、「どこまで自分を後退させていくんだろうか」という感じでしょうか。どこまで退いていっても、なお出てくるものがある、それを太田さんは「引っ張り出そう」とされているんじゃないかと思いました。

それともう一つ、韓国演劇に特有だと思われるのは、舞台上ですぐに踊り出すことです。芝居の中で、音が鳴ると、ごく普通に踊り出してくる。観客を巻き込んで、一つの場をつくってしまう。韓国には「マダン」（＝広場）という言葉がありますけれど、場をつくるということにすごく長けているのではないか。

韓国人の中には、「韓国はまだ近代を通過していない」という言い方をする人がいますが、そういう言い方がふさわしくないくらいに、近代化によって潰されなかった記憶、民族の伝統みたいなものをベースにして芝居を組み立てているのではないか。

そう見てくると、近代のいや果てみたいなところに立つ日本にとって韓国というのは、いろんな問題を考えていく時の有力な「鏡」になるのではないかと思います。

太田　韓国の演劇でかなり広く採用されている手法がありますね。民族楽器を使って、そのリズムの中でストーリーが展開し、俳優は中に入ったり出たりしながら、さまざまな局面を演じていく。それが一つの作法、基本的なつくり方としてできていると思います。あれはブレヒトの劇のつくり方と共通性を感じるのです。

東洋的な形なので、ブレヒトの方法を特別意識しているとは思えないんですけど、それを体現しているんじゃないかなという感じがする。フィクションの顕在化の原理が演技の中でもかなり自在さをもって体得されている。一方では巫女系の演技にリアリティを求める演劇も残っています。それを開放型と閉じもり型とすると、開放型には非常に優れたものを感じ、ここをもっと意識化されたら、世界へ広がる可能性を感じます。

ソウルで稽古をやっていた時、高校に芝居を観に行ったんですよ。高校の体育館で、呉泰錫の演出だったんですね。それはある男の不倫の話なので、相当際どいシーンが出てくるんだけれど、それを高校の体育館で高校生の観客の前でやっていた。このやりとりが面白かった。

西堂　観客とのやりとりがですか？

太田　男の愛人がつくりものの大きなオッパイを出して、彼女を野次る高校生たちの観客席へ飛び込んでいったりするんですよ。それを観ながら、たしかに「場をつくる」。彼らはまずそこに賭けますよね。そういう場の雰囲気を含みながら、いろんなことを展開していこうとする。

その時に、劇場という空間が近代では「スペース」である――抽象的なスペース――というふうに扱われるんだけど、「フィールド」であるという捉え方と言うかな。そういうダイナミズムが日本では見られない枠組みで動いている。空間が可変であるというか、つくられていくというか。そういう感じは、強く感じましたね。

韓国の演劇人は「そういう作法がもう形になっている」と言って嘆くわけだけれども、そうじゃない面が展開できるんじゃないかという感じがしたんですね。

2……『更地』と受動の力

太田　それからもう一つは、ちょっとむずかしい問題で、「受動－能動」の問題です。僕はたしかに「受動」ということを結構言ってきたんですね。そのことに関して言うと、二人の役者と付き合っていて、何か違っている――違っているというのは悪い意味ではなくて。

西堂　今回の韓国での『更地』ですね。

太田　面白かったのは、あの芝居の中で、「見られましょうか」という台詞があるんですけど、これを翻訳できないと言うんですね。文法としては受動態なんですが、「見られたい」という言葉は、誰かに「見せる」、「見せたい」とは違う。日本語でもナチュラルな言い方ではありませんけどね。それにしても、「見られたい」というのが、相当ややこしい言葉でしか言えないわけ。これはちょっとびっくりしたんですよ。つまり、韓国語では受動態はあまり使わないんです。だから翻訳語にも受動形はたぶん少ないんだと思う。このことで僕はハッとしました。

僕はこれまで、ずいぶん「受動」のことを語ってきたからです。「受動」は力なんだ、表現行為、とくに観客へ向かう演劇という表現にとって、本当に力あるのは、実は「能動」ではなく「受動」なんだ。つまり、ここでは能動と受動は普通の語意とは逆転するのであって、〈表現〉では、積極的受動と消極的あるいは無意識的振る舞いとしての能動ということを言わなければならない。ここが〈表現〉にとって大事なところだと言ってきました。しかし、韓国流の受動態形表現が少ないということとぶつかって気づかされたのは、受動形表現は日本語にとっては自然なこと、無意識と通じるということでした。

西堂　その差異をどう考えるか、ということですね。

太田　そう感じました。

西堂　例えば、先ほどの「対立」との比較で言えば、「回避」という言葉がありますね。相手とぶつからずに、つねに避けていく、逃げていく。今の日本には「回避」という言葉がよく似合うと思うんですが、回避ではまったく違ったものになりますね。

太田　違います。

西堂　おそらく太田さんの「受動」の場合、完全に引き受けて、そこから押し返そうという何かがあるんだろうと。

太田　だからそこは、いわゆる「受動の力」、パッションなんですね。パッシブな力。

西堂　パッションは情熱という意味もあります。パッシブは受け身ですが、その意味の重なりが面白い。グロトフスキが同じようなことを考えていて、彼はポーランドという歴史性の中で発言している。パッシブは受苦的な意味があって、つまり「そうせざるをえない」というところでの引き受け方、受動ですね。パッシ僕は太田さんもそうしたところからインスピレーションをえて、「受動の力」という理論に結晶させられたと思うんですけど、歴史的なコンテクストはずいぶん違うだろうと思った。

それと、さっきのブレヒトのことで言うと、韓国の中でブレヒトが解禁されたのが一九八〇年代半ばなんです。ブレヒトが応用されたというより、むしろブレヒトが東洋の演劇に見ていたもの、ヨーロッパ人が方法として取り入れた異化作用や物語の連続性を断ち切ることを韓国演劇はごく自然にやっていたんじゃないかと思うんです。だから観客が非常に冷めながら観ている。

太田　そうそう、冷めながら、ノリながらね。

西堂　やる側も観客あっての表現というところを非常に心得ている。呉泰錫なんかとくにそれが強いですね。歌や踊りがあって、話がどんどん展開していくというやり方は、他のメディアではできない。それが演劇なんだ。つまりフィクションについての考え方も、やはり強靭だなという感じがします。

太田 本当にそうだと思います。フィクションについての考え方、それについては、日韓の本当の共同作業があると、何か大きなものが発掘されるのではないかという気がしてています。

一ヵ月半ソウルにいましたでしょう。その間にさまざまな世代とさまざまな考え方を持った韓国の演劇人と会いました。あなたも僕も「日韓演劇交流センター」の委員をしていますけど、何か現状の交流レベルがひどくもったいない気がしているんです。問題をもっと大きくというか広く見ると、つまり現在の世界の演劇の中で独特の表現を生み出せるのではないか、その可能性を感じるんです。しかし、現在は〈交流〉レベルでしか動かないでいる。それがもったいないと感じるんです。日本も韓国も東アジアですから、質の違いがあってもまず第一に西洋近代という世界文明との葛藤の中で生きている。そしてそれを現段階では身体化して生きている。つまり、押し付けられたということだけでは済まない段階で生きている。ということは、人類史的に葛藤を抱えながら、この世界文明を生きるという立場から生み出された言葉（表現）が、ある個人の表現と言うより、もう少し広い共通性をもった表現まで高められないか、といった幻想を二〇〇〇年のソウルの夏に思いました。

3……演劇の衰弱、狭さ

西堂 たぶん今の演劇――学生を含めてですけども――を観ていて、一番衰弱しているのは、俳優術じゃないかと思う。劇作のテクニックとか演出の方法だとか、照明などはかなりの段階に積み上げられてきている。ところが俳優術は、もしかすると以前よりも水準が落ちているんじゃないか。今、どんどん作家の芝居になっているると思うんですね。つまりそれは、俳優が演出家なり、創造上の権力に対して反乱を起こさなくなっているからだと思う。それを端的に言うと、こういうことがあると思うんですね。例えば、劇作家が非常に抽象的で難解な芝居を書く。そうすると俳優が、「わたしはこんな台詞は喋れません」と文句を言う。反乱ではなくて、文句を言う。そうすると、劇作家が、「じゃあ、あなたの喋りやすいように書き直しましょう」と言って、書き直していく。今、どうもそうやって現場が推移しているんじゃないかと思うんですね。そこで出てくる舞台というのは、いわば「日常の写し絵」になってくる。

太田　そうですね。

西堂　日常喋り慣れている台詞になってくると、これは無理をしなくてもいいわけですね。だから、むずかしい本を読んで向上しようとか、挑戦しようといったことを一切考えなくて、「今」をやっていればいいんだ、と。劇作家のほうは、仮に力量があっても、そこに降りていかなくちゃならない。そこで今の演劇は、「低さ」で成立しているんじゃないか。

太田　舞台の高さが「低く」なっている。日常と地続きになっている。そうすると、必然的に描く世界って決まってくる。当然、そういう言語で喋れるものというのは限られているわけですよね。

西堂　そこで通じる観客だけが集まってくる。だから玉突き状に、世界も狭まり、観客も狭まる。だけど、観客数だけは反比例して増大していく。そういう奇妙な形で、今の日本の文化は推移していると思うんですね。だから文化や芸術といったところを物差しにすると、演劇はそこから縁が遠くなってくる。

太田　その前の話と通じると思うね。つまり何かを回避している。それで成り立っているということ。

西堂　そこを回避することによって、いわば「こういう問題があるんだ」というふうに作家は問題提起をしても、おそらく観客なり俳優なりは、「まあいいいんじゃないか」というふうに保守的な防衛が働いていく。

太田　作家としては、出しているつもりですか。

西堂　主観的には出していると思うんですね。だけども、それは構造的にはむしろ回避と妥協の中に回収されていっていると思います。だから、つくり手の側の論理としては、みごとに失敗しているんじゃないかな。

例えば六〇年代のアングラの時代は、外部との密通ということを狙っていたと思うんですね。小劇場やテントでやっていることはあくまでミクロな世界だけど、それは確実に外へ、世界に繋がっているという確信。だがその確信や夢を断念したところから九〇年代以降の演劇が始まっている。それで外部との関係を遮断して、日常の細部を濃密に描こうとする。あるいは足下の現実を凝視しようとする。そこで日常を「写しとって」内部から破ろうと考えた。

太田さんはよく「構造」という言葉を使われますけど、主観的にこうしているんだということよりも、それを封殺してしまう構造のほうがはるかにでかくて、そこに閉じこめられている気がするんですね。あるいは「伝統」という言葉をそこで使ってもいいと思うんです。これは観世栄夫さんが言われているんだけども、「伝統というのは、ある意味では、壊しても壊しても残ってしまうものだ。それぐらい頑丈で分厚いものなんだ」と。下手をすると、演劇を壊しても壊しても「それも演劇だよ」と名付けられてしまう。そういう怖さですね。強靭さがある。

太田　だから、ある意味では、壊し続けるしかないわけですよね。

西堂　でも、壊しきれるんだろうかというと、たぶん、壊そうと思った時に、もうすでに負けている気がするんですね。もし壊れるというか、外に出るとすれば、演劇を別の何かのジャンルと結合していくということしかないんじゃないかと思っているんです。

今の一つ流行として、演劇とダンスの結合とか、演劇と映像の結合だとか、異ジャンルとの一種のハイブリッド化というものはかなり意識的にやられています。それは、保守的な伝統と対決しても勝てないという、別の対策じゃないかと思うんです。つまり、「演劇を生まれ変わらせよう」というような。それでも、僕は演劇の構造は残ってしまうと思うんですが。

太田　劇場との関係で言うと、たしかに劇場という空間がさっきは閉じていると言われましたけれども、その容量というのは、もの凄く広いものだと思いたいわけですよ。キャパシティというのは大きいものだと。だけど、すごく狭くしていっているなという感じがしますね。これは虚構というものの考え方、あるいは使い方とも関係している。それで、これは何とかしなければという感じがしますね。だから、広さを知るということは、まずかなり重要なことではないかなという気がしますね。その場合伝統というものが役に立つのでしょうけどね。

4……伝統との対決

西堂　何をやっても伝統という因習的なものに回収されてしまう怖さと、もう一つは、かつて太田さんが能舞台でやられた『小町風伝』のように、一つの制約として捉える。その制約があるがゆえに、超えていける可能性がある。つまり、土俵ができるということですね。二つの面が、やっぱりあると思うんです。

太田　そうです。それが非常に厳しくある。

西堂　本当は「演劇をやる」って、その厳しさを問われていることだと思うんですよ。一人ひとりが。

太田　たしかに、「能舞台を使う」って、ただそれだけでも、もの凄いことでしたね。あの空間は無言なんだけど、持っている力。こういうことをやろうとしても全部撥ねつけられてしまう。能舞台が受け入れることと、撥ねつけることとの中で能の演劇思想とぶつかった。舞台の高さも、これ以下だと受け付けないと言ってくるところがあったし、舞台装置にしても、近代劇的なものは受けつけない。つまり、この強力な他者の眼の検証を通していちいち考えなければならなかったあの経験は勉強になりましたね。

西堂　僕は、ギリシアの野外劇場にもそれと同じような力があるんじゃないかと思うんです。二〇〇〇年以上も前にできた、あれだけ幾何学的に計算され尽くした空間を前にして、どうやって太刀打ちできるのかということは、二〇〇〇年来の敵と闘っているようなものですから。ある意味では二〇〇〇年前の数学者と闘っているようなものです。

太田　そういう問題はありますね。能の場合は六〇〇年前ですが、大きな時の流れの中に身を置くことは、能舞台で演じようとした欲望の中心だった。自分たちの演劇を歴史的時間の広場に出してみたかったんです。

西堂　そういう空間に、じゃあ俳優が立てるのかという問題がありますね。とくに野外というものに立った時に。ちょうどこの夏、韓国のスウォン（水原）の演劇祭で、岡本章さんと錬肉工房が野外で公演したんですけど、二〇〇年前の城門の前に野外ステージを建てて、そこで五人の俳優がパフォーマンスをやるんです。その時、もちろんこれは二〇〇年の背景ということもあるんですけど、もう一つ問題があるのは、五〇〇〜六〇〇人ぐらいのざわついた観客がそこにいるわけです。

太田　気が小さいと、もうそれで逃げ出したくなりますね。

西堂　無料公演だから、彼らは朝から楽しみにして、ゴザを敷いて場所取りをやっている。そういう客を前にしてどうやってこの観客を黙らせて集中して観させるか。まさに、芝生の上に居る観客、芝居をやっている。逆に、そこで子供が息を詰めてくれれば、これはもう演劇的な成功です。だから（屋内）劇場というものは、もの凄く保護されているのではないか。

太田　それはそう思いますね。だから、保護条件を解いてみるというのも、やっぱりかなりいいことかもしれないね。

5……現代の空間は

西堂　こういう劇場で見たいとかっていうのは、僕は時代によって、かなり変わってくるんじゃないかと思うんです。今の観客の感覚で言うと、三〇〇のところで成立している芝居というのが、一番見やすい。韓国の小劇場というのは、一〇〇とか一五〇が定番になっていますけども、日本だと三〇〇くらいで対面してくるという感じだと思うんです。

それは、空間をどんなふうに心地よいと意識しているかのバロメータじゃないかと思うんですね。もう、ギュウギュウ詰めの密室に詰めこまれるのはお断りだというような……。

太田　それはもう、行き詰まっていると思います。だいたい舞台は室内で、リアルな、だいたい実寸ぐらいの部屋が組まれていて、という感じでしょう。そうすると、それがきちんと違和感なく収まるという感じじゃないかな。

西堂　それで真向かうのが三〇〇ぐらいの観客ということですか。

太田　低い声でもちゃんと聞こえるというのが一つの基準かな。

西堂　昔、別役実さんが二〇〇ぐらいの観客だと、一種の口コミで情感が拡がっていき、劇場の中にコミュニティが成立すると言っていました。五〇〇になると、もうそれが成立しなくなってきて、マスになってしまう。三〇とか四〇になると息苦しすぎて、ちょっと勘弁してくれという感じです。

太田　やっぱり劇場というものが、一番変わった時期というのは一九六〇年代後半で、それまで使っていた劇場を誰も使わなくなった時ですね。それで、喫茶店でやったり、倉庫を使い出した。僕はそれを「元〇〇劇場」って言うんだけど、「元〇〇」っていう空間を劇場としてやりだした。テントもありました。僕が拠点としていたのは元木工場でした。この時は、劇の場を求めたわけですね。外国でも同様の動きがあった。「元〇〇」を改造して劇場にしていました。僕らが三〇〇ぐらいの劇場を要求すると、だいたいそういう劇場があてがわれて、元教会、元消防署、元宮廷の劇場などいろいろありました。

西堂　劇場と美術の関係で言うと、日本の舞台美術とヨーロッパの舞台美術はずいぶん違いますね。向こうは抽象度が高くて論理性がある。日本の場合は、具象的で空間を隙なく埋めてゆく。逆に言えば、「元〇〇」とか、独特の空気が漂っている場所は、その余白を空気が埋めてくれる。それに対して余白を全部排除していって、純粋に完結した美的な空間にしようという運動が、ある時期に始まった。そこに俳優までもが記号として埋められてゆく。それはやはり俳優が反乱を起こさなくなってきたからだと思うんですね。

かつてのアンダーグラウンドの芝居というのは、俳優が暴れるから、しょっちゅう舞台が壊れる。畳がはげたり、障子が壊れたり。そこで僕らはハラハラドキドキしながら、壊れたものを想像力で補って、そこに障子があるように見立てながら観ていた。そういう人間の生々しい関係とか信頼というものでその余白を埋めていたものがなくなってしまえば、完璧な純粋虚構の空間がつくられ、こちら側には純粋観客がいて、それが演劇という美学をつくる……。

太田　その時に、虚構というのがずれているんだよね。僕が使っているところなんかで言うとね。それを何と言ったらいいんだろう。

西堂　むしろ、第四の壁の向こう側にある「虚構」と言った方がふさわしいですね。

太田　そうね。そっちのほうに行っているわけね。だから、僕はそれを「虚構性を殺している」と言おうとしているので。

西堂　例えば、本の装丁というのは日本がおそらく世界でもっとも美しいと言われています。完璧に一つの作品に仕立てられている。ところが、ある出版社の本は、ほとんどタイトルと著者名しか残さずに、まっ白にしてしまった。その時、みんなは「あっ」と思った。「こいつら手を抜いている」ということではなくて、この余白にみんな意表を衝かれたんですね。その余白に抽象度だとか、本の持っている硬質な論理性が投影されているのではないか、と。これは非常に画期的なことであったと同時に、これまでこういうことを日本の装丁家は怖くてできなかったんじゃないかと思った。

例えば、ヨーロッパの劇場なんかに行くと、そういう装丁の空間がぴったりはまるわけです。何もない空間にイスが一脚置いてあるだけで、これが舞台美術になる。もちろんプログラムにはセット・デザイナーの名前は出ています。日本だったら、デザイナーの名前は出さないんじゃないかというぐらい禁欲的なわけです。この空間に対する違いというものが、かなり根深いところからあるんじゃないか。僕はその恐怖感というのは、「空間を埋めなければいけない」という強迫観念だと思う。

太田　普通は逆に言われていますよね。ヨーロッパのほうが空間恐怖症で、余白が生きるのは日本というふうに言われているね。

西堂　それが、現代においては逆転している気がします。少なくとも舞台美術においては、隙間なく何かが埋め込まれているという気がする。最近の若手の美術家は、少しずつ抽象度の高いものをつくり始めていますが……。

後もう一つは、ヨーロッパでは、固定された空間を埋めていくという発想でなく空間が動くんですね。この発想は日本人にはないんじゃないか。例えば、シャッターが開いたり閉まったりするだけで、空間が歪んだり、膨らんだり、軋んだりする。運動性に対しての感覚がずいぶん違うんじゃないかと。

太田　若くして死んだ手塚俊一という装置家がいました。彼はそれをやろうとした。やりすぎというところがあったくらい、必ず動かそうとしていた。例えばハシゴを落とす。観客の頭のギリギリのところまで落ちていく。あるいはビニールで登場人物を閉じこめる。芝居の中で巻き付いていく。そういうことをいつも考えていた。面白かったけどね。

ただ僕との関係で不幸だったのは、僕がそれを望まなくなって、何もない舞台へ向かった時期だったということで、彼との作業が少なくなった。

西堂　たぶん、それは舞台美術の自己主張が強すぎたんでしょうね。だから、よく言えば、演出家に拮抗する舞台美術を考えていたんだと思うんですね、手塚さんは。ただ舞台美術家も、ここ二〇年ぐらいでステータスが上がりましたね。

太田　上がりました。しかし僕は、作品としては全体的に不満です。台本や演出の責任でもあるんですけど、美術の現在と関わりのない〈舞台装置家〉という特殊な、狭い、閉じた分野になっていないかと思うんです。

西堂　そうすると、自分の「作品」というふうに考え始めてくる。動いたり吊ったりしても、これは写真に収められる「作品」にならないんですね。今ビデオがこれだけ発達してくると、どんな若い劇団でも必ず作品をビデオに残している。そうすると、ビデオに収めやすい作品、ビジュアル的なものに移行し、暗いセットとか、暗い照明とかは忌避されている気がする。
太田　それはそうですね。
西堂　「作品」というものを意識した時に、微妙にそこから逆規定されてくるものがあって、美術家なり演出家の舞台に反映しているのではないか。やはりこれはメディアにかなり支配されてきているんじゃないかなと思う。

6……フィクションとリアルについて

西堂　「フィクション」ということを改めて考えてみると、一九世紀の自由劇場の舞台で、アンドレ・アントワーヌは肉屋を舞台上に再現する時に生の肉をぶら下げた。虚構の純度を高めるために。そういうことに、今近づいているんじゃないかという気がするんです。
太田　そうです、そうです。主に美術史で言う「虚構」というのはそういうことですよね。だけどね、演劇で言う「虚構」というのは、ちょっと違うんです。
西堂　ゾラ以降の自然主義の舞台というのは、ある意味で現実の再現です。けれどもリアルというのは本物らしさということですね。その空間をいかに本物らしく近づけるか。そのことはもう一九世紀で終わっている。
太田　この五、六年前からあるいは一〇年くらい前からかな。その傾向が強くなっている。自覚的なのかどうなのか、僕には不明ですけどね。
西堂　「リアリズム」という言葉がよく使われるようになってきてから、非常に危ういと思った。つまり、あれは一九世紀にできた演劇の概念で、二〇世紀に否定されたはずなのに、また「リアル」とか「リアリズム」というのは、すごく広義に使われ始めてきた。まじめで社会的なことをやっている演劇はリアリズムだと。それと同時に、リアルという言葉も便利に使われだしてきた。しかし一九九一年の湾岸戦争を契機に、リアリズム、リアリティというのは、失効したのではないかと僕は考えています。

太田　ちょうどその頃ですね。「リアル」ということが言われだしたのは。

西堂　失効したから、それを奪回しようとして「リアル」という言葉を使っているのでしょうか。

太田　それはそうじゃないね。

西堂　だとすると、すごく反動的な気がするんです。「リアル」と「リアリティ」という言葉は、人間主義というか、人間の素朴な実感をもう一回獲得しようじゃないか。このテクノロジー社会の、コンピュータ社会の中で、という感じですか。

太田　そっちが近いでしょうね。

西堂　すでにある程度結論が出たところでやっている気がするんですよ。だから、それだけ僕らの身体とか言葉に手応えがなくなってきている証拠なんだと思うんです。

太田　それはすごくあると思う。

西堂　それは認識が間違っていると思うんですよ。その時に「リアル」じゃなくて「アクチュアリティ」という言葉を使ったらどうかと考えた。「わたしがおもしろいと思ったのだから、あなたがとやかく言うことじゃないでしょう」――こういう言い方とリアルという言葉はかなり繋がっている。個人のレベルでなく、ある程度の人が共有しなければ実感とは言えない。それをアクチュアリティという言葉で僕は言おうとしたんです。

太田　だけど、確信があるんだよね。自分でそう思ったということが。ある広さを持っているということの確信が。

西堂　それは結局、自己肯定に繋がりますね。他者を排除した、自己本位な。

７……演劇の大学教育

西堂　ところで、大学に実践家を迎えるということについてうかがいたいのですが。実践家と呼ばれている人たちは輝きがあるし、その人がどれくらい創作に向かっているのかに学生は直面するとすごく現場的な刺激がある。自分もこうやってみようというのがあると思うんですけども、それは一つの生き方としては感化されるとしても、教育の内容の問題ということになってきた時に、どうなんだろうかと思うのですが。

太田　表現者が教師となった時の問題ですね。表現者は、言ってみれば自己流の側面があって、そこにこだわりを持つところがあり、他を認めないところがある。それは教育と背反していないかということですね。それは僕自身の問題でもあるし、表現者を多く迎えているこの京都造形芸術大学の演劇教育の考え方を問われていることでもありますし、このところ表現者が多く演劇教育に関わることになっている演劇教育全体の問題でもありますね。これまでの演劇教育は、いわば文学部だったんですよ。そしてそれでは不十分だということが反省されて、芸術学部でなくてはという動きが起きて、今の問題が生じた。それに少子化対応の戦略という市場原理の働きも加わっている面もあるんでしょう。とにかく、新しい事態で、大事な問題だと思っています。それについて僕はこんなふうに考えています。自己流というか、自己の表現に閉じる、あるいは自足している人は教育現場には入らない方がいい。クラス（教育現場）とは、開くということがなければならないと思います。少なくとも自分の表現に含まれる普遍的なものを見出そうとし、そこに開いていく試みが自分にとっても必要と感じられていなければならないと思います。

西堂　今の学生なんかは、技術を学びたいと思っているのかもしれない。精神論や生き方というよりは、具体的に「こういうシーンをつくる時には、どういうやり方があるのか」「どういう演じ方があるのか」を教えてほしいというふうに、すごくプラグマティックに考えている傾向がありますね。だから一種の寺子屋的な、私塾的なものと、「こういう時はこうすればいい」という近代的な方法論が、どういうふうに共存し、折り合っていけるかというのが、僕はすごく関心のあるところですね。

太田　たしかに自分の劇団では、前近代の私塾的でプラグマティックにやってきた。そうでなければやれないところがある。しかし大学はパブリックな場です。他者の中に開いて、自分を表現して見てみることに興味がないと、クラスは豊かにならないと思います。「こういう時はどうすればいいか」にも答える必要がある。しかし、その答えは自分の責任範囲の中で解決することが大事なんじゃないでしょうか。自分がまったく駄目だと思っている答えは答えではないですからね。そういう時に、自分が試されるところがありますね。ただ、僕は自分のクラスだけでは成り立たない問題、その大学なり学科なりが、ここは基本的な立場だというところがなくてはならないとも思っています。この京都造形の学科に招いた演劇表現者は、二つの言葉を持っている方です。劇作だけでなく、エッセイ、小説などを兼ねている方です。それは、〈現物主義と反知性主義〉になってはならないということです。表現者を迎えるということは、ややもするとそう捉えられる。もちろん〈演劇知〉という言葉をどう捉えるかはかなり幅があるのですが、〈演劇知〉を伝える場だと思っています。大学の演劇科は。演劇知＝批評性の伝達と、表現資料の提供の二つが役割だと思っています。

西堂　今すごく大きな問題が出されたと思いました。表現者は「狭く」あればあるほど先鋭的な表現に結びつくのだけれど、その「狭さ」は時として排除に通じてしまう。とくに若い二〇歳前後の者たちを相手にした時、逆に入り口を閉ざしてしまうことになりかねない。それは僕のように座学で学生と接している者にとっても抜き差しならない問題です。例えば、僕は大学の外でも多くの仕事をしていますから、舞台や作家についてある判断を下さねばならないことが多い。それは批評家という「表現者」の立場です。それに対して、講義で喋る時は考える材料だけを指し示す。僕の意見は学生にとって「正解」にとられてしまうので、そうならないようにだけはチェックしているつもりです。もちろん、僕の好みや何を評価しているかは自ずと学生も嗅ぎ分けるでしょう。でも支持していない演劇について、これは駄目だとは絶対に言わないことだけは原則にしています。ですから卒論などの文章の添削もしません。それは結局自分の文体を押しつけることになってしまうからです。誤記や歴史上の誤り以外は、自分の感想のコメントを付して返すだけです。

　ここで「技術」という問題が改めて浮上してくると思うんですが、アンダーグラウンドにしても、僕は一つの過渡期を生きたんだと思うんですよ。以前太田さんは「アングラは素人が始めた演劇だ」ということを言われましたが、それは素人の方から「玄人の技術なんて何ぼのもんだ」って批判したわけですね。

太田　その力はどうだったんだろう。批判の力と、またそれをベースにした新しい演技観についての力はあったんだと思うんですよ。

西堂　しかし、その勢いはもって数年ですよね。その時に、各現場の集団が独自に技術というものについてもう一回検証を迫られた。それが本当にスタンダードをつくれたのかというと、やっぱりつくりきれなかったんじゃないか。それがもちこたえられなくなった瞬間に、急速に「新劇帰り」が始まった。そこで、悪しき近代劇が復活・再生してくる。

この歴史を、何とかもう一回変えることを、大きな文脈として考える必要がある。その症例として、劇作家が理論的なセリフを喋れない俳優に寄り添っていくというのが最悪なんです。

太田 それは、要するに、コンフリクトを起こすようなセリフを全部、起こさないように引き下ろしているということですか。

西堂 回避できない状況に人間をよびこむような言葉と言ってもいいと思うんですけど。その時に、否応なく俳優は判断せざるをえない、責任をもって何かしなくてはいけない。

太田 「とりあえずの今日」ということが、ずっと積み重なっているんじゃないでしょうか。問題を広げて言うと。ピーター・ブルックの言葉なんだけど、演劇人はいつも公演に追われていて、「やたら忙しく、重要な問い、演劇そのものを問いただす問い——なぜ演劇が必要なのか、何に拍手するのか、演劇は何を探り出すことができるのか——といった問いを発するひまがないのだ」と言っていますけど、それはひまの問題ではない。時間のあるなしの問題でなく、「とりあえずの今日」という生き方しか生きられない、現代人の生のあり方の問題のように思えます。演劇はそれを問う役割があるはずなんだけど、「とりあえずの今日」をひたすら歩んでいる。

西堂 「とりあえずの今日」というのは「ただの現在」に繋がってきますね。そこで思い浮かべるのは漫画です。今の若い演劇の多くは漫画に依拠していると思うんですよ。それで「何で悪いんだ」というふうに開き直るかもしれないし、「漫画こそ、今の日本で最先端の文化だ。小説なんて古い」と言うかもしれない。でも、漫画に依拠している演技術というのは、これはやっぱりあまりにも貧しいと思う。

漫画って、すごくデジタル的だと思うんですよ。コマが切れているわけだし。ある瞬間から次の瞬間には、まったく心理の過程などなく、飛ぶことができる。そういう意味では、たしかに今日的だとは思うし、そこから何か出てくる可能性がないとは言えないし、異ジャンルから来た人はそうせざるをえなくて漫画を利用する選択肢があったんだけども、では演劇を専門に学んできた青年たちは演劇史という太い幹があってこその異端であって、漫画を利用するというのはその幹から外れたものだと思うので。

太田　もちろん演劇教育の問題でもあり、演劇の全体の問題でもある。だけど、溝は深い。だって、築地小劇場が開いた時に、「チェーホフをやるのは古い」って言われていたぐらいに、みんな枝葉のところで生きていたわけだから。

スタニスラフスキーも、本当にやったのがどれだけいるのかっていうのも怪しいですね。

西堂　ロシアにおいてもメインストリームはダンチェンコだと言われていますよね。メイエルホリドは、かなり尖がっていて、その中間にはスタニスラフスキーがいる。そういう情報はあまり紹介されていない。僕は、スタニスラフスキーは結構アヴァンギャルドだったんだと思うんです。でも、モスクワ芸術座が来日公演した時、「ああ、俳優たちが本当に泣いている」というふうに、すごく伝説化されたエピソードだけが残ってしまう。ただ、ロシア人というのは、もともと演技がうまいですよ。だから、やっぱりスタニスラフスキーを生み出す土壌は、すでにあったと思うんです。それはもしかすると、僕らから見れば、すごく派手な演技かもしれない。でも、それがある意味で「自然主義演技」というふうに名付けられてしまった。

太田　うん。そうかもしれない。

西堂　そのずれも、本当に新劇人は気づかずに来てしまった。千田是也はやっぱりそこを誤解していたんじゃないかな。スタニスラフスキーは、「戯曲の再現」などは言っていなくて、「俳優がいかに活き活きと生きるか」、そのことしか言っていない。「それは戯曲を壊してもいいんだ」というところまで過激で、ある意味ではアングラに通底することを言っている。

太田　そうですね。そこはもう、ほとんど同じところがありますね。

西堂　だから、スタニスラフスキーにアレルギーを起こさないで、もう一回基礎からスタニスラフスキーをやられたらどうでしょうか（笑）。

太田　それも手ですね。もう一回やるのも。しかし、そうとうアダプトしたやり方でないと気持ち悪いというか、恥ずかしいというか、その気持ちが拭えないんですよ。

西堂　「これこそが、本当の近代劇なんだ」というのを、『桜の園』あたりでやられると。案外、松本修さんなんかがやっているチェーホフが、近代劇の一番いいエッセンスを使っているんじゃないかと思うんですけど。僕も太田さんのチェーホフを見てみたいですけどね。

太田　（笑）うん。いや、いつも思っているんですよ、それは、スタニスラフスキー・システムとは切り離してですけどね。やってみたいと思っているんです。

西堂　新作オリジナルをつくり続けるというのは、太田さんの一つの指針であったわけですが、古典をやってみるということも、僕はあってもいいと思っているんです。本公演でむずかしかったら、例えば、学生を使って実験的なことを……。

太田　そういう意味ではいい場ですよね、大学は。

西堂　古典をやることのほうが実験的だというふうに思うこともある。

太田　それはあります。そういう考え方がありうるということはよくわかります。

西堂　そういう段階に、今来ているんじゃないかな。あるいは、七〇年代とか八〇年代に書かれた戯曲をやるとか。この時代の新作戯曲が何でこんなにやられないんだろうかというのが不思議でしょうがないんですよ。今年入学した一年生は公演をやっていますか。

太田　学園祭では有志が集まってやっていましたけど、授業関連としては一年はお預けといったところです。

西堂　上級生のいない学生というのは、どんなものなんでしょうね。

太田　ちょっと不安だと思いますよ。いや、そうとう不安と言ったほうがいいかな。

西堂　でもパイオニアだという意識はすごく強いんじゃないですか。

太田　そうであってほしいと思っていますが、それは下級生が入ってからはっきりすることかもしれませんね。現在建設が進んでいますが、四月には大小の劇場や実験室もできます。これは、外国ではいくつもの大学の劇場を見てきて、羨んだり、なぜ日本の大学に劇場がないのかと不思議に思ったりしてきました。ここにできる劇場が日本で初めてといっていい規模のものだと思います。これによって制度としての演劇科が実質において初めてできるということになるのではないか。その内容に関しては、現行の演劇にない演劇の出現をめざしています。あるいは期待してダイナミックなものとしていきたいと考えています。

今日は、日本の演劇や大学について、いろいろのご意見や言及を長時間ありがとうございました。

（二〇〇〇年一〇月一三日、京都造形芸術大学（現・京都芸術大学）清心館大学学長室にて）

第4章 演劇よ、Jリーグに学べ

1……サッカーから学べること

太田　今日は批評家の立場からみた日本の演劇の現状を西堂さんにうかがいたいと思っています。僕の立場は演出家なので、批評家とは視点が少し違うと思います。その目で、今日本の演劇はどう映っているのかを、二回にわたってうかがいたいと思います。

最近西堂さんのお出しになった『小劇場は死滅したか』（れんが書房新社、一九九六年）という本の「Jリーグに学べ」という項で僕が感じたのは、まず日本にはなぜJリーグというプロがなかなかできなかったのかというところで、これはまったく演劇の問題だということでした。西堂さんがまず注目したのは、「水準を知る」ということ、それなしには世界に窓を開くということができない。まず自分のレベルを知ることが日本のサッカーに関わる時の鉄則だと言っているわけですね。そこのところをもう少し説明してください。

西堂　サッカーは三〇年以上見続けてますから、演劇よりも僕には関わりが深い。中学生の頃から外国のサッカーをＴＶの『三菱ダイヤモンド・サッカー』で見ていた。僕だけでなくサッカー好きの連中はそのＴＶを必ず見ている。そしてみんな外国のフットボールはこういう水準だということを知っていて、それを基準にサッカーの話をするわけです。そうすると当時の日本リーグとイングランド・リーグでは、レベルの違いが歴然としている。レベルがあまりにも低いので、日本リーグの試合は誰も熱心に見にいかない。ところがサッカーのファンの層は物すごく拡がり、情報は飛躍的に豊かになっていて、外国から有名チームがくると、六万人入る国立競技場が満杯になる。ところが日本リーグだと五〇〇〇人しか入らない。これは明らかに観客のほうが成熟していたんだと思うんです。そして八〇年代になってトヨタカップという、ヨーロッパと南米のクラブチャンピオンが日本で激突する本物のサッカーを見られる機会ができた。それ以前は外国の有名チームが来ても親善試合だから手を抜いたり、メンバーを落としていたりしていた。でもトヨタカップだけは本物のセメントマッチなんですね。僕らはこのゲームで世界に触れた。つまり、観客は世界の超一流を基準にサッカーを見ていたんです。ところがサッカーをやっている人間は、この水準を知っているだけに日本はどうなんだと懐疑的で悲観的になっていく。とくに八〇年代は日本の代表チームが非常に腑甲斐なかった低迷期で、一種の見限り状態でしたね。一方サッカー関係者は、観客とは違う現場の意識があるから、何とか水準を上げたい。そのためにはとにかくプロのＪリーグを作って、ワールドカップに出ないと仕方ないと意識を変えたわけです。それがだいたい今から一〇年前。そのきっかけになったのは、当時ドイツのプロで「東洋のコンピューター」と呼ばれて活躍していた奥寺康彦選手です。彼が日本に帰ってくる時、彼の受け皿を何とかしなくてはということで、彼を初めてプロ選手として採用しました。そこでアマチュアとの境界が決壊し、それがきっかけとなりプロというものが具体的に明文化されて、翌年から個人契約による日本のプロ・サッカーが始まった。野球だと日本ではプロの球団に就職しますよね。日本のサッカーはそうではなくて、個人契約なんです。これは明らかに日本の会社組織と違うシステムです。今でも、プロチームの中にアマチュア契約で出ている選手はいます。なぜかと言うと、高校生がプロのゲームに出ているからです。彼らは一応、雇用制度でプロフェッショナルの契約ができないので、アマチュアの身分でやっているわけです。こういう自由さはプロ野球にはないし、これまでの日本の企業や会社の考え方では御しきれない新しい発想だと思います。そういう形でシステムのほうから変えていった。だから「下部構造が上部構造を決定する」というような言い方をしているのは、システムが一人一人の意識を変えていくからです。とくに二〇歳前後の人たちは、三〇歳ぐらいの人たちとは意識の持ち方が違う。最初からプロをめざしているし、しかもプロをめざすということが日本の中だけじゃなくて、ヨーロッパの超一流国でプロになりたいという欲望を持っています。それもお金を稼ぐという目的だけではなく、自分のサッカーというアートを磨くためにレベルの高いヨーロッパに行きたい。だから、モチベーションに相当な違いがある。Jリーグという一つの枠組みを作ることで、サッカーのプロフェッショナルを制度として確立したことと『ダイヤモンド・サッカー』やトヨタカップなどでつねに世界を見てきた若者たちの志とが見事に繋がってきている。川淵三郎がJリーグを作る時に一番最初にモデルにしたのがドイツです。ドイツのスポーツ・クラブは、中心街からバスで一五分ぐらいいくと、緑の芝が六面か七面あるような非常に豊かな施設があり、サッカーやその他のスポーツがいくらでもできる。つまり市民クラブ、市民のスポーツが前提としてあって、それの頂点にあるのがサッカーのプロチーム。サッカーの試合が一番観客を動員できるし、クラブの運営に多大に貢献できるからです。だから下部構造がきちっとあった上でトップのサッカーチームができた。同時に彼らは街の誇りであり、アイデンティティでもあります。川淵チェアマンはこうした市民とクラブのあり方をモデルにしたんですね。

太田　日本で言うと高校サッカーってことになってくるんでしょうね。

西堂　そうそう。日本で実験的なモデルになったのは静岡県の清水市です。あるいは今僕が住んでいる浦和も高校サッカーのメッカだったから、丸ノ内の三菱重工がわざわざ浦和に本拠を移して作ったのが浦和レッズです。清水エスパルスはもともと、日本リーグのように前身になるチームはなかった。ただ清水の高校サッカーは日本でナンバー1。そこのＯＢを集めて清水クラブを作りたいと。だから創設当時のＪリーグは、日本リーグの有力チームを母体にしたのですけど、この清水だけは幽霊チームとしてスタートした。本当にまず土地ありきだったんです。

太田　それで、サッカーと演劇は違うわけだけど、そこで「学べ」というところを。

西堂　ある土壌があった上でそこから立ち上がってくる文化。その一つのシンボルがサッカーのプロチームだったわけです。これは演劇でもまったく同じように考えることができる。例えばドイツは各地方都市にだいたい公立劇場があります。人口が二〇万人ぐらいの小さな都市でも公立劇場があって、そこで舞台芸術が行なわれている。それとともに必ずサッカークラブがあって、その二つが町のシンボルになる。まあ美術館や音楽ホールもありますが、サッカーと演劇はどこか相補的に機能しているような気がしますね。清水だって二〇万の都市ですし、鹿島なんてたかだか五万です。それでもスポーツは成り立っている。それと同じ規模で演劇だって成り立っていいんじゃないか。ただし、そのためにはそこに在住の芸術家なり、スポーツ選手がいなければ話にならない。そこが一つのポイントだと思うんですけどね。

太田　うん。なるほど。

西堂　なぜドイツで、ベルリンとかミュンヘンとかに一極集中しなかったのかについては、ドイツはプロイセンやバイエルンなど分権国家で中央集権が遅れたということが、逆にうまく作用したと思うんです。

そのために、サッカーも芸術も各地方に分散されていて、それぞれ市のアイデンティティを保つために機能している。そこは、日本も学んでいいことだと思います。日本にも、各地方に民俗芸能的なものや民芸品などの伝統的な文化はもちろんいっぱいあります。ただ、これからもし日本で公共演劇というものが求められるとすれば、コンセプトとしてはそこを学んでいいんじゃないか、つまり地域に根ざした文化や芸術、そして人的資源ということです。

太田　そこで問題になるのが演劇のイメージ、水準はこういうものだというイメージですね。サッカーだと『ダイヤモンド・サッカー』が作ったイメージがありますけれど、演劇においてはそれが非常にむずかしいんじゃないでしょうか。どこから手を付けていいのか非常にむずかしいと思います。

2……前衛演劇と市民演劇が歩調を合わせる時代

太田　この間二人で出た座談会で、西堂さんから新作だけではなくて古典を上演していくことで、社会的に共有された演劇土壌を作っていくことが可能ではないかという話がありました。しかし日本の新作主義は自分のセンス、そしてそのやり方をあみ出しながらずっとやってきて、それが日本の現代劇の基本をつくってきた。それは一方で、その日暮らし的な欠陥をつくっている原因にもなっている。けれど、そうならざるをえない必然のようなところもある。とにかく自分のセンスに任せて作っていくというのは一番パワーが出やすいと言う感じがする。この社会では。

西堂　無手勝流でやったほうがやりやすいってことですか?

太田　そう。今のやり方でやっていくのが一番パワーが出やすい。古典をやるには、何を古典と考えるのか。数で言えば、古典を使った上演は毎月かなりになっている。西洋古典がうまく機能するかどうかがすごくむずかしいと思うね。

西堂　さっきの座談会では、日本の演劇史の一つの反省点として、古典をやることがかえって過激であるという言い方をあえてしてみた。アングラ以降の無手勝流はたしかに創作する側が面白いものを創り出し、ずっと生産し続けてきたけれど、それがどこまで続くんだろう。僕はだいたい三五歳ぐらいで頭打ちになってしまうのではないかと考えています。いろんな意味でその辺の年齢になるとだいたいみんな行き詰ってしまう。そこでまた次の二十代が出てきて、また三五歳ぐらいまで全力疾走してまた立ち停まってという形で繰り返されている。この日本独特のサイクルをどこかで止める必要があると思い、言い始めたことです。

これがヨーロッパの公共劇場だと、三〇歳ぐらいでようやくデビューして三五歳頃にかなり本格的な作業が始まっていく。つまり一〇年なり一五年の修業時代がようやく実を結んでくる。この一〇年、一五年の幅が水準を決めているんじゃないかと思うんです。たしかに昔の新劇の人たち、例えば千田是也さんは戦前はともかく、戦後のデビューが四十代です。これはたしかに遅すぎたけれども、唐さん以降のデビューは二十代というのは、あまりにも大きな反動でしかなかったと思う。両者を見比べて、もう少しバランスのいいやり方があってもいいんじゃないかというところで、古典をとりあえずやってみたらどうかと言ったんです。演劇というのは歴史的な産物だし、その歴史的なことを忘却して自分たちがゼロから始めていくのは、そう簡単にやれるもんじゃない。

太田　そりゃそうだよね。ゼロから始められない。しかしわれわれの場合は、新劇、近代劇を批判対象とすることで、演劇を考える上で、歴史的な幅が少し広がったんじゃないかな。それ以降はアングラが演劇資料となった。その狭さがあるんじゃないだろうか。

西堂　すでにアングラの三〇年の歴史も一つの共有財産になっていると思うけれど、そこからもう一つの新しいパラダイムに踏み出してもいいんじゃないか。で、その時に外国の例も一つの参考になってくるし、外国のみならず古典というものがもうちょっと対象化されてもいいだろう。無手勝流で自分の現場だけをずっと見続けていくのが一種の鎖国主義みたいに映り出してきた。自分の足元をずっと掘り進んで、世界の中心に至ろうとしたんだけれども、だいたいは志半ばで挫折する。たまたま才能のあるほんの一握りの演劇人が三五歳以降も持続できた。それは例外的な人たちで作られた稀有な歴史です。ある程度凡庸な才能の人でも、ある教育を受けて地道にやっていけばこのレベルに到達するというスタンダードを作り出してもいいんじゃないか。これもまた古典を作るという考え方と似てくると思うんです。

太田　そうすると、それを成立させる枠組みが必要になってくる。五人集まって、五万円ずつ出してやろうというようなやり方ではできないやり方ですよね。

西堂　ええ、だから太田さんが転形劇場を解散された時に、もういかだ方式では無理だと言われた。無手勝流で、小さなスペースの中で、運命共同体に力を結集していこうといういかだでは、乗っている者が多くなりすぎてしまった。そういう局面に日本の現代演劇そのものが立たされているという認識だと思うんです。

三五歳定年説をめぐらます方法はけっこう出ていると思います。例えば劇場プロデュースはそれですね。あいつに台本書かせて、こういう演出家とこういう俳優を組み合わせてという形で、多様に作品が創られてますね。だから才能のある人は集団を抱えるのは大変だから、みんな解散してしまって、そういう仕事を個人として引き受けるっていうふうになっている。でもこれが果たして日本の演劇を豊かにしているのか。僕は豊かにしてはいないと思うんですね。これは一つの資本主義の商品化の中に入ったにすぎない。

職業としてはある程度成り立つかもしれないけれども、芸術性の追求という面で、あまりに中途半端です。作品を生み出すにはまとまった時間が必要ですが、じっくり醸成する時間がない。ただ刈り取るだけです。で、それとは違う方法を探し出せるかどうかということを太田さんは言われてるんですね。たしかに僕は文化庁などがやっているように助成金を出して集団を支援するという方法は一つの手ではあると思うけれど、ただあまりにも中途半端な金額で一種の奨学金みたいなもんだと考えるべきでしょう。だからそういう助成が構造的に何かを変えることにはならないだろうと思います。とりあえずそこまできたということだけでも画期的なことだけれど、その上をいく仕掛けがどうできるかですね、今後の課題は。

太田　そういうことはどういうふうに、あなたの中で作用しますか？　あなたの本の一番最初で、アウシュヴィッツを見にいって、そこで残った後味悪さを感じながら前衛劇を観たくなったと書かれていますが、この感じは僕は感覚的に理解できた。アウシュヴィッツの光景と向き合うのは古典では駄目だ。新しい表現、前衛劇の視点が要る。そうすると、たしかに六〇年・七〇年代の日本の小さな劇団は、前衛という立場をかなり意識してやっていた。そういう意識で、世界演劇の中で自分はこれをやっているんだという位置づけを主観的にやっていた面があるわけですよね。これがこういう歴史の貧しい国でもやっていける唯一の方法だと思うんだけれども。それと、古典こそラディカルという見方は公共ということと結びつくわけだけれど、そこの関係はどういうふうに見てますか？

西堂　前衛劇と市民演劇という言い方をすれば、両者は歩調を合わせながら、相互的に動いていくものだと思うんです。でも日本の六〇年代以降の演劇は、市民演劇を無視してきて、前衛だけでやってきた。たぶん後発の演劇発展途上国はみんなそうだと思う。つまり、市民社会が形成されていない国、アジアや第三世界の演劇は前衛劇だけが突出している。で、突出してやっているがゆえに、かえって世界的になったりする。韓国にしてもインドネシアにしても、前衛劇が世界のフェスティバルに呼ばれて、世界的に名が知られてくる。しかし国内的にスタンダードにやっている人たちからほとんど無視されている。これはアングラと新劇の関係もそうだったと思うんですね。寺山修司や鈴木忠志が世界のフェスティバルで活躍して、日本の演劇はみんなこういうことばかりやっているのかと思うと、実は近代劇のほうが圧倒的に多い。でもそれは演劇や文化として成立していない。成立しているのは前衛だけ、これが発展途上国における一つの典型的な在り方です。でも、その段階を日本の演劇史はくぐり抜けたのではないでしょうか。これからはそのバランスとしての市民演劇、保守的とは言わないまでも、ある種のドメスティックな演劇と実験的・先鋭的な演劇がある程度歩調を合わせながら出てくる段階にきていると思います。

（一九九七年）

第5章 表現の文法を変える——演出家の仕事

1……アングラの出発点

六〇年代の演劇革命で、並みいる同世代の猛者たちが華々しく登場する中、太田省吾は一人「遅れてきたアングラ」と呼ばれた。彼の活躍は七〇年代も後半になってからであり、むしろアングラが退潮期に陥った八〇年代こそ、彼は見事な開花を遂げたからである。

七七年に矢来能楽堂で初演された『小町風伝』は、従来の戯曲（台詞）を一変させた。老婆の沈黙を支える強靭な方法意識は、身体と行為の関係を根底から問い直したのである。太田は「沈黙劇」というスタイルをさらに押し進め、八一年の『水の駅』で一つの頂点を極めた。

太田省吾のこうした歩みが支持されたのは、明らかに時代の熱気が冷め、ある種の内省期を迎えたこととと無関係ではない。演劇を自覚的に、かつ方法的に思考した太田は、六〇年代から七〇年代の熱狂的とも言える時代の潮流とは別のところで、実験演劇、前衛劇を担う一人として登場したのである。

西堂　太田さんは六八年に程島武夫さんらと「転形劇場」の創立に参加した後、七〇年から事実上の主宰者になりました。そもそも太田さんは出発点において、何を考えられていたのでしょうか。とくに先行世代としての新劇をどう意識されていたのか。まずそのことをおうかがいしたいのですが。

太田　その時代を生きた者の実感から言えば、新劇は自分がそれに加わるかどうかというところでは、まったく関係がなかったですね。とくに築地小劇場の活動は、当時は視野に入っていませんでした。築地小劇場は小なりと言えども、「あらゆる実験が可能な劇場」がめざされて建設された小劇場でしたが、六〇年代の小劇場は、元〇〇を劇場として再利用したものです。使われなくなった工場を改装したり、映画館やオペラ劇場が焼失した後の廃墟を利用したり、元教会であった場所を再利用したものです。この違いが意味していたのは、演劇にとって本質的なことは、劇は必ずしも「劇場」で演じられなくてもいい、ということでした。言い換えれば、場所（place あるいは field）が求められたのですね。劇場は上演機能を備えた従来の劇場から解放されました。その意味では、もし築地小劇場が残っていたとしても、三越劇場や俳優座劇場とも同列のものとして把えたでしょう。六〇年代の小劇場運動は、劇場概念も含め、「演劇とは何か」を考えた運動です。

六〇年代前半は、ある意味で新劇の全盛期でしたが、それも民藝の『火山灰地』や文学座の『女の一生』からベケットの『ゴドーを待ちながら』までの幅がありました。その頃の新劇を「地上」だとすると、僕は文字通り地下のアンダーグラウンドから「地上」を見ていたのだという感じがありました。

もともと僕自身、演劇というジャンルに取り組むことにかなり抵抗がありました。やろうとは思っていたのですが、自分のやりたいものは（新劇の）あれなのか、というとどうも違うような気がした。地上と地下にはずいぶん隔たりがあった。その違和感が「地下からの視線」ということですね。かといって何をやればいいか、その手がかりもなかった。だから僕の武器は、既成の演劇への不満、いわば「不満分子の権化」という在り方と言ってよいものでした。

太田は学習院大学を中退した後、瓜生良介の「発見の会」に加わった。広末保の『悪七兵衛景清』に演出助手で参加したが、まもなく退団した。太田がめざす演劇の方向はここにないと考えたからだ。ただし、これといった明確な指針があったわけではなかった。では何を具体的な手がかりに演劇を開始したのだろうか？

2……方法的仮説——前近代と脱輸入文化

太田　当時、アングラにはいくつかの（方法的）仮説がありました。新劇という近代を撃つために「前近代」を持ってくるやり方がその一つです。僕自身も転形劇場の初期の頃に鶴屋南北を上演していますし、『小町風伝』など能に触れることも多かった。唐さんが「河原者」と言ってみたり、鈴木（忠志）さんが歌舞伎の発生を問題にするとか、同時代の意識として反近代の手がかりとして「前近代」を問題にする傾向はありましたが、それは築地小劇場以降の近代演劇をスキップ（飛び越える）する動きですね。その一方で、日本にも「近代」があった、通過すべき優れたものがあったんだという考え方もあります。それは伝統芸術以外にも「国民的な文化」はあったんだという考えですが、一種の「ナショナリズム」ですね。それをアングラがやったことも、「前近代」を使うことで日本の独自の文化的アイデンティティを探ることだったのかもしれません。

坪内逍遙以来、「国民演劇」の理想を追究する動きは繰り返し論じられてきた。歌舞伎は文字通り、歌と踊りと演技の三位一体の総合的な演劇であり、音楽と身体と言葉が融合されたトータルシアターの別名である。それがすでに近代以前に完成を見たわけだが、明治政府の「演劇改良運動」を顧みるまでもなく、歌舞伎から「離れる」ことが演劇のテーゼとなって進行したのが、小山内薫に代表される新劇の動きだった。それをもう一回原点に戻って再考しようというのが、アングラの初期の方法的仮説だったのである。

一方、「前近代」へのアプローチは新劇の側からもなされてきた。青年座が『東海道四谷怪談』を上演し、文芸評論の世界でも、「前近代を否定的媒介にして近代を超える」という前衛理論が花田清輝らによって唱えられていた。花田や国文学の広末保の近松批評、木下順二が『平家物語』の再考を経て、やがて七〇年代に『子午線の祀り』に至る経緯は、その集約点だろう。つまりほぼ同時期にアングラも新劇も同質の問題系に出会っていたのだ。

なぜ六〇年代前半にそうした問題意識が発生したのかという問題はさておき、六〇年代の思潮とアングラの発生時は密接な関係にあったことは間違いない。

太田　もう一つは「輸入文化」をやめなくちゃという感覚がありました。新劇が外国戯曲の輸入から始まったわけですが、これに対してオリジナルの戯曲で対抗できないかということですね。これは「自前」の言葉を持つということでもあります。ただ自分の言葉と言っても、非輸入文化、非翻訳の言葉だけでは保たなくなってくる。そしてこれもまたナショナリズムの呪縛に囚われてしまいかねません。

伝統から離れた新劇の拠って立つ場は西洋、とくにロシアや北欧だった。重厚なテーマを持ち、人間の生き方を厚みをもって描こうとするのが、イプセンやゴーリキー、チェーホフらに代表される「北欧派」の社会派演劇だった。「以前に岸田國士と小山内薫とのあいだで『南欧派』と『北欧派』の対立がありましたが、これは演劇をどう考えるかそのものを『南』と『北』に託して論争していたのだと思います」と太田は言う。この対立は根深く、社会派対芸術派の対立にも置き換えることができるし、モダニズムとアヴァンギャルドの相克としても捉え返せるだろう。新劇とアングラの対立に引き継がれるのもこの問題系の周辺だった。

3……表現の文法を変える

太田　結局、そうした問題の周辺を探っていくうちに、僕の関心は演劇の「構造」をどう捉えるのか、演劇の表現とはどこにあるのか、といったところに行き着きました。別の言い方をすると、「内容」ではなく、「文法」の問題ではないかということです。別役実さんの発言で「八〇％は演劇の変わらない部分で、残る二〇％が可変なのだ」というのがありましたが、この発言は当時の僕らの意表を突きました。それまで僕らは、六〇％ぐらいは変えると目論んだんじゃないかと思っていたのに、それが別役さんにあっさり否定されてしまったからです。僕はその発言に説得力と同時に問題を感じました。いわばプロ宣言の役割を持った発言に、演劇表現の可能性の追求を小児的とする役割を持ったものという問題を感じた。「文法」を変えるところに演劇表現の中心があるとすると、その表現意識からの撤退。主題をいくら変化させても、八〇％の部分が変わらなくては仕方がない。そのことを僕自身、問うてきたのではないでしょうか。

ストリンドベリは『令嬢ジュリー』の序文で、「古い形式に新時代の内容を盛ることによって、新しい戯曲を創造しうると人は信じた」と述べた後、「新しい内容にふさわしい新しい形式が発見されないので、新しい酒は古い瓶を破裂させてしまった」と書き付けている。内容と形式（＝文法）の議論は、ソシュールの言語論を引き金として、二〇世紀の芸術思想の要諦となった。この問題に真摯に直面したのがアングラの中でも、とりわけ太田省吾だったのだ。ここに同世代の中の彼のポジションがある。つまりアングラの数多い「革命」の中で、彼はきわめて内省的な「実験」の部門を受け持ったということだ。

太田　わたしとしてはそういう文化に対して、花田さんにしても広末さんにしても、内容は変えたけど、ものごとを考え語る文法の変化はなかった。

そこで何を武器にするかと言えば、「盲目性」と「訥弁性」だと考えました。近代（新劇）とは「目明き」のことです。つまりすべてを知っている「目明き」が大衆を啓蒙する。それに対してアングラは、唐十郎の言葉もこの「訥弁」性に本質がありました。鈴木－別役ラインも「訥弁性」が特徴的です。僕の場合も雄弁に何か明解に言いたいことが言えない。

この「訥弁」の先に「沈黙」があったわけです。あれも喋れない、この言葉も喋れない。つまり、あれも駄目、これも駄目、と言っているうちに、ついに「沈黙」にまでたどりついてしまった。ここで問題なのは、方法として「否定形」を使っていることです。それは禁じ手を多用することですし、否定辞を使用します。

西堂　これは六〇年代という時代性なのでしょうか。つまり、よく言われるように、敵がはっきり見えていたと言われる時代だからこそ、否定が可能になったのか。あるいは、表現というものは原理的に否定形で思考されるものなのか？

太田　ある程度は普遍的な原理だと思うんですが、ある時期から、それを公言できなくなってきました。七〇年代後半くらいかな。それが決定的に困難になったのが現在ですね。

こんなに恵まれた時代なのに、なぜ不平を言わなくちゃいけないのか、ということでしょうか。ただ生身の俳優が、生身の観客の前で出会う行為が演劇なので、そこで生きている人間は確実に死を控えている。これは「人間」を見る時の基本であって、その生の否定の彼方にエロスがある。この死とエロスを認めないとなると、人間を描く時、非常に薄っぺらなものになってしまう。

西堂　アングラの表現はよく「暗かった」と言われます。暗い情念を観客にぶつけ、それを受けとめる感性が劇場という共同体を形づくっていた。それはどちらかと言うと、見たくない現実を突き付けることでもあります。そのために極度に禁欲的になる場合もあったし、少数者の表現でもあったかもしれない。それに対して、以後の小劇場はあっけらかんとした多数派の価値観、感性によりかかって成立していくようになりました。八〇年代半ばのある時期――バブルが開始したとされる八六年あたりをそのメルクマールとしてもいいですが――に両者が入れ替わった、そんな感じを抱かされるのですが。

太田　方法論を語ろうとすると否定的言説になりがちですが、出てきた表現は肯定的なものとして示される。だが、そこで出てきたエロスの場所すらもひたすら暗く、暗いところにしかエロスは宿らないとされてきた時期がある。例えば暗黒舞踏が土方さんが亡くなる前から、それに対してもっと自由なほうに出ていきたいというのがありましたね。このままでは暗さに自足してしまう。その場合は、否定言語を否定するということですね。

否定の否定がある瞬間、単純な「肯定」になってしまった。複雑な回路を潜らないことの単純さが、現在の問題に真っすぐに繋がってしまう。土方の弟子たち、例えば山海塾なども、ある種ポップの方向に向かっていった。洗練と同時にポップ化する。これと同じことが、八〇年代以降のアングラを継承したはずの小劇場にも繋がるだろう。ただし初期のポップには過剰な中の「暗さ」がまだ残存した。それが完全に脱色されていくのが、八〇年代半ば以降ではないか。この時点で、継承線は「切れた」と言えよう。つまり否定の否定が、ただの「肯定」になったのである。カウンターカルチャーから大衆娯楽、サブカルチャーまではほんの一歩である。この時点でアングラの影は消えた。

ではアングラは風化してしまったのか。それともアングラの方法が演劇内部に組みこまれて自明なものになったと言えるのだろうか。例えば、戯曲の書き方、劇場空間の使い方、これらは明らかにアングラの財産の上に築かれている。けれども、継承されなかったものもある。その一つは「演技」や「身体」の思想である。かつての名優たちの演技は一代限りで終わってしまって、もはや検証不能である。果たして共有財産として何が残っただろうか。

4……アングラの限界を超えるには

西堂　アングラの何が伝承されたのでしょうか？　前衛とか実験という言葉が寺山、土方の死後、継承されなくなり、むしろマイナスのイメージを付与されたのではないか。現代演劇は未知なるものを探索することに理由があるわけですから、「実験的」であることは前提のはずなのに、その前提が崩れてしまった。なぜそうなってしまったのでしょうか？

太田　アングラはよくも悪くも、自前でやってきました。「自前」ということは食えてないということですね。逆に言うと、今の時代は一本の作品をつくるのに体重が重い。自前でないですから。ということは、劇場の意志が働いたり、キャストや稽古場の問題も含めて、（劇の現場が）起ち上がりにくい。ですから「自前」でどうやってやるかをもう一回考え直さないといけない。これは相当むずかしいですね。俳優は皆プロダクションに所属してそこでほどほど食えて、その上で集まって誠心誠意やる。そういうプロジェクトが現在成立している形態です。その形態ではどうしてもできにくいものがある。では、その解決策を考えると、現在の形態崩しを考えなければならなくなり、絶望的な気持ちになります。

西堂　太田さんは九〇年から湘南台市民シアターに関わった一〇年がありますね。ちょうど水戸芸術館の鈴木忠志さんと「公共劇場」が希望の星のように語られたという記憶があります。しかしこれはかなりトーンダウンしました。九七年から、「公共劇場」の第二波が起こり、新国立劇場や世田谷パブリックシアター、静岡舞台芸術センターなどが立ち上がりましたが、これもスター主義のミニ商業演劇の枠を出ていないのではないか、という疑問があります。そこらあたりはどうお考えですか？

太田　九〇年代から公共劇場の問題は繋がってきていますね。（公共劇場の運営は）最初の数年――五年ぐらいかな？――は精力を注ぎこんで頑張るんですが、ある段階にくると、変わってしまう。最初の頃は互いに手探りだから、こちらの要望が取り入れられていく。だが、それが何年か経つと、劇場は「芸能色」を強く要望することになる（笑）。つまり要求が簡単な言葉になってくるんです。「観客が入らなきゃ駄目だ」とか。そうすると劇場の個性が消えて、皆同じことになっていく。そうなるとこちらの意欲も切れてしまう。結局、「意欲」なんです。劇場を殺すのは訳ないんです。やっていることの価値、複雑さを持った言葉を評価せずに、予算をどんどん削っていけばいいんですから。それを決定するのが誰なのか、それがわからない。日本の独特のシステムとしか言いようがない。

アングラという「自前」で始めた演劇は「意欲」と「志」だけでやってきた。それが「公共劇場」が出現するようになって、誰しもがそこに希望を抱いた。プライベートからパブリックにパラダイム・チェンジする可能性が生まれたからだ。だがそれも五年かそこらで暗礁に乗り上げた。いまだ劇場の制度は構造を変えるに至っていない。

西堂　端的に言うと、どんなことが障害になったのでしょうか？

太田　テレビの問題が大きいですね。実際、ある企画にスターが出るか出ないかが問われるようになる。そのスターとはテレビに多く出演している者ということです。制作側はそれが大問題になってくるのですが、そういうことに悩むのがだんだん馬鹿らしくなってきた（笑）。

かつての小劇場は、劇団の中からスターが出てきて、それが集客に繋がっていた。初めて見るテントや小劇場で観客はワクワクしながら、演劇を「発見」していった。動機はどうであれ、一度劇場を潜れば、彼（女）らは演劇の「観客」になったのである。つまり表現の質で勝負できた。だがある時期から、スターを呼んできて座組を決めるというように劇の創造現場が芸能プロダクション化していった。これは完全にテレビ文化の支配下に入ったということである。劇現場のほうにもそれを許容してしまう脇の甘さがあったことは否めない。が、それ以上の速度で芸能プロダクション化は劇現場を侵蝕していった。これが八〇年代半ば以降の現象である。

ここ一〇年くらいだろうか、ジャニーズやホリプロが劇場の企画に参画して、その分だけ産業化の底上げにはなったが、果たして演劇文化を深化させただろうか。中には有能な才能もいることはたしかだが、その一方でスポイルされていった者もあったろう。ここで表現を生み出す母体としての演劇集団というものの考え方も変わってきた。

5……演劇創造の新たな場は

太田　二〇年間劇団やってきて、劇団の不自由さや閉じられた感覚を思い知らされました。あの時代では他の劇団に出演するなんてことは信じられなかった。それくらい演技もスタイルも違っていて、自立的だったとも言えます。逆にその閉じられたことがパワーにもなっていた。しかし、劇作家としては目の前の二五人の劇団員を前提に台本を書くわけですから、だんだん想像力の幅も狭まっていって鬱屈していく。ある時期からそれが窮屈になってきて、劇団より作品をという欲望も湧くようになってきて、いわゆる「プロダクション」方式に魅力を感じたこともありました。しかしそれは、世の中の「掟」に入ることとなんですね（笑）。そうなると、演技の基本をどうしようというところまでは至らない。で、これでは駄目だとなる。では「自前」でもう一回やり直してみるか、となると今の俺にその労力の負荷にたえられるか。どうもそうはいかないように感じられる。ではどうするか。そこを今、考えているところなんです。

劇団でも劇場でも足場をつくれないのなら、どうすればいいいか。まともに現在の演劇に取り組んでしまうと、どうしても避けて通れないアポリアである。

太田　今、演劇実験室をつくることを考えています。そこでやられるものは上演不可能な演劇、脳内で考える演劇とでも言いましょうか。これは不健全なやり方であることを承知の上なんですが。

ここで出された「実験室」とは、演劇を実験的に思考していく場であると同時に、演劇そのものの実験、その両者が合体化したイメージなのだろう。上演に関しても、発表の形態はずいぶん多様に考えられる。メディアやさまざまなツールを利用することも想定内だ。

また演劇を実験する場、例えばそれを「実験室」と名付けるならば、これまで太田省吾の創作現場に関わった人、劇団の周辺にいた人も参加可能なら、「実験室」はずいぶんゆるやかなものになるだろう。いわば「ゆるやかな結合体」だ。

太田省吾はアングラの小劇団を出発点として、公共劇場、大学とさまざまな足場を経験してきた。だがそのいずれもが結局「正解」にはならなかった。「実験演劇」の旗手ゆえの挑戦と挫折が、太田省吾の言葉を重くさせているようにわたしには思われた。

アングラの「実験」のさらなる方途はどこにあるのだろうか。

（二〇〇六年）

第Ⅲ部

最後の芸術家

太田省吾の仕事

第1章　最後の芸術家

1……転形劇場の解散と〈その後〉

今わたしの手元に一枚のチラシがある。黒い地色の上に「ラスト・ステージ」という斜体がかったグレーの文字が大書され、残りの文字はすべて白抜きになっているものだ（三一九頁「付録」扉を参照）。その中に、こんな言葉が書き付けられていた。

創立からちょうど二十年の作業でした。わたしたちの冒険の多い劇は、鋭くしかし温い視線によって支えられ、それによって実行できたものでした。わたしたちの劇は劇的な熱気を求めるものではありませんでした。都市の中で一人一人の生活を生きる者同士が個人として出会うといったおもむきの強いものでした。そのような劇は、常に方法を改めつづけなければならないのかもしれません。わたしたちの作業は集団を持続しながらでは不可能な方法の変更の要る時を迎えたわけです。わたしたちは個人個人となって新しい劇の方法を見つけていくことになります。

転形劇場解散公演「ラストステージ」(1988年)全員そろって舞台での挨拶

以上は、劇団転形劇場の解散公演にさいして綴られた彼ら自身の総括であり、新しい模索への第一歩を踏み出すための宣言であった。一九八八年秋のことである。

早いもので、転形劇場が解散してから六年の歳月を経た。一九六八年に創立し、七〇年から劇団の主宰者となった当時三〇歳の劇作家・演出家の太田省吾は、この寡黙な劇団で多くの秀作、傑作を生み出してきた。二〇年間続いた劇団、しかも国内外できわめて高い評価をえた劇団が幕を閉じるのだから、それは尋常なことではない。先の簡潔な総括の中に、自らの演劇が雄弁に語られている。すなわち、自分たちの演劇を「冒険の多い劇」と規定し、それを支えてきてくれた「観客」が語られ、その出会いの性格を熱気溢れるものと対極にあると位置づけ、そのために「方法」が必要であることを強調する。しかし、「常に方法を改め」ていくことはもはや不可能な地点にまで立ち至ってしまった。そこでその先を考えるためにもう一回原点に還って、新たな道を探ろう。大雑把に言えばこんな主旨になろうか。

太田省吾はその後いくつかの舞台をつくり、外国でも公演活動を展開する一方で、九〇年より藤沢の湘南台市民シアターの初代芸術監督に就任し、プロデューサー、オルガナイザーとしても腕を揮い、今年（一九九四年）の春からは近畿大学の教授の席にも就いた。こう書いてくると、着実な足跡を刻みつつあるように思われるが、自分の創造現場でもあった転形劇場を解散して彼の中に何が起こったのか、また何を新たに探ろうとしているのか、解散と〈その後〉を中心に現在形の太田省吾に迫ってみたい。

2……終わりの始まり

温厚で篤実でなる太田省吾の怒っている姿を一度だけ目にしたことがある。表情がこわばり、視線は一点を見つめて他は何も視界に入らず、声は怒気を含み、何かに向かって苛立ちを隠せないのである。もっとも派手な立回りをするわけではなく、その怒りはむしろ内向したものなのだが、だからこそわたしには、かえってその怒りが根深いものに思われた。

太田省吾の怒りについて、具体的に記しておこう。解散公演の三本連続公演を始めたばかりの頃だったと思う。『テアトロ』誌（一九八八年一二月号）に村井健による「転形劇場解散と昭和の終焉」という一文が載った。太田はわたしにそれを読んだかと尋ねた後、きわめて不快そうな顔をして、こういうのは絶対に許せないという旨の発言をした。わたしはあいにくこの文章を読んでいなくて、慌てて雑誌を手に入れた次第なのだが、なるほどその文章への太田の怒りはわからないでもなかった。そのレポートの主旨はおおよそこういうものであった。

村井は太田から解散することを告げられたが、その態度にあまり苦渋が見られないことを訝り、もしかして裏があるのではと推理してみた。たしかに転形劇場の解散には、彼らが運営していたT2スタジオの経済状況が思わしくなかったことがあったとはいえ、どうもそれだけではなさそうだ。事実太田は経済だけが問題ではないと言っている。その一方で、その年転形劇場は初めてのカナダ、アメリカ、韓国公演を成功させた。名声はいよいよ高まりこそすれ、決して減じるものではなかった。劇団活動も停滞しているわけではなく、現代演劇でもっとも実力ある集団だったのである。それなのに……。

そこで村井の詮索は鈴木忠志が九〇年に開館する水戸芸術館へ太田が引っ張られたのではないかというのである。鈴木と太田が組めば、最強のタッグチームになるはずだし、そもそも二人には演劇理念にも共通項が多い……。

ここで言及されている太田の水戸芸術館への召喚は、ゴシップとしては面白い話だが、これでは週刊誌の三面記事のレベルであり、わたしは品格のないこのジャーナリスティックな言説に何かイヤなものを感じた。

　では太田本人はどう思ったのだろう。これはたしかめたわけではないから推測の域を出ないが、こうした記事に象徴されるように——解散の記者会見でもかなりピントの外れた質問もあった——自分の真意が伝わっていないことは、察しがついたろう。その理由を探っていくと、どうも彼自身が「新しい」ことを考えていて、その「新しさ」は、その当時の日本の演劇風土には馴染みが薄く、読解コードが成立していなかったのではないか。その「新しい」構想、文脈に今の転形劇場という集団ではもはや対応しきれない。その意味では敗北であるに違いないのだが、それはむしろ勇気ある撤退と呼ぶべきではないかとわたしは考えたのである。この解散劇を引き金にしたわけではなかろうが、いくつかの劇集団がこの時期、活動を停止している（ブリキの自発団、彗星'86、Ｈｉ－Ｈｏ－２など）。また九二年の「夢の遊眠社」の解散も、次の段階に行くためにはここで一つの句読点を打つべきではないかといった確信（犯）的なものがうかがえる。つまり転形劇場の「解散劇」は、八〇年代の小劇場が次のステップへ行くための避けがたいカタストロフであり、以後に続く雪崩現象の、いわば予震だったのである。

　この「解散」を境に、太田は従来の「小劇場運動」——彼の中では一貫して持続した運動だった——を踏み超えるための新たなパラダイムを構想していたに違いない。太田はそれを従来の手弁当式の「いかだ」では駄目で、それを乗り切るにはもっと大がかりな対抗策を講じなければならないと語っている。こうした太田の発言は抽象的かつ形而上学的すぎて、解散を前にした代表者の苦悩といった深刻さを期待した村井のような「現実主義者」には、とうてい理解しがたかったのだろう。

　この解散についての顛末は概ねそうしたところに収斂されるように思われる。翌年出された転形劇場のドキュメント『水の希望』（弓立社、一九八九年）で劇作家の岸田理生はそこのところを的確にこう総括している。「転形劇場の解散という出来事が、演劇という大海に新鮮に船出するために、終わりの始まりだとわかったのです」[1]。

3……演劇の第二革命

『劇の希望』『水の希望』『舞台の水』――八八年以降、太田省吾が出版した本のタイトルを列挙してみた。この三冊にはイメージが重複している。「希望」によって前方に明かりを求め、「水」が彼自身の現在を映し出し、劇や舞台を支え、励ましているのである。

太田は吉本隆明との対談で次のように語っている。

時代が新しくなるということは、以前の時代の死ですね。その時代の自分の価値観なり目盛りなりが死ぬことだ。そう考えると、僕としては今初めて時代の死、時代の変化を経験しているということになると思うんです。つまり、六〇年代の変化というものがあったとして、それは僕としては六〇年代というのは年齢的に時代の死として経験しない変化だったわけで、前の時代の死として時代の変化を経験することは今がはじめてということになるのですが、このはじめての経験をどうすればいいのかと考えるんですね。[2]

非常に若々しい発言である。と同時に、ここで太田が「時代が新しくなる」と言っていることに注目したい。八八年の時点で言えば、まだまだ時代が新しくなっているとは言いがたく、世界史レベルで目に見える変化が起こったのは、八九年のベルリンの壁倒壊、ソ連邦の解体を待たねばならなかった。それ以前は、決定的な「死」を前にした、いわば生殺しの状態を生きねばならなかったのであり、まさに『ゴドーを待ちながら』的状況にあったのだ。今にして思えば、太田はその変わり目にいち早く対応していたことになる。そして世界史の、つまり事実としての変化（あるいは価値観の崩壊？）に直面した時、彼はむしろ冷静にそれを受け止めていたのではないか。

太田省吾は来るべき時代――九〇年代――に新しい処方箋を書いていた。その一つは、ベルリンのベタニエン芸術家会館との共同プロデュースによる『砂の駅』（初演のタイトルは『風の駅（Ｗｉｎｄ）』）の上演である。[3]

『砂の駅』は八六年に初演された『風の駅』を出発点とした完全な沈黙劇である。『風の駅』は転形劇場が代表作『水の駅』の後に挑んだ沈黙劇であるが、両者には決定的な違いが認められる。『水の駅』は蛇口から流れ続ける一筋の水をシンボリック・イメージとする求心力を持った舞台だった。その中心には、太田省吾という作者の視線が存在し、その中心を軸に劇は精妙に組み立てられていた。だが『風の駅』になると、その中心はあらかじめ消え去っている。劇は始めも終わりも持たぬ、ただ〈中間〉の時間を構成するのみなのだ。そこで登場する俳優たちは無防備で丸腰のだらしない身体である。おそらくこの実験は太田省吾にとって、かなり得心のいくものだったろう。だが、観客の反応はどうだったか。〈中間〉の時間と〈だらしない身体〉はきわめて拡散的に映ってしまったのではないか。太田の野心的な企てはここでは、認定されるにはあまりにも早すぎたのである。これも臆断にすぎないが、太田は解散を前にして、この『風の駅』をどうすれば納得いく形で上演できるか、そこにこだわっていたのではないか。

そこで彼が新たに組み換えたのは次の二点である。

一つは、俳優以外にダンサーを使うこと。次は日本人の俳優と外国人の俳優との共同作業をめざし、言葉の壁を超えた新たなコミュニケーションの形を探っていくこと、この二点である。これに付け加えれば、素人の俳優を交えていることも挙げられよう。互いの差異を抹消する地点で成立する共同性、身体の技法も言語の差異も無化される地点で混じり合う生の領域。一言で言えば、演劇の持つローカル性に端を発しながら、「世界性」という領域に何とか足場を定めようとしているのである。

「芝居をやっていて、年代と地域を越えたいと思っていた。自分の年代にだけ通じるんではなく、他の年代にも通じるものをつくりたい。それと東京という地域を越えたいっていう望みもあった」[4]。こうした発言は表現の越境性、国際性、間文化性を生きることだと言い換えてもいい。内野儀は「なぜその差異性を浮上させるのではなく、一元化させる方向に向かわねばならなかったのか」[5]と疑義を呈したが、ここで働いているのは、一元化という統合意識ではなく、むしろ存在の裸形に向かって下降する〈共同性〉に近いのではないか。

太田はかつて「自他峻別性」と「自他共同性」という言葉を使い分け、後者にこそ自分の依拠する世界観があることを訥々としたロジックで語っていた[6]。〈図〉として突出するのではなく、むしろ〈地〉のなかに埋没するようにひっそりと「在る」こと。太田の劇にいつも流れる通奏低音はそれである。

そしてもう一つ、わたしが注目したいのは、この作品が成立してくるプロセスである。太田はこの作品が成立するまでに稽古やワークショップなど実にていねいなプロセスをたどってきた。もしそれを金額に換算するとしたら、とても興行として成り立たないだろう。

つまり物すごく贅沢な「コミュニケーション・コスト」を経ているのである。あるいはこうも言うことができる。つまり「手弁当のいかだ方式」では絶対に不可能な作業に彼は図らずも取り組んでしまったのだ、と。この公演がベルリンのベタニエンという公共的な組織を背景にしていたこともこれで説明がつく。一口に言って、とても日本では、ましてはアングラ・小劇場の劇団形態では不可能な領域での演劇作業が始まってしまったのである。

固定した集団ではなく、短期間だけ集まり、一本一本ごとに成立する「プロダクション」へ移行すること。だがしかし、それが今の日本で成り立つのか。終身雇用制の会社組織をなぞってしまった感のある劇団制から、一人ひとりが芸術家として自立した上で組み立てられる演劇創造の現場、すなわち〈作品〉を核にした「プロダクション」は果たして可能なのか。この公演のプロセスが転形劇場という集団に代わる別の集団性に着手した実験だったのである。それとともに、演劇を支える制度に対して新しい問題意識を持ち始めたとも言えるのである。これは明らかに「小劇場」を超える演劇の第二革命の開始である。

4……劇場への船出

恒常的な足場を失った太田にひょんなところから話が持ちこまれた。建築家の長谷川逸子が手がけた藤沢の劇場で芸術監督にならないかという話である。開館は九〇年を予定しているからもう残された時間はあまり長くはない。太田は煩悶した上で、結局この話を引き受ける。その理由は、あくまで「空間」の魅力だったという。あるエッセイでそれについてこう述べている。

この劇場は、多極的、多中心的価値が生きられるかたちとして球形が選ばれ、球形として結論づけられている。それは角ばった立方体から、殿堂性といった一極的価値観を削っていったかたちであると言ってよいかもしれない。球にも中心があるはずだが、中に入ったわたしたちの感覚では、むしろ無数の中心が形づくったかたちとして感じられる。夜空を見、宇宙といったものを感じる時に、わたしたちは多中心（カオス）を大きな球としてイメージする。あの感じだ。

二四メートル吹き抜けている球、その天井には、ダクトやさまざまな器材がむき出しになって見えている。装飾なしの、その人工物のむき出しが現代のわたしたちには、かえって強く宇宙を感じさせる。

〈宇宙の下でのわたしたちの生〉、この劇場でなにかを生む者にとって、それが鍵になる言葉と言ったらいいかもしれない。▼7

長谷川の設計した劇場は、かなりユニークなもので、外側から見ると、プラネタリウムのように見える。太田が宇宙感覚を想起したのも、この空間が天体を擬しているからであろう。つまりそれは人を排除した空間と同義なのだ。

太田はこの頃、「劇場は〈場所〉か〈空間〉か」という興味深いエッセイを書いている（初出は『新劇』、一九八九年一一月号）。これまで人肌のぬくもりが感じられる親密なものを〈場所〉と言いならわしてきた。この考えは六〇年代以降の演劇人にとってほぼ自明に近い考え方でもあった。太田はそこのところをこう言っている。「その私にとって、元何々という劇場が割合い気に入った。外国でも元宮廷の馬小屋、元教会、元消防署の劇場が気に入ったし、国内でも元石切場といった劇場を試みた」。▼8

だが近年建設される劇場はもとより「元何々」であるわけではない。脱色された無味無臭のピカピカの劇場が建ち上がっていくばかりなのだ。これまで太田が使ってきた劇場というかスタジオは、赤坂にあった二〇坪足らずの転形劇場工房、そしてロフト的な空間の匂いを持つT2スタジオ――太田省吾に言わせると、この劇場のモデルになったのはオランダのミクリ・シアターであり、これは単なる劇場だけでなく、カフェや展示場なども併設された出会いの拠点を意味していた――であったが、いずれもあまりに〈場所〉的であって、次第にそれに満足がいかなくなっていった。そこで「新しい空間論をもった〈空間〉の方が魅力あるものになりはしないだろうか」という結論に達するのである。

こうした感じ方、考え方は、従来のものから一八〇度の転換である。これを敷衍すれば、アングラ・小劇場以降、自明とされてきた演劇の思想そのものを洗い直し、もう一度ゼロから発想しようという態度表明にも映し出される。劇団の形態に疑義を示したのと同様、彼の演劇の基礎でもある劇場空間も、疑いはじめたのである。

一九九〇年に就任した藤沢市湘南台市民シアターの芸術監督というポストは、当初太田にはまったく不適格なのではないかと不安視された。劇場を運営する企画能力、マネージメント等々、芸術家肌の彼にそんな実務的な仕事が務まるのか、懸念されたのはもっぱらそのことだった。だがそのプログラムを見てみると、現在を代表する演劇やダンスが群れをなして並んでいるのに気づかされる。

大野一雄舞踏、勅使川原三郎ダンス、維新派の『青空』、青年団『ソウル市民』、dumb type『S／N の為のセミナー・ショー』、MODE『わたしが子供だったころ』、岸田理生プロデュース『花』……と現代芸術の実力派が綺羅星のごとく並んでいる。年に二、三本のプロデュースにすぎないが、「芸術家」太田省吾の批評眼を知るには、この選択はある水準を物語っているだろう。多彩さではなく、ある明確な方針、理念に裏打ちされたレパートリーの方向である。いかにも太田省吾らしい。

5……最後の芸術家

太田省吾は劇作家なのか、演出家なのか。彼はいつからか自分は演出家であって、劇作家ではないのではないかといったことにこだわっていた時期がある。おそらくその背景には、言葉を紙の上で扱う劇作家に対して、言葉を空間の言語として〈書く〉演出家の優位性をひとまず考えたに違いない。その上で、空間と言語の緊密な関係を模索する自分の作風はおそらく演出家に近いのでは、との判断が立ち優ったのだろう。言葉を〈書く〉よりもまず〈読む〉人であり、言葉を他のさまざまな要素との関係から文脈をつくり出し、かつ配列していくのが「演出家」の今日的意義だとすれば、舞台の全記号を統括する「演出家」こそが今日的な演劇創造者に他ならず、劇作家はそれ以前の、言葉をこの世に生み出すまでの胎ではあっても、決して言葉を正しく位置づけていく「測量士」ではないのである。

にもかかわらずわたしは、太田省吾は言葉の純粋な意味において、まぎれもなく「劇作家」ではないかと考えている。ここで劇作家とは、詩人というニュアンスに近く、無から有を生み出す、今日ではいささか旗色の悪くなった言葉をあえて用いるならば、「オリジナリティ」を持った演劇家である。言葉を刈り込み、抑制し、舞台の上には最小限の言葉しか残さない。言葉は放っておけば、ひとりでに記号が乱舞し、自己を主張しはじめる。その自己主張を食い止め、俳優にブレーキをかけ、ひっそりとした佇まいのなかに俳優を囲いこむ。そうした言葉と俳優の空間的配置を編み出したのが、太田省吾その人であり、書かれた言葉は同時に空間の、身体の言語になっており、テクストは明らかに新しい形式を持ちはじめたのである。その一つの極致が「記録としての台本」として残された『水の駅』などの一連の沈黙劇のテクストである（これらは一九八八年、筑摩書房刊『劇の希望』に所収）。

そう考えてみると、太田の創り出す舞台は、いつも空間の中に俳優がくるみこまれるようにして佇んでおり、その配置は絶妙なバランスの中に位置づけられていることが分かる。ためしに彼の名作『小町風伝』『水の駅』『地の駅』の舞台写真を見てみるといい。いずれもが空間と俳優の相互性が実に見事に按配されているのだ。そしてそのどれもが転形劇場の舞台だという署名にもなっている。空間から俳優が突出してその表情に強烈に惹きつけられることもなければ、その逆に、スペクタキュラーな装置が目について肝腎の俳優がコマのように使われているのでもない。まさに人がそこで生き、棲みつき、やがて死んでいく、そうした生活感が舞台の空間を密度の濃いものとして覆っているのだ。しかもそれは存在を主張するのではなく、彼の言葉で言えば「受動の力」、つまり全体に包みこまれて初めて力場が形成されるような、一歩甘んじて引き受ける場に他ならないのである。

こうした劇を志向してきた太田省吾と転形劇場は時代の極北を歩みこそすれ、決して時代の中心になることはなかった。それは、これみよがしに突出し、自己主張する〈図〉ではなく、目を凝らさねば見えてこない〈地〉の部分にこそ、彼の劇は伏在していたからである。それゆえ太田が国内で評価をえるには七〇年代の後半まで待たねばならなかった。時代の熱気が前方を照射するのではなく、心もとなくなり、背後の陰影を求めるようになった時、ようやく太田省吾の劇世界が時代の空隙を縫うようにして立ち現われたのだ。

一九七七年に『小町風伝』を発表し、劇界に衝撃を与えてから、太田は八一年に『水の駅』で一つの到達点を見た。前人未到の〈沈黙劇〉というスタイルを完成させたと誰もが思ったからである。その後、彼は『地の駅』『風の駅』と一連の沈黙劇シリーズを続けたが、比類なき美しい『水の駅』でさえ彼は満足していなかったことが、『風の駅』を経て『砂の駅』をつくらざるをえなかったことを見てもわかるので

『エレメント』

ある。

太田省吾は八〇年代という時代の想像力に拮抗して演劇作品をつくり続けた。自分が築き上げた城にあぐらをかかず、自己模倣も繰り返さず、――何と多くの者たちが自己模倣の罠に陥っていったことか！――文字通り「常に方法を改めつづけ」てきたのである。

一九九四年に上演された『エレメント』もまた新たな実験だった。

わたしはこの精神の持続力に敬服するが、そのあり方を先年亡くなったタデウシュ・カントールになぞらえてみたいと考えている。第一次世界大戦の直後にポーランドの片田舎に生まれ、第二次世界大戦のまっただ中で芸術活動を開始した孤高の演劇家・カントール。ありとあらゆるものを削ぎ落とし、舞台には記憶が刻印されたオブジェだけを残していく方法。あるいは既成のものに否《ノン》を突き付けながら、同時にそれ自体がもう一つの美を形成するといったカントール独自の世界。それは〈死〉の側、すなわち何かがすでに終わった側から見られた世界かもしれない。

一九三九年、中国大陸に生まれ、終戦直後、両親に手を引かれて日本に引き揚げてきた太田少年もまた、生まれながらにして何か決定的なものを見たという既視感があった。この当時のことを書いた印象深い次のエッセイがある。

> 地平線を見ながら歩いた長い道。大きな荷物を担いで列になって歩いた。荷物は次第に捨てられていき、人々は表情を失くしていった。
>
> （「原風景[9]」）

生きていくためには、大切に持ち帰った荷物を最後の最後で捨てねばならなかった。が、それと引き替えに身は軽くなり、足取りは楽になる。荷物を持つことと持たぬことの同位性。それは終わりを見てしまった者の強さでもあろう。太田省吾が若くして、〈老態〉シリーズを手がけたこと、また着衣に対して〈脱衣〉や〈裸形〉という削ぎ落としの作法を身につけていたことは偶然ではあるまい。だがそれは、案外ストイックさや辛気臭さとは別のものではなかったか。むしろそれは楽天的な、世界へこの身を投げ出してしまう潔い態度に近いのではないか。

わたしの好きなエッセイにこういうのがある。結婚を前にした太田が美しい妻との新しい生活を始める刹那のことが語られている。

> 私は、あらゆることを「なんとかなる」と思うようにできているらしい。家にたどりついたその夜、私は「なんとかなる」の極のような決心をした。アルバイトをやめようという決心だった。劇団からの収入はありえないし、二人ともお金がないことがわかっていながら、結婚に際してふつう考えることと逆の決心をしていた。

一ヶ月後、はじめての原稿依頼があった。書評紙の「読書人」という新聞からだった。一枚千円の原稿料。しかし、それでも私は「なんとかなる」に確証を与えられたように「ほうら」と思ったのだった。

（「一人の男と一人の女」より）[10]

朝日新聞のコラムで読んだ時も感銘を受けたが、そのエッセイを最新評論集『舞台の水』で、再び読みなおしても心に残る一文だ。大陸生まれと関係があるのかもしれないが、太田省吾の舞台にいつでも流れている水脈は案外こうした突き抜けた「楽天性」ではないかと思うのだ。

（一九九四年）

1 『水の希望』弓立社刊、一九八九年、九〇頁。
2 同書、二六頁。
3 『MUNKS』第六号、れんが書房新社、一九九四年、六九〜七六頁。
4 『季刊思潮』第三号、思潮社、一九八九年、一三二頁。
5 同書、五四頁。
6 『裸形の劇場』而立書房、一九八〇年、四四頁。
7 『舞台の水』五柳書院、一九九三年、六九〜七〇頁。
8 同書、六六頁。
9 同書、一六四頁。
10 同書、一六五頁。

第2章 「沖縄」──太田省吾の戯曲作品から

0……はじめに

太田省吾の戯曲集『老花夜想』の「あとがき」にこういう記述がある。


ここに収めたのは、わたしのはじめて書いた戯曲から順に三作である。

この三作は、結果的に、沖縄を映した三枚の写真を見ながら書いたということになる。

米軍基地と森の間にとまっている旧式のバス、その窓から静かな顔をのぞかせている人々の写真が『乗合自動車の上の九つの情景』（一九七〇年）となり、米兵によって殺され、水溜りに俯せに倒れている少年の写真が『黒アゲハの乳房』（一九七一年）となり、小さなベッドの端に乗りきらないほど大きな尻をした、老娼婦の笑顔の写真が『老花夜想』（一九七四年）となった（なお、『老花夜想』は、一九七二年に書いた『花物語』の改作である）。▼1

太田は対談「根源に向かう演劇」で、こう語っている（ちなみに、この対談は二〇〇一年一二月に行なわれた）。

実は沖縄に行くのは初めてだったんです。ところが僕の処女作から初期の三本の作品は、沖縄の三枚の写真を見て書いたんですよ。〔……〕もっとも芝居には「沖縄」という言葉は一切出てきませんが。[2]

本稿は、この二つの言葉を手がかりに、太田省吾がいかに「沖縄」にアプローチし、劇として表現したかを検討する。なぜ彼は実際に取材に行くこともなく、沖縄をモチーフにした劇を書いたのか。なぜ劇中に「沖縄」という言葉が一言も出てこないのか。

「沖縄」をめぐる太田の芸術的態度を考える時、それは彼一人に限らない問題を含んでいるだろう。彼を突き動かした「沖縄」とは何だったのか。彼の創作活動にとって「沖縄」は何を意味していたのか。これらを分析することで、もっと広い主題を扱うことができるかもしれない。それを原基にして、本稿をすすめていく。

1……なぜ沖縄なのか

まず、なぜ「沖縄」なのか。これを考えてみたい。

沖縄が米国から日本に返還されたのは一九七二年である。『乗合自動車の上の九つの情景』が一九七〇年、『黒アゲハの乳房』が一九七一年であるから、「返還前」に書かれたことになる。また『老花夜想』は一九七二年の『花物語』の改作であるから、これも返還前の作品だと言える。その後、沖縄を素材にした作品がないことを考えれば、やはり「返還前」の時間帯は作者にとって何がしかのインスピレーションを与えたと言えよう。

ここで当時の沖縄の状況について記された一冊の本を参照してみたい。

作家の大江健三郎は『沖縄ノート』を一九六九年一月から七〇年四月にかけて、雑誌『世界』に連載した（これは七〇年九月に岩波新書として刊行され、以後ロングセラーとなって今日も読み継がれている）。彼は一九六五年に初めて沖縄を訪れてから、いく度も沖縄を旅している。そこで彼はいつも「日本人とは何か、このような日本人ではないところの日本人へと自分をかえることはできないか[3]」と自問自答を繰り返し、沖縄と本土との関係を思考してきた。とくに彼にとって切実だったのは、酷薄な歴史をたどってきた沖縄に住む当事者に対して、外部者たる自分に果たして好奇心以上のものがあるのか、ということだ。安易な理解はかえって物事の本質を隠蔽する。むしろ理解を拒絶する沖縄人を通して、辛うじて関係がとり結べるのでは、という大江の認識は重い。「きみはなんのために沖縄に来るのか[4]」にはっきり答えられない自分がいることを彼はよく知っている。ここには六〇・七〇年代特有の「知識人」の問題が横たわっている。

大江の『沖縄ノート』以外にも、外部から沖縄に着目した作家や批評家は少なくない。演劇の世界でも、木下順二の『沖縄』が即座に思い浮かぶし、現在では、坂手洋二や栗山民也、斎藤憐などが沖縄と格闘している。

最近浮上した問題で言えば、教科書の改訂で、戦時中「集団自決（殺）」を軍が強要したか否かが論議の的になった。政府が沖縄に上陸した米軍への恐怖を煽り、捕虜になる前に自決せよと暗に仄めかしたことに根拠があるかどうかという問題である。

当時の言い伝えによれば、慶良間諸島や渡嘉敷島で自殺に追いやられた者の例は枚挙のいとまがなかった。ただし彼ら無名者の死はほとんど史実には残らない。だが島民にとっては、親類や縁者が「集団自決」したことは自明のことだ。にもかかわらず、なぜこんな当たり前のことが今になって蒸し返されるのか。そこに歴史の隠蔽があるのではという想像力が働く。

当時、太田が大江の連載に目を通していたかは定かではない。だがモノを考える人間（＝知識人）として、同じ想像力の圏内にいたことはほぼ間違いなかろう。返還前の「沖縄」と言えば、日本の近・現代史、とりわけ琉球処分から戦争末期の沖縄戦、戦後の基地問題などが凝縮し、そこから日本社会が逆照射される場であった。「七〇年安保」と相前後して、「沖縄」が政治闘争の争点であったことは、これまた疑いのない事実だろう。

ではその「沖縄」に太田はどう近接したのか。

2……「沖縄」に近接する／しない方法的態度

わたしは、未だ沖縄に行ったことがない。勿論、これらの作品を書いていた時期は、関心が深かったといってよいだろう。そして関心が深かったから行かなかったといえば、その関心のもち方の質をある程度あらわすように思える。

つまり、沖縄のありさまや、沖縄の人々のすがたは、想像力の世界の中で、わたしの孤立感のようなものと血縁をもつように思われていたのであった。[5]

ここで言われているのは、想像力の質の問題である。それは対象に対する「距離のとり方」と言い換えてもいい。実体的なものに寄り添うのではなく、むしろそこから距離をとることで、かえって物事の本質に肉薄できるのではないか。ここに太田省吾の方法的態度がある。その根底には「リアリズム」に対する嫌悪があったのではないかと推測できる。

「リアリズム」とは、実体的なモノを舞台上に「再現」することで、現実の似姿を舞台上に仮構し、現実のアナロジーを舞台に提示する手法だ。だが、実際の「沖縄」を舞台に再現することは不可能に近い。仮に沖縄の家庭を題材にとりあげ、そこにありえそうな家庭と人々を配置したところで、どうしても距離が生じてしまう。方言を駆使し、風土性などを似せれば似せるほど、実際から遠のいてしまうのだ。こうしたリアリズムへの限界をいやというほど知ったところから太田の演劇は始まっている。

そしてもう一つは、沖縄の歴史とその実体があまりに重すぎて、当事者でない者が何を言っても嘘になりかねないという懸念である。また素材（の強烈さ）に引っ張られてしまうと、自在に想像を広げることはむずかしくなり、「リアリズム」特有の「再現」が不可能になる。そのため、抽象化という別の回路から近づくことを志向したのではないか。太田にとって「沖縄問題」は「沖縄」という地域だけに限定された問題ではなく、非当事者であるその他多くの人々にとっても抜き差しならぬ問題を含む象徴と認識されていたのだろう。彼が「孤立感のようなもの」と記しているのは、七〇年前後の若者たちが歴史と斬り結べていない心情を漠然と語ったものに違いない。「沖縄」が日本の政府から切り捨てられていた歴史の経緯は、同様に歴史から行きはぐれてしまった当時の若者（あるいは太田自身）と微妙にクロスし、「血縁」を持ったのである。

「リアリズム」は「新劇」が得意としていた思想であり方法である。まずそこから離れようとしたことが、太田にかかる飛躍を生み出させた理由と言えよう。先の引用文に続けて、彼はこう記している。

それは、政治的アピールとは異質のものであり、むしろ政治的なアピールやそれに類するものいいを拒否することで、自己をわずかに保有し主張するという立場をとり、そうすることによってだけ交わすことのできる同盟といったものがありうると考えていた。[6]

ここでも重要なのは、ある種の政治性への「拒否」という態度である。政治的党派性が強かった当時の「新劇」には与したくない、その潔癖さが彼の中に非リアリズム志向を芽生えさせたことは疑いないところだ。

大江健三郎の「果たして沖縄の活動家と連帯できるのか」という自問に似て、彼にもまた遠方にいる活動家と安易に連帯できないことを隠そうとはしない。だからこそ、「そうすることによってだけ交わすことのできる同盟」と慎重にその関係を探るのだ。イデオロギーやメッセージのような「分かりやすい」関係で結ばれるのではなく、距離をとり、わかり合えぬぎりぎりの線で、「同盟」や「連帯」はかろうじてたしかめられる。

一言、「沖縄」といったら通りがよくなることを、そういってしまってはなにか大きなものを失うように思え、そういうことばをつかわないことに神経を費い、そのために喩的なものいいの多い作品になっていると思う。[7]

こうして「沖縄」との距離のとり方は、太田自身の表現の問題へ転化された。彼が正直に告白しているように、ここにはきわめて禁欲的な方法的態度がある。

かつて太田は、「沈黙劇」を書いた理由について、台詞として書いてしまうと意味が直接的になりすぎてしまうからだという意味のことを発言したことがある。言葉には、意味という方向性があり、それは観客の想像力を一方向に組織する力学が働く。意味によって強度は増すが、そのことがかえって観客の想像力を拘束し、狭い領域に閉じこめかねない。その「狭さ」に彼は異議を唱えたのだ。これは表現に対する「倫理的態度」と言ってもいいだろう。

3……『乗合自動車の上の九つの情景』

処女作『乗合自動車の上の九つの情景』はバスが舞台になっている。ただしこのバスは「原形をとどめないほどひどくいたんでいるが、これはどうやら物理的な衝撃によるものではなく、どこか、腐蝕、あるいは風化によるものといった印象を受ける」[8]というト書きが添えられている。「腐蝕」や「風化」とは、いわば負の時間性であり、そこには作者の思惑が仮託されている。このト書きは劇にとって重要な設定であり、舞台化にさいしても決定的な役割を果たしたことは間違いない。上演では、（今はない）赤坂国際芸術家センターに本物のバスが持ち込まれたという。「半分に切って舞台装置にした」[9]と言っても、舞台上に不必要なまでの巨大な物質《モノ》が置かれているのだから、それだけで十分異様な光景である。観客にとってみれば、バスが主役であり、そこに出入りする人物たちが従属物であるように映っただろう。

太田はしばしば舞台装置を先行して構想することがある。舞台の上に巨大な舟を置くことで、劇の大半ができたと発言したこともある。[10]空間をどうつくるかを発想の根底に置く太田らしさは、すでに第一作目から姿を現わしていたのだ。この劇における「バス」は、人々が集まってくる場であり、同時に何か巨大な歴史に乗り合わせてしまった「運命」といったもののメタファーでもあろうか。鉄道のない沖縄にとって「バス」はもっとも重要な交通手段でもある。

劇は、「緑色の鳥」のモノローグから始まる。「これは一枚の絵でした。あるいは、それは、何処からか遠い路程《みちのり》を経てそこへやって来た瞬間でした。[11] この穏やかな童話風の語りは、最終景では「きいろの魚」に姿を変えて、ほぼ反復される。一本の太いドラマが舞台を貫いているわけではない。劇の時間は、紙芝居のように捲られた絵の中から登場人物が滲み出るようにして展開される。バスに乗り合わせた人々が次々に現われては消えていく。そこでそれぞれのささやかな物語が奏でられ、ちょっとした諍いが挟まれる。「鈴をふって歩く遍歴の＝葬儀人」「ひとつの唄しかうたわない＝歌手」「蛙の叡知を理解する＝車掌」など一風変わった登場人物たちが九つの情景を綴れ織りのように折り重なっていく。この劇にあって、各景に添えられた次のト書きはこれまた決定的に重要な役割を果たす。

> 大型ジェット機が低空を飛ぶ。
> あたりがかげる。
> その下から一枚の絵。〈ずんぐりとした緑色の鳥〉がうかぶ。[12]

各景には、以下のような「絵」のト書きが添えられている。〈大きな空と紫色の低い家並〉〈眼をこちらに向けた魚〉〈大きな幼獣〉〈貨物列車と月〉〈青の中に芽吹く赤い花〉〈青い花火〉〈赤い馬〉〈遠くに廻る回転木馬〉〈青い馬〉。

実際の上演で、この「絵」はどのように提示されたのかは、今となってはたしかめられない。大型ジェット機の騒音の音響効果の後に、一枚の絵が差し出されたのであろうか。それはスライドで大きく映し出されたのか、あるいは実際に映されることはなかったのか、これまた確認できない。そしてこれが観客にとって何を示しているのか、これも定かではない。このイメージは観客の意識を拘束するものであるというより、劇作家の内部に一つの原イメージとして意識されたとも考えられる。そしてこの絵＝イメージとその後に展開される芝居がどのように連関しているのか、これまた明確な繋がりがあるとは言えない。言ってみれば、絵＝イメージと場面は「暗喩」で繋がるのではなく、一種の「補助線」として機能していたのではないか。つまり、何かの対象を別の何かに置き換えて説明するのではなく、ある連想の中で、想像力を飛躍させるための「踏み台」のようなものではないか。そして連想が次の段階に進んでしまえば、この「踏み台」はもう必要でなくなり、あっさり廃棄されるのである。

そして、本稿の主題である「沖縄」と舞台を結びつけるのは、この絵とせいぜいが「大型ジェット機が低空を飛ぶ」ことが暗示する基地周辺の雰囲気、「立入禁止」の立て看板や軍用犬といった、まことにきれぎれの小道具類なのである。実に心細い紐帯だ。必ずしも「沖縄」でなければならない理由付けはここにはない。ただ観客は、これらの暗喩から、ここで行なわれている芝居を「沖縄」や「戦争」と結びつけて想像する「自由」は与えられる。言うまでもないことだが、観客は「沖縄」と結びつけて見なくてはならないわけではない。ただ劇作家があくまで「沖縄」の写真を発端に劇を構想したという事実はやはり見逃すことができないのだ。この発信源から観客は何を受けとめ、見出すのか。その問いだけが観客の前に無造作に投げ出されている。

それでは手がかりが少なすぎるという指摘もあろう。戯曲の最後に「付記」のようなメモがある。冒頭のシーンの後で、〈立入禁止区域からバスはすみやかに立ち去るべし〉といった通達がなされる。これは

『乗合自動車の上の九つの情景』

カタカナで表記されているから、おそらく米軍の声であろう。同様に、ラストでは「こちらは日本《にっぽん》国政府です。あなた方は、本日から、正式に日本国民として登録されました。おめでとうございます[13]」と語られている。しかしここまで言わないと、劇は成立しないのだろうか。実際の上演でこの場面が演じられたかどうかは定かではないが、たぶん言わずもがなであろう。

台詞として外化された言葉以外にも、劇を成立させるために捨てられていった膨大な言葉たちがある。太田は『水の駅』で詩や小説の一部、絵などを俳優に〈資料〉として提供し、そこから引き出してきた演技を検討することで稽古を進めたと述べている。そして最終的に「〈資料〉は意味を失い、跡を消していった[14]」。言葉やイメージは俳優の中で、別種のものに翻訳＝置き換えられ、最後にそれは跡形もなく、廃棄＝用済みになっていく。「沖縄」もまた発端ではあるが、これもまた太田にとっての一つの〈資料〉に他ならなかったのである。

4……『黒アゲハの乳房』

『黒アゲハの乳房』は父の以下のようなモノローグで始まる。

父　小学校に通学してました私共の子供が、兵隊に撃ち殺されたのでございます。こういったことはよくあることである、いちいちとりあげておってはきりがない、という考えがございます。
私共もこの考えに賛同いたすものでございます[15]〔以下略〕。

この劇は死者が呼び出され、現実界と死後世界を行き来する能の形式をとっている。冒頭、息子の死を語る父はすでに死んでいる。死者が死者を語るのである。そして死者である少年「ゆゆ」は平然と生の世界を彷徨い、母と問答を交わす。ここでも「リアリズム」は放棄されている。

太田が見た写真の一葉から、彼はこんな場面を造形した。

やや　あっというまだったわ。射的の人形。……ぐちゃっと落ちて、あなたの倒れたところ水溜まりだったの。……

ゆゆ　知ってるよ。メンタマが薄い水に浮かんでた。[16]

殺された「ゆゆ」は射的場の人形に擬《なぞら》えて、自分の死を語っている。しかも「メンタマが薄い水に浮かんでた」と即物的に自分の死の現状を客観視すらしているのだ。死者が過去の生の世界を見ていると言っても

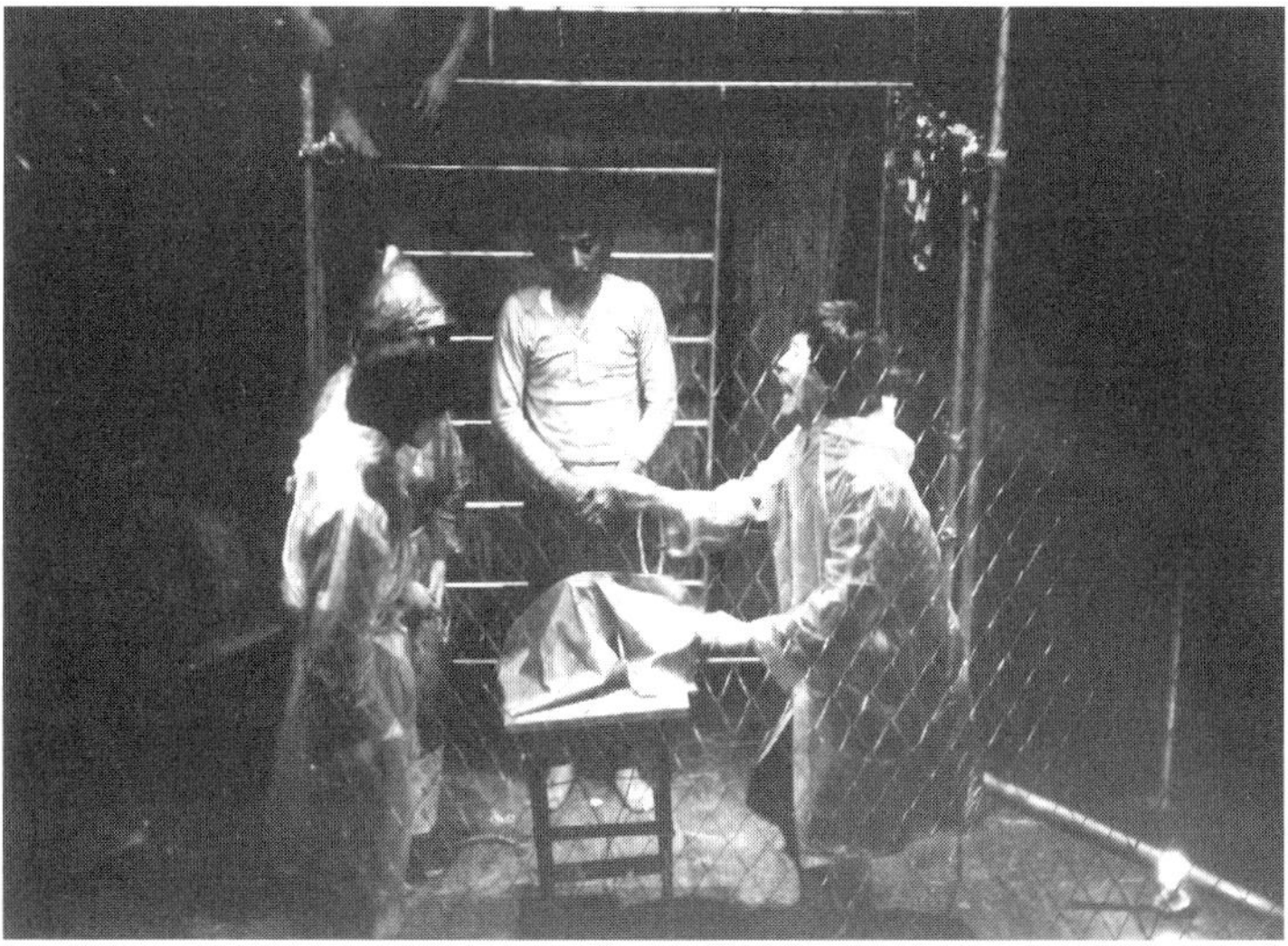

『黒アゲハの乳房』

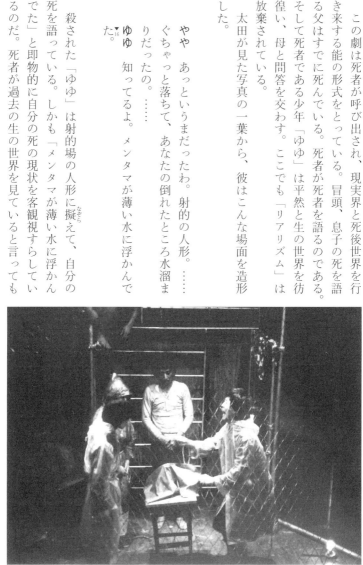

いい。この視点はいかにも太田らしい。
　この死は他人にはこう描写される。

母　あの子の頭、ぐしゃぐしゃでしたわ。
父　でも眼はついてた。
母　耳のついているのがとてもおかしくて。
父　おまえ、訴えたりしちゃいけないよ。
母　だれにでしょう。
父　相手はみんな昼の人たちだ。[17]

「殺されましたよ、昼間のやつらに」という台詞もあるように、ここで「昼間の人」はおそらく米軍を指しているのだろう。もちろんここで、少年はなぜ殺されたのかは言及されていない。米軍の兵士による仄めかしだけである。しかも兵士は「小鹿と間違えて、遊びで」打ち殺したのである。これは明らかに「沖縄」の状況を指し示す。治外法権とでも言うべき状況下でなければ、「訴えたりしちゃいけないよ」といった屈辱的な態度は生れてこないだろう。「あの子のお母さんはどうやってがまんするんでしょう[18]」という言葉の中には、屈従を忍ぶしかないという諦念と絶望が吐露されている。
　状況を受け容れることは、人間に惨めな思いをさせる反面、そこに別の態度も生んでいく。最初のモノローグの後半で、父はこう言う。

子供に通夜を覗かせたいと存じまするので、よろしくお願い申しあげまする。[19]

彼らにとって「お通夜は最後の夢」なのである。語り口がいかにも慇懃で、へりくだった態度に終始しているが、醒め切った、静かな語りに注意したい。こんな理不尽なことを受け容れざるをえないにもかかわらず、怒りや憤怒といったものを通り越して、かえって不気味さが伝わってくるからだ。ここには屈従を通り越した後の、一種の倫理的態度を感受するのである。悲劇を経験した者でなければ、こんな境地に至らない。

そうした者たちが救いを求めていくことは、これまた必定である。

「あの森へ行っておいで[20]」と算数の先生は少年に声をかける。暗い森は「昼間のやつら」が決してやって来ない彼らだけの場所＝聖域なのだ。そこでは「カラス、フクロウ、サル、ヘビ、それに黒アゲハ」がいて、人間が入ると「みんなけたたましく叫びだす[21]」。森では楽器を打ち鳴らし、祭りのようなことが行なわれ、一種の「ワルプルギスの夜」が繰り広げられているようだ。人間界とは別個に、彼らにとっての神聖な場所、民俗的な世界が広がっている。そこでこそ「通夜」がとり行なわれる。これは「冥界」の比喩だろうか。沖縄の風土性が暗示される。

少年は「ゆゆ」という固有名詞を持っている。彼に対応するように、女の子に「やや」という名前が与えられている。他の登場人物がすべて「父」や「母」、「算数の先生」や「靴屋」となっていることを勘案してみれば、これはかなり特殊なことである。

父が自分の子の死を受け容れるさいに、それを個体（つまりわが子）の死であると同時に、その個体性を越えた民族の問題として引き受けていることが、ここでは重要だ。虐殺されたのは、あくまで「ゆゆ」

という個人だが、それを受け容れる側は、具体的な父や母ではなく、もっと一般化された「父たち」「母たち」なのである。つまりこの時点で、歴史や民族といったレベルに昇華されていくのだ。ここに太田の視点がある。彼は演劇とは「個」でなく「共同体」を描くものだと考えている。この「死」の嵩は個人よりもっと大きい。

これが「沖縄」を連想させる所以である。

5……『老花夜想』

『老花夜想』になると、作風は一変する。「巨大な娼婦」を連想して書かれた戯曲は、むしろ「老いた娼婦」の哀しさが前面に押し出されることになった。ここで「巨大」さは「老い」にとって代わられる。「月蝕」の夜に、娼婦は最後の勤めを終えてひっそりと仕事から足を洗うことになっている。こうした言い伝えがまことしやかに語られていた頃、娼婦「はな」は、一ト月も仕事の客がとれず、足を洗う時期が到来したと周囲の者たちは考えた。だが当人はそんな噂もどこ吹く風で、一向に仕事を止めようとしない。彼らはこんな疑似会話で、「終わり」を企図する。

女将　人間、引きぎわは美しくありたいわ。まるで品格がないわよ、客が寄りつかないっていうのに、もう三十日よ。
「……」
主人　今度恰好がついたら身を引こうって、そうだ、三人くらいお客がとれたら、その日に言おうと決心してるんだぞ。そしたら、おれたちだって〈まだまだ働けるのになあ〉って言ってやれるだろう。

……〈うん、すこし早すぎるんじゃないかな、やめることはいつだってできるのにさ〉〈なんとか考えなおしてもらえないだろうかね〉〈わたし、人に惜しまれて去ることにしてるの〉[22]。

女将たちの気の揉みようは笑いを誘う。しかもそれが仮説の上に立つ虚構であることが、いっそう滑稽味を増すのである。

この戯曲で、太田は珍しく修辞的な台詞を散りばめている。例えば、老娼「はな」と客のやりとりはこうなっている。

「**客**　……おれはあの唄を頼りにここへたどり着いたのさ。まるで小舟のような唄だった」。それに対して「はな」は、「あんた、小舟に誘われたんじゃない、欲望に誘われてきたのさ。……あたしはちがうよ、あたしのあそこの奥の唄なのさ」。こう水を向けた彼女に客は要領をえない受け答えをする。すると、は

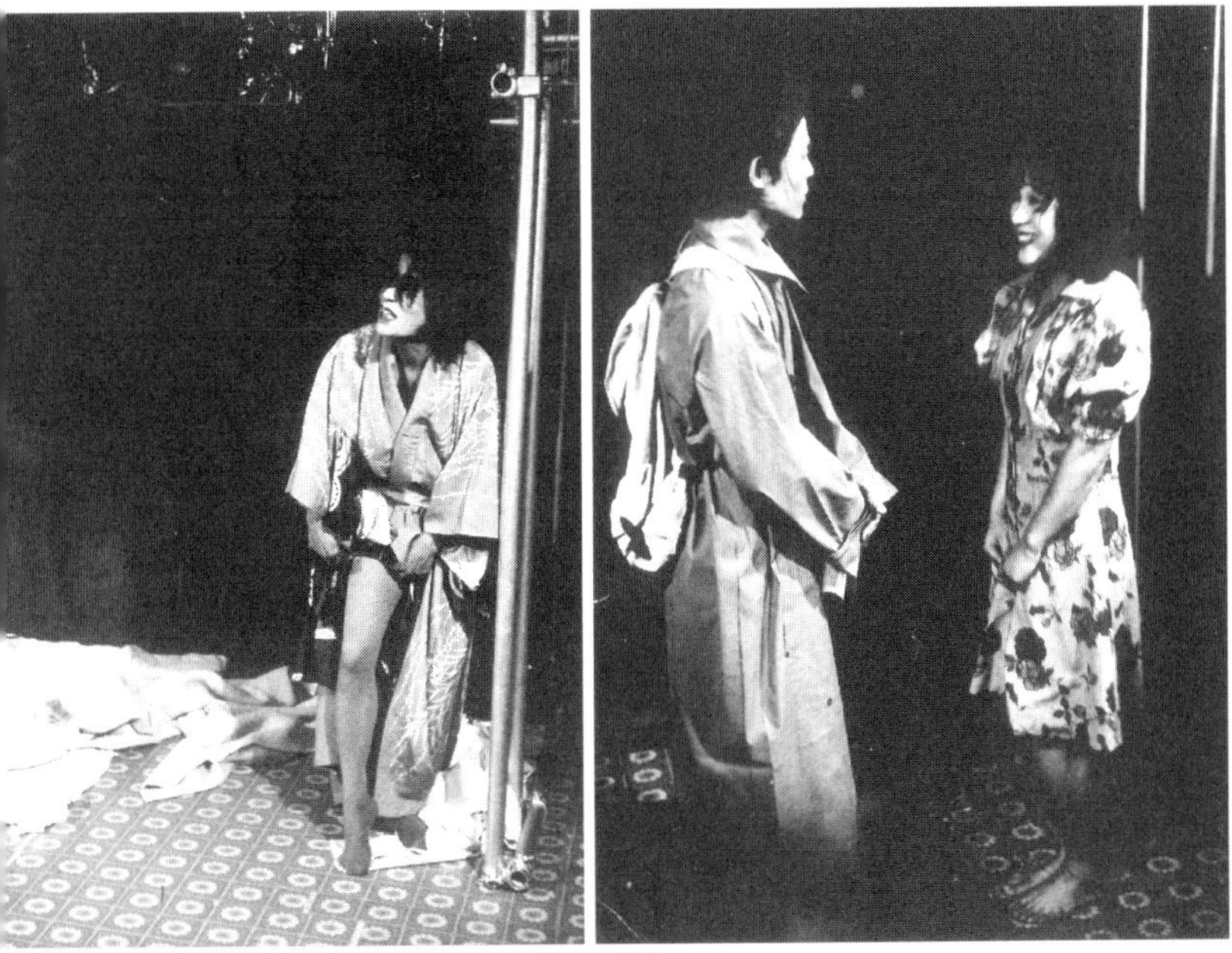

『老花夜想』

なは「言葉にだまされることのできる男かと思っていたよ、〈あそこの奥の唄をきかせておくれ〉とかっていえる男かと思っていたよ[23]」。

あるいはこんな記述もある。「唄という字を知ってるかい。……唄というものは貝の口がひらいたら聞こえるものなのさ[24]」。

太田が修辞的な才能を磨いていけば、まったく別個の劇作家になっていたかもしれない。だが彼はそうはならなかった。彼は言葉を切り縮め、ついには完全な沈黙へとたどり着いたのである。これは方法を極めていった時の太田の一面である。だが同時に、彼はこの線上で劇作家の一面も持っていたことは確認していいことだろう。

この劇でも「沖縄」を連想させるものはそう多くない。強いていえば、「とと」という娼婦が「マドロス」（海兵隊）と懇《ねんご》ろになり、密航船に乗って娼家を逃げ出す件がある。あるいは十年来の客である「ゆうぞう」に対して「はな」は「あなたは向こうの人なんだ[25]」と言う。一緒に「向こうへ行こう」と誘う男に、「はな」はきっぱり「あたしはここにいなくちゃならない」と言い切る。

さらにこういう件もある。「愛人のところへ行きます」という「はな」に対して「ゆうぞう」は、「えっ、天皇が殺されたって、本当かい、おまえ。嘘ジャナイダロウナ。愛人って、おまえだれなんだ。アフリカ野郎のことか、おまえを抱いたマドロスか[26]」。

「アフリカ野郎」はあまりに唐突だが、これはアフリカ系の黒人兵士を指すのだろう。

「天皇が殺された」という噂もこれまた唐突だが、この「唐突さ」こそが、案外平静な表面を決壊させて、その下地から「沖縄」を露呈させるのである。

6……沖縄を扱うこと

ところで、劇作家・坂手洋二もまた「沖縄」にこだわってきた一人である。だが彼のこだわりと太田のそれは真っ向から対立する。坂手は現場を徹底的に取材し踏査する。その意味では、資料を徹底に洗い出す井上ひさしの態度に近いかもしれない。

坂手は『海の沸点』で、実在した人物と事件を直接扱っている。日の丸掲揚に反対した知花昌一氏である。実際この舞台が上演されていた頃、知花氏の公判が行なわれ、客席に当人が現われたという。「ドキュメント演劇」という言葉があるが、まさにこれを地でいった作品が坂手によって書かれ、栗山民也演出で上演された。実際の会場に異様な緊張感がみなぎったことは想像にかたくない。演劇にはこうした「生まもの」性が時として生じることがある。現実と紙一重の臨場感が劇場を覆うのである。これも演劇の魅力の一つだが、太田が試みてきたのは、ほぼその対極にある。まさに「虚構」でしかできないこと、あるいは、真実を言うためには、あえて「虚構」という枠組みを必要とする。それは対象から距離をとることであり、現実に一線を引くことである。

後に「沈黙劇」を方法化し完成させた演出家の仕事として考えてみると、この初期の三作は、いささか趣きが異なる。率直に言えば、戯曲の文体は別役実に近い「不条理劇」風であり、市井劇の作風は唐十郎や金杉忠男ら同時代の劇作家の影が色濃く投影されているように思える。「歌入り芝居」であることも、同時代の空気を感じさせる。

一九六九年と言えば、太田省吾は三〇歳、同世代が華々しく活躍していた時期にようやく処女作を発表すること自体、遅い出発だったと言えるだろう。自分の文体を確立していたというより、まだ暗中模索の段階だったと言ってもいい。

とくに別役実からの影響は相当に大きいと思われる。例えば、三つの沖縄関連の劇は写真から発想したことはすでに述べた。しかしこれには先例がある。別役実の代表作『象』だ。別役はこの劇の構想を、土門拳のある一枚の写真からえたと述べている。『象』は被爆者が自身のケロイドを街行く人々に見せながら、それを「商売」にしていたという話である。このタイトルは「群盲象を撫でる」からとられた。複数の盲人が象を撫でた時、どこに触れたかによって象の印象はまちまちである。ここから個別の意見を集合したところで全体に行き着かない比喩として用いられた。一方、『老花夜想』にも盲人の客に老いた娼婦が自分の体を触らせるシーンがある。わたしはここから、別役からの直接的な引用を見る。ただし太田の引用は、別役の抽象性に対して、いかにも即物的で艶かしいのである。ここに彼の特性を見出すことができる。

文体においても両者の酷似は明らかである。六〇年代の金字塔を打ち建てた別役実の発想は、形を変えて、若き日の太田に流れこんだことはほぼ間違いなかろう。

例えば、『老花夜想』では「わたしは、善意の市民です！　ほとんど革新的といってもいいくらいです！[27]」という台詞があるが、これは別役実の『象』の冒頭の台詞、「みなさん、こんばんは。私は、いわば、お月様です。……あるいは、おさなかです[28]」の不自然なほど丁寧な物言いに対応する。

他方で、『老花夜想』の「何て、いやな日なんだろう[29]」という台詞は、唐十郎の「なんてしめじめした陽気だろう」（『少女都市』、一九七〇年）を連想させる。

六〇年代を貫いていたのは二極の文体だった。冒険やロマンに向かった唐十郎の華麗な文学性は、結果として政治という大状況に真っ向から渡り合う言語になりえた。他方で、別役はそこから零れ落ちていくもの、背後から「語りえぬもの」に近接していった。小状況や時代の表面に浮上しないモノを扱ったと言っても過言ではない。七〇年前後の太田は、この両極を行きつ戻りつしながら、自分の文体、固有性を探索していたのだろう。その揺れが初期三部作には如実に表われている。そしてその中から次第に別役的方法に近接していったのではないだろうか。

太田が別役について記した文章は、その後の彼の足跡をたどるのに示唆に富む。

別役実の文体の基礎は、つぎの一点に、ほぼつくされているといってよいと私は思っている。
〈あらゆる世界に対して誠実であるためには沈黙するのみである、という鉄則を前提にして、如何に職業的芸術家は文体を持続させうるか？　という点から私の計算ははじまる〉（別役『盲が象を見る』）。
〔……〕
「なにをいかに書くか」ではなく「なにを、いかに書かないか」という脈絡をとることになるからである。[30]

太田の代名詞である「沈黙」が別役の作家としての「倫理的態度」、すなわち「なにを、いかに書かないか」に符号することは興味深い。太田はそれを「文体」として捉えた。それは対象に対する方法的態度、距離化と言ってもいいだろう。

そしてこの視点から太田省吾は「沖縄」に行くことなく、「沖縄」を扱いえたのである。

▼1　太田省吾戯曲集『老花夜想』三一書房、一九七九年、二五六頁。

▼2 西堂行人『現代演劇の条件』晩成書房、二〇〇六年、二六二〜三頁（本書、第Ⅱ部第2章1）。

▼3 大江健三郎『沖縄ノート』岩波新書、一九七〇年、六二頁。この文章は何度かリフレインされて使用されている。例えば一〇三頁。

▼4 同書、一四七頁。

▼5 前掲『老花夜想』、二五六〜七頁。

▼6 同書、二五七頁。

▼7 同書、二五七頁。

▼8 前掲『老花夜想』、六頁。

▼9 同書、二六三頁。

▼10 湘南台市民シアターの柿落とし公演『夏の船』は、美術家・剣持和夫の木の船が舞台中央に置かれ、終始それを核として劇が展開された。『地の駅』（一九八五年）では、大谷石の採掘場が舞台となり、そこに廃物が陳列され、圧倒的な物量の中で劇が展開されたこともある。

▼11 前掲『老花夜想』、七頁。

▼12 同書、六頁。

▼13 同書、八九頁。

▼14 太田省吾『劇の希望』筑摩書房、一九八八年、九一頁。

▼15 前掲『老花夜想』、九三頁。

▼16 同書、一一九頁。

▼17 同書、一二三頁。

▼18 同書、一二八頁。

▼19 同書、九四頁。
▼20 同書、一一五頁。
▼21 同書、一三一頁。
▼22 同書、一七八〜九頁。
▼23 同書、一六八頁。
▼24 同書、二二五頁。
▼25 同書、二三六頁。
▼26 同書、二三九頁。
▼27 同書、二四頁。
▼28 別役実戯曲集『マッチ売りの少女・象』三一書房、一九六九年、二〇二頁。
▼29 前掲『老花夜想』、五四頁。
▼30 初出は『現代思想』(一九七七年一二月号)。後に『裸形の劇場』(而立書房、一九八〇年)に所収。

(二〇〇八年)

第3章　八〇～九〇年代の太田省吾

1……八〇年代の前衛

太田省吾の『砂の駅』は、ベルリンのベタニエン芸術家会館との共同プロジェクトとして藤沢市湘南台市民シアターで上演された。九二年にベルリンで初演された同作（この時のタイトルは『風の駅（Wind）』）は日本人俳優とドイツ在住の俳優たち――国籍は必ずしもドイツとは限らない――との共同作業によるもので、わたしは未見だが、一年後、日本で再演された舞台は実にクリエイティブなものに仕上がっていた。

そもそもこの作品は一九八六年、当時Ｔ２スタジオで上演された『風の駅』を原型にしている。その当時わたしは、たっぷり二時間をまったくの沈黙で通すこの劇を観て、この作者は大変なところまで来てしまったのではないかと考えた。この劇の持つ射程は、これまでの太田作品と比べてもはるかに大きいのである。『小町風伝』や『水の駅』には言葉はなくとも――ほんとうは少しはあるのだが――はっきりとした物語構造を持っていて、見ることにはさほど困難さは感じなかった。むしろ従来のセリフ劇から言葉が

『砂の駅』ベルリン・ベタニエン芸術家会館との共同プロジェクト。ベルリンでの初演時のタイトルは『風の駅（Ｗｉｎｄ）』

削られた分、身振りの象徴作用の精度が増し、実に密度の高い劇へと昇華されていた。

けれども『風の駅』はシンボリックな蛇口も老婆の幻想を支える町内の人間関係も、一切が登場しない。ただ砂の山が眼前に広がり、そこにたまたま通りかかったにすぎない人物たちがとりたてて目的も持たずに絡み合い、別れていくだけなのだ。あらかじめ中心になるものも、また主題とおぼしきものもとり除かれている。

そこでわたしたちはいったい何を見たらいいのか。そうした問いを突き付けられているにもかかわらず、その問いへの回答をわたしたちの使い慣れたボキャブラリーでは見出せなかったのである。それればかりか、舞台そのものが先取りしてしまった問いに、おそらく作者自身も回答しようがなかったに違いないとさえわたしには思われた。

初演から二年経ち、転形劇場の解散公演で、わたしは再びこの舞台に接し、改めてこの作品の持っている潜在的可能性について確信した。


この劇で俳優たちは、舞台の上にほとんど事実と見紛うばかりの、日常の点景として登場した。そこでは物語や劇性へ向う構成的なものは一切排除されている。これは演劇が純粋な虚構性に基づいていることへの大胆な挑戦だ。そこでわたしたちは、物語の構築とは別に、俳優が何の粉飾を施さずとも舞台に〈在る〉ことの直接性から、豊かな表現の可能性を汲みあげることができるだろう。演劇からさまざまな余剰物をとり去って、その〈直接性〉を極限にまで露出させたとき、俳優は作者の意味を伝達し、物語る代理人ではなく、ダンサーのように動きが抽象化された存在形式にたどり着く。このときの〈直接性〉とは、俳優と観客が物語という中間項を通さずに、人と人が無媒介に出会い、虚構と現実といった二分法をもはや必要としない、演劇の原型的な熱に触れるということである。
（初出は雑誌『新劇』一九八九年四月号の演劇時評。一部書き換えてある）

始まりも終わりもない、ただの現在をこの劇は企図している。それはつねに物事の過程を見せるということである。

過程とは、あるがままの日常的な断片の非連続な集積である。中心的なシンボルも時間を整合的に進めていく物語もない。むしろ中心化されない時間の残骸と言ってもいい。わたしたちの生活がそうであるように、日常ではわたしたちはいつも偶然性の中で物語と出会っている。出会ってしまってから、そのことの意味を考える。決してその逆ではない。けれども演劇ではそうはいかない。舞台上の出来事はあらかじめ台本に書かれ、構築された虚構の産物である。わたしたちは舞台に並べられた物事からその意味を推し測り、読み取り、その背後にあるやもしれぬ作者の主題に肉薄しようとする。こうした習性は、しかしながらどんな観客にとっても避けがたい見ることとの呪縛＝制度なのである。

太田省吾は、この虚構の約束事を限りなくとり去った。つまり劇を構築せず、芝居が孕んでしまうウソ臭さを止めたのである。

わたしたちは現実生活で「事件」に出会うと、あれだけ好奇心に満ち、目を輝かせてしまうのに、劇場に入ると途端にそれがしぼんでしまう。なぜか。それは現実を超える「虚構」をつくることがむずかしいからである。「現実」を忘れさせるだけの非日常を舞台につくることは相当に困難なことなのだ。ある演出家は舞台開幕三分間が勝負だ、その間に観客を眩惑し、舞台に引きこまなくては舞台は観客に勝てないと言ったことがあるが、そのために動員されるものは目を奪うような圧倒的なスペクタクルである、つまり強引にウソ臭さを持ちこんで、「現実」をウソ＝虚構で上回ろうとするのである。

太田省吾はそれとまさに対極である。演劇のウソをひとつずつ止めていったらどうなるか。演劇を〈つくる〉という約束事を放棄していけば、そこで剝き出しにされていくのは、地肌のようなゴツゴツした時間である。また観客もウソに眩惑されることがなくなれば、自分自身の「現実」を舞台に投影しなければならなくなる。むろん太田は演劇に対して非演劇あるいは反演劇をやろうとしているのではない。むしろ従来の演劇ではとり逃がしてしまう部分、こぼれ落ちていくフィールドに着目したにすぎない。そしてそこにこそ現代演劇の課題があるのだと言いたいのであろう。だからひとまず従来の演劇の文法を棄てるのである。

もちろん状況設定はあるだろう。個々の俳優たちは、こういう場所でだいたいこのような行為をするといった指示はあるに違いない。だがその「指示」はおそらく従来の台本のように、俳優の動きを物語内の住人として強く拘束するものではなかろう。俳優は枠から離れ、自由を存分に与えられることで、かえって自分自身と深く向き合わなければならない。あるいは作者＝言葉に寄りかかっては、何も生み出せないのが太田の劇なのだ。劇の中で俳優の存在が強く問われ、演技の思想が問われていると言い換えてもいい。

こうした〈問題〉は六〇年代にも同様に問われたことだろう。だが、現在の問いは「疎外」や「自己表出」、「自己実現」といった六〇年代的な主題と位相を異にしている。突きつめれば〈非－意味〉にどこまで耐えうるのか、あるいはモノや機械といった地点で俳優は何ができるのか、ということこそが問われているのである。

補足しておけば、八〇年代を席捲した「遊戯の演劇」は、自己同一性という神話が壊れ、巨大な敵と真向かうことで自己を確認した六〇年代演劇と違って、希薄化した日常の身体感覚に対応したものであった。

相手との接近戦から手触れる関係を弄びながら、瞬時に移り変わる役割分担を冗談とも本気ともつかぬ遊戯に仮装しながら自己を確認するというものだった。ただしそこには自己を決定的に崩壊させないバリアーが相手の前にあらかじめ築かれ、表層での戯れに終始することが互いの取り決めとしてあった。

モノや〈非‐意味〉に耐えうるかをさらに過激に突きすすめていくと、守るべきものを持たず、すべてを他者にさらけ出してなお存在が可能か、という地点にまでたどり着く。俳優を言語的にどこまでも追い詰め、強迫していくハイナー・ミュラーのテクストが七〇年代以降のヨーロッパでアクチュアリティを持ちえた背景がここにある。ハイナー・ミュラーと同種の〈問題〉はたしかに八〇年代以降の日本の演劇の〈問題〉でもあったのだ。

『風の駅』は、こうした演技の思想を考える意味でも、とてつもない命題を提出してしまった。しかしそんな問いに応えうる演技者など存在するのか。そう考えた時、太田はこれまでの転形劇場の活動レベルでは到達できない、もう一つ大きなパラダイムで考えねばならない地点に行き着いたのではないか。八八年に太田が劇団の解散に踏み切らざるをえなかったのも、そう考えれば納得がいく。小劇場＝小劇団で活動することの最大の達成は、同時に集団という共同性の外側、ユニバーサルな領域で演劇を構想するさいの限界をも内包していたのである。

『風の駅』から『砂の駅』に到るプロセスには、当然その回答が含まれているはずだ。『風の駅』と『砂の駅』を決定的に分かつのは、砂山が閉じられたことである。T2スタジオで上演された『風の駅』は、横長の空間に客席と対面するよう砂山が広がっていた。観客はマラソンのレースを路上で見物するように、たまたま居合わせた場所から行為を見るだけだった。それゆえ、そこでは〈途上〉のものを窃視したにすぎないという不安定な、断片的な印象を持たされるのである。虚構が約束された劇場にいながら、しかし作品として完結するのでなく、その一部を見せられたという感触である。それを言い換えれば、人はそのように世界に投げ出され、そのようにモノと接し、コトと出会うのだという事実性に直面するのである。

ロバート・ウィルソンは自分のパフォーマンスについて、観客は劇の途中で客席から抜け出し、ロビーで食事をしたり、歓談、飲茶を愉しみ、また客席に戻ってもパフォーマンスが何の滞りもなく行なわれているのを見る、こうした「見方」を理想的なものだと言っているが、この『風の駅』にも同種のことが企まれていたに違いない。やはりハイナー・ミュラーもウィルソンと同様のことを言っており、演劇はそれくらい肩の力を抜いて見られるほうがいいと発言している。この考えは演劇を特権的な芸術から解放していく思想と通じている。ちょうど「喫煙劇場」を提案したブレヒトのように、近代観客を「見る」ことの呪縛からどう解き放つかという主題と、俳優の身体の〈非‐意味〉とは根底で繋がっているはずだ。

しかし観客は相変わらず保守的である。一度確保した客席のシートと見ることの権利を簡単に手離さない。そこで別の仕掛けが必要になってくる。

『風の駅』の初演で、太田省吾の企みは半ば頓挫した。太田のイマジネーションの中には「美術館」のような空間で演劇を上演したいという欲望があったのではないか。美術の観客は、展示を見、作品から離れ、回廊を歩き、再びそこに戻って展示を見る。その間に知り合いと談笑し、今見てきた作品について論じ合い意見を交換するかもしれない。こうした全体の経験を保証する装置としての「美術館」。寛ぎながら決して孤独ではない空間を体験すること。事実Ｔ２スタジオではロビーに美術作品が展示され、観客に劇を見る体験以上のものを提供してきた。だがそれを実現するには、このＴ２スタジオさえ拘束が働いてしまった。

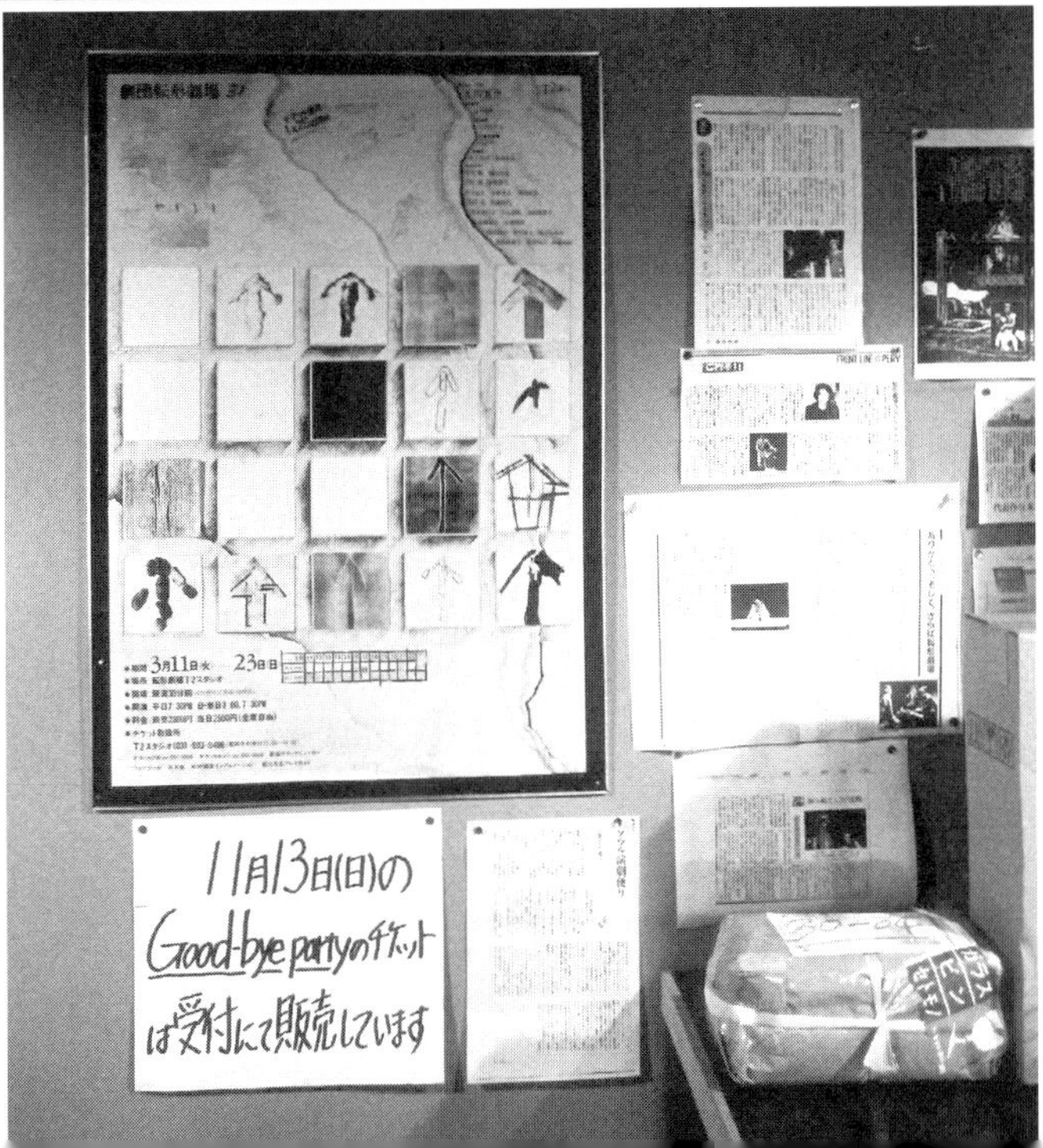

「T2スタジオ」(練馬区氷川台)
下図は、ロビーに貼ってあった『↑(やじるし)』のポスター

『砂の駅』はそのことのひとまずの断念から出発している。

ただここで重要な契機になったのは、この間に太田が湘南台市民シアターという空間に出会ったことだろう。プロセニアムの対面形式と異なった球形劇場の空間を手に入れたことが、太田の演劇に大きな発見をもたらしたことはたしかだろう。何よりこの空間はものをゆったり見るのに適した開放系のそれだったのである。この空間に入ると観客は「鳥の目」を持つことができる。開放系の空間を時間に翻訳すると、弛緩と圧縮が交互に繰り返されたものとなる。

世界はいつでも半身をさらしている。演劇はその半身を舞台の上に再現することはできる。だが断るまでもなく、演劇はその「半身」しか再現することができない。この「半身」をどこで切り取り、枠づけていくのか。これは現代の演劇家に等しく突きつけられた難問である。

この「半身」を舞台の表面とすれば、残る「半身」はその背後、あるいは深層。つまり目に見えないものとなる。この「背後」を感得させるために、ある者は言語のメタファーを駆使し、ある者は俳優の肉体の無意識を噴出させる。

だが最終的には、残る「半身」とは、それを見た観客の想像力が充塡し、彩色加筆し、もって新たな別の作品に（観客自身が）書き換え、創造していくものだろう。そうした契機を与えるものとして『風の駅』は、『小町風伝』や『水の駅』に優るとも劣らぬ〈問題的〉な作品だったのである。

寺山修司は「作者は世界の半分を創造する。後の半分を補完するのが、受けて側の創造というものである。表現は相互作用によってのみ一つの世界を完遂する」と述べ、「見えない演劇」を提唱し、具体的に見えない舞台をつくり出した。太田省吾はそんなあざとい手段を用いなくとも、舞台の上に見えない部分を現出させたのである。寺山が〈見えない〉舞台をつくったとしたら、太田はそもそも全体は〈見られない〉、つまり見ているのだけれど、見られないことを提示したのである。〈見えない〉ことの前提には、あらかじめ〈見えている〉俯瞰的な視線が存在する。けれども〈見られない〉ことのなかには、「見る」ことの不可能性が前提されているのである。

六〇／七〇年代的な〈前衛〉を寺山が体現しているとすれば、太田は明らかに八〇年代的な〈前衛〉を代表する。

『砂の駅』は、野心的な実験作『風の駅』に比べれば、始まりと終わりがある演劇作品の形を整えている。『風の駅』が半身をさらしたものとすれば、『砂の駅』は全身をさらしたものと言える。つまり表面と同時に背後まですべて見せてしまったのである。のみならず、舞台空間を円で閉じることで、世界と相対し、砂の時間から水の時間へと到る人類の歴史に相当する時間のスケールを顕わにしてみせた。

だが全体をまるごと見せても、なお見えないものが残る。〈円〉は外部を排除することで自己完結するものであるが、それゆえにもっと大きな背後、闇を浮かび上がらせずにはおかない。わたしたちは作品が意図しないものまで見ることを強いられ、かつ見てしまう。つまりさらなる「不可能性」の前に立たされてしまうのである。

『砂の駅』では、削れるものはできる限り削りとって単純化されている。シンプルになればなるほど、舞台には空白が拡がり、劇が喚起するイメージは増してゆく。「空白」という言葉が誤解を招くならば、白紙の面が広がると言い換えてもいい。ちょうど『更地』が白いシーツで舞台全面を覆い尽くしてしまったように。この〈白紙〉とは言うまでもなく、観客が想像力を書きこむテクストに他ならない。

（一九九四年）

2……太田省吾の九〇年代——演劇からの越境

一九八八年に転形劇場を解散してから、太田省吾は明確な劇団という形をとらず、プロデュース方式に移行した。これまでの劇団システムでは超えられない壁があること、それがために一作ごとに俳優やスタッフを集める「作品主義」を選択していったのである。

周知の通り、六〇年代以降の前衛劇運動は「小集団」によって担われてきた。これと言って技芸を持たぬ素人たちが徒手空拳で結集した「小劇場」とは、表現を遂行する「集団」であるとともに、演技を鍛え、練成する「場所」でもあった（もちろんその成果を問う劇場も意味した）。理論やメソッドは概ね、小集団を基盤にして生まれてきたと言ってもいい。これは当時の既成劇団や俳優養成所が十全に機能していなかったことを端的に物語っている。つまり、新しい演劇を創り出すのは、従来の演技を批判する演技の集団的文体を必須とし、演劇を構成する要素を全的に覆さなくてはならなかったのである。その時小集団（＝小劇場）は、表現の母体であるとともに、運動のよって立つ根拠地でもあったのだ。

では、転形劇場を解散して、表現の母体である劇集団を持たないということは、いかなる意味を持つのだろうか。また、演劇がどういう段階に遭遇していると考えればいいのか。

太田は九〇年代に入って、『風の駅（Ｗｉｎｄ）』（一九九二年、その後『砂の駅』と改題）をベルリンで制作し、『水の駅－２』（一九九五年）を日本人を含むアジアの俳優たちと共同制作した（他に『夏の船』〔一九九〇年〕、『更地』〔一九九二年〕、『エレメント』〔一九九四年〕がある）。いずれも外国人との「コラボレーション」であり、これまでの転形劇場の芝居とはかなり異質な背景で制作に臨んでいる。別段太田は、外国人と一緒に芝居が創りたくて劇団を解散したわけではなかろう。たぶん順序は逆なのだ。

つまり一人の自立したアーティストとして立った時、日本の国内意識を超える視点と可能性が澎湃として湧いてきたのではないか、と。演劇とは、言葉を超えて世界に発信する表現行為であるはずなのに（そしてそれをもっとも実践してきた日本の演劇家こそ太田省吾だった）、従来のやり方では国内のレベルを超えられない。少なくとも一言語、一民族の「国民国家」から外へ出ることはほとんど不可能なのである。

太田が「沈黙」という特異な方法を志向していたことは、このさい、有利に働いた。舞台上で他国語に翻訳する必要がないことは容易に国境を越えられるからである。だが稽古の過程で言葉がいらないということでは、まったくない。「沈黙劇」を成り立たせるには、逆に膨大な言葉を必要とする。太田の演劇性は、一個の身体（とその行為）の背後にびっしりと言語の束が織り重なっているのだ。

だが身体はそれほど容易に言語や文化を越境できるだろうか。外国人の俳優と共同作業を行なうにさいして、太田が逢着した困難さはここに集約される。身体は言語と不可分であり、セリフを喋るという行為と、身ぶりとは切っても切れない関係にある。

そこから太田は日本（人）の身体や言語、つまり日本（人）を成り立たせている「文化」の実相そのものを相手取っていく。もう少し言うならば、もっとも根底的な日本文化批判（批評）に踏み出したのである。

国内レベルでの演劇構想から自由になりたいということと、その枠内で成立している演劇とその受容から抜け出たいとする意志は、これまた不可分だろう。

太田省吾の共同作業メンバーは、あくまで二〇年間、一緒に舞台をつくってきた俳優やスタッフをコアにしている。その基盤の上に、新たなメンバーが加えられた。それが外国人俳優であり、ダンサーであった。だがそこで混成化していった集団は、もはや従来の同質性を持った集団からはるかに離陸しているのである。

太田省吾は今、演劇からも越境しようとしている。

（一九九九年）

3……海外コラボレーションと九〇年代の太田省吾

公共性と演劇教育

一見歩みが遅《のろ》そうでも着々と地歩を築いていくと、結果として一番先頭に立っているということがしばしばある。例えば太田省吾の仕事とはそのようなものではないだろうか。

九〇年代の彼の仕事を大別すれば、おおよそ次の二つの方向に絞られる。一つは公共劇場の芸術監督の任であり、二つめは大学での演劇教育である。前者は九〇年に開場した湘南台市民シアターでディレクターを一〇年務め、日本の先端的な舞台を次々と発信していった。後者は昨年、京都造形芸術大学に舞台芸術学科を開設し、ユニークなカリキュラムと教授陣を揃え、学内に演劇研究所を設置し、二〇〇一年には〈ｓｔｕｄｉｏ21〉という小劇場の創設に繋がった。

この二つの作業、すなわち〈公共性〉と〈演劇教育〉は、いずれも九〇年代に入って急速に浮上した問題群であり、両者は相互に絡まりながら車の両輪として回転してきた。現代演劇がアングラ段階から、次のパラダイムをめざす時の最重要課題がここにあると言えるからだ。そしてその中心の場所に、いつも太田省吾がいた。ただこの作業は端緒についたばかりで、成果を問うにはまだもう少し時間を要するだろう。

その間、舞台作品の発表は『夏の船』（一九九〇年、湘南台市民シアター柿落とし公演）『更地』（九二年）、『風の駅（Ｗｉｎｄ）』（九二年。後に『砂の駅』と改題）、『エレメント』（九四年）、『水の駅－２』

（九五年）、『水の駅－3』（九八年）とあり、この間に演劇集団〈円〉に書き下ろした二作（『木を揺らす』『ぼくはきみの夢を見た』）を加えると、この一〇年間に八本となる。そのうちオリジナル戯曲の上演はわずか五本だから、現代の演劇状況から見ると寡作の部類に属すかもしれない。例えば『水の駅』シリーズは舞台としてはまったく新しいが、構想は前作を引き継いでいるから、厳密な意味でのオリジナル（新作）と考えるわけにはいかない。また『更地』の韓国語バージョンが二〇〇〇年にソウル演劇祭で上演され、その舞台は翌年四月に京都と東京で再演された。これも一〇年前に初演されたものの「翻訳上演」である。

一本の作品を繰り返し上演し練り上げていくのは、いかにも太田らしいやり方だが、年に七、八本もの舞台作品を抱えている売れっ子演出家と比べると、この歩みの「遅さ」はやはり尋常ではない。

だが視点を換えてみれば、同じテクストを何度も上演していくことは、作品のレパートリー化に繋がることでもあり、オリジナル・テクストばかりが「新作上演」とする根強い固定観念への見直しを迫っていると言えるかもしれない。

そして何より注目すべきは、九〇年代の太田省吾の舞台は、転形劇場時代の「再演」と違い、同じテクストを使いながらもまったく異なった形態で上演方法を探っていることである。そこで浮上してくるのが「コラボレーション」という視点なのだ。

コラボレーションとは？

コラボレーションという言葉には、いったいどういうニュアンスが含まれているのだろう。

「共同作業」という字義通りの意味合いからジャンルを超えた者同士の「異種格闘技」まで、拡張すればかなりの部分までこの言葉でカバーできるだろう。けれども、「演劇は集団作業なのだから本来コラボレーションだ」といった定説に出会うと、この言葉はそう安易に使えないなと思えてしまう。

例えば、九〇年代に入って海外のアーティストとの共同作業が目立つようになった太田省吾の場合はどうか。転形劇場解散後、彼は固定した劇団を持たぬがゆえに、明らかに違う状況に立たされた。新作戯曲を書けばそのまま上演へごく自然に移行できた時代と違って、企画づくりから俳優集め、そして稽古から公演までたどり着くエネルギーは並大抵ではなかったはずだ。

当然、プロジェクトを開始する時、それなりの仕掛けや新機軸が必要となってくる。目新しさとは違うが、新しい演劇的なテーマがなければ、実験的な作業にはなかなか取り組みにくい。その時、彼の前にいくつかの外国人俳優との共同作業の仕事が舞いこんできた。もちろんそれは単なる受け身の仕事と言うより、彼の三〇年に及ぶ演劇作業が必然的に呼びこんだものであるが、それが「コラボレーション」という問題に直結していくのである。

九〇年代以降の太田省吾の海外とのコラボレーションを見てみると、まず最初に一九九二年、ベルリンのベタニエン芸術家会館との共同プロジェクトがある。ベルリンでの初演（この時のタイトルは『風の駅（Ｗｉｎｄ）』）は、日本人俳優、ダンサーとドイツ在住の俳優たちとの共同作業だった。やがてこの作品は湘南台市民シアターでの『砂の駅』へと深化していった。次いで、一九九五年にＢｅＳｅＴｏ演劇祭で発表された『水の駅－２』は日中韓の三国の役者たちによる舞台だった。そして三つ目は、ソウル演劇祭で初演され、京都と東京で再演された『更地』である。

『更地』を除いて、他の二本はいずれも沈黙劇である。それに引きかえ、『更地』は太田の中でも珍しいくらいセリフの多い芝居で、言葉のニュアンスが劇の要諦になっている。この三つの作業は、太田の中でどのように位置づけられているのだろうか。ここでは『更地』を軸に探ってみよう。

韓国語版『更地』

『更地』の韓国語バージョンを見ていて、わたしは前半と後半ではまるで違う芝居ではないかと思った。前半は中年夫婦の心理の機微を伝える上質の対話劇である。だが中盤以降、白い布が舞台全面を覆ってしまうシーンの後から、芝居は一変した。まるで次元が違ってしまったのである。

ここで〈白〉が舞台に登場してくることに注目したい。白とはハレーションを起こし、演劇には向かない色だと一般的には思われている。だがここではそれが逆に作用し、舞台はかえって宇宙的な次元に飛躍したように思われた。まるで雲の上に二人が佇んでいるかのようなのだ。その浮遊感、「地に足が着く」と対極にある存在のかそけさ。「白々した」という言葉もあるように、「白」とは反劇的であり、激しい対立を生ぜしめるより、何かに包まれるといった感覚を促す。こうしたシーンから、ゴツゴツと地肌をぶつけ合う棘のある「言葉の劇」から、大らかな宇宙に投げ出された「存在の劇」へと広がったのである。

ところで白い布によって封じこまれたものは何だろうか。

九二年の初演当時、日本にはバブル景気であちらこちらに空き地ができていた。古い街並みが壊され、そこには文明の栄華を誇る超高層ビルディングが立ち並ぶはずだった。その束の間に出現した「更地」。初演で太田が示したのは、時代の変わり目に出現＝陥没した都市の風景であり、それを受け容れるかどうかにためらう日本人の精神の在りかだった。まだ誰もが日本経済は躍進し続けるだろうと確信していた。けれどもここで解体されたものの負債はその後取り戻すことはできなかった。それからほぼ一〇年経って、この劇は韓国語で再演された。

韓国人の俳優たちはまったく別種の意味をこの上演から立ち上げていった。白い布は〈判断停止〉だと太田は言う。一旦チャラにされ、再び何かを開始していく時の〈まっさらな状態〉。たしかに韓国人の俳優たちは街を消失させた。それは過去をチャラにすることでもある。白い布の下で辛うじて立ち並ぶ柱は、時間とともに一本また一本と倒れ、平らな土地へと変わっていった。過去は記憶の底に溶かしこまれ、ただの〈現在〉だけがそこに広がるのである。だがそうであればあるほど、気になるものが残る。白い表面で覆われても決して忘却できない何か、かき消せない何か。

韓国語を喋る俳優たちは存在そのものでそれを表出した。布の下から覗かせたのは、歴史の地層に埋もれかけ、咽喉にひっかかった棘である。これは韓国人でなければ出てこないニュアンスだろう。同じテクストを使いながら、一方で高度経済成長の顚末（それを太田は都市を踏み潰すゴジラになぞらえている）を表わし、他方で海を隔てた国の歴史の棘が喚起される。そこにコラボレーションの意味がある。異なった文化に住む韓国人の俳優と日本人の劇作家の共同作業は、思った以上に差異を浮き立たせたのだ。

印象的な言葉がある。劇中で、妻は「見られましょうか」という受け身の言葉を発する。ところが、こうした言い回しは韓国語にはないという。「見る」という能動的な行為はあっても、「見られる」という受動を意志的に選択することは韓国ではありえないというのだ。ここには生活や文化の違いがあり、演劇に対する考え方の違いにまで発展させてみることができるだろう。日韓の文化に違いが鮮明に出てくるのは、こうした局面である。

自明性を覆すこと、それがコラボレーションの一つの仕掛けなのだ。

内在する〈世界〉

なぜ太田省吾は外国人との「コラボレーション」を求めたのだろう。いや「求めた」というより、コラボレーションを通じて、ようやく日本と外国の差異が発見できたと言ったほうが正確かもしれない。言葉とはあくまで国内意識の内側でしか成立しない。もちろん英語など共通語を使用すれば別だが、太田劇にそうした志向性は今のところない。転形劇場時代なら、舞台の持つ力が日本の国内意識を超えるという視点は持ったろう。それは作品が持つ強靱な力が異文化の中に突出するということだ。そのさい演劇は言葉を超えて世界に発信する表現行為になりうる。

だが九〇年代の太田劇が孕んでいるものは、それとは少し違うのではないか。作品に内在する力が世界に進出するのではない。つまりローカル性がその狭さゆえに強度を持ち、普遍性に達するのではなくて、作品そのものの中に〈世界〉がすでに胚胎しているのだ。

日本人と外国人の身体表現は、日本と世界という境界線を曖昧にし、相互に混じり合い浸透しながら、日本とも世界ともつかぬ「雑種文化」がそこに叢生している。少なくとも一言語、一民族の「国民国家」という枠組みが内側から壊れていることはほぼ間違いないのである。

太田がしばしば言う「社会的存在より生命的存在へ」とは、言語や民族を一個の身体の中へ囲いこんでしまう社会的側面より、その解体を通して身体が外に溶け出し、異質な他者と混じり合うことで共同性が広がることを企図しているのではないだろうか。個々のジャンルが固有性を主張し合い、技芸を持った個＝アーティストが他流試合をすることがコラボレーションなのではない。むしろそれが不可能であることを通じて、初めて「共同性」が拓けてくるのである。とすれば「コラボレーション」とは「共同性」の別名ということになろう。そのためには、現行の演劇という枠組みはあまりに小さく、狭い。そこで太田は演劇そのものを拡張した。「演劇からの越境」である。

　演劇から絶えず「越境」し続けること、それこそが演劇に備わった属性なのである。そのことの確信が、海外との「コラボレーション」を以前より容易にさせてきた要因であろう。「演劇は本来コラボレーションなのだ」という定説もこの時点でなら受け容れることができる。

　太田省吾は、現代演劇が抱えこまなくてはならない鞍部を見据えながら、その中枢に向けて確実に深化を遂げていたのである。


（一九九九年）

第4章 危機の時代の太田省吾

1……〈裸形《らぎょう》〉から現実を見る

二〇一一年の三月一一日、東日本を襲った大地震は、福島原発事故を併発し、改めて日本という国のあり方が問われる大きな事件だった。日本および日本人はつねに地震という自然災害と隣り合せで生きていること、資源に恵まれない日本が一九七〇年代以降、原子力発電を推進し、放射能の危機を内包してきたこと等々である。そう考えると、日本がこの世界に存在すること自体が危うい綱渡りであることに気づかされる。

大震災という非常事態に遭遇した時、日本人がパニックを起こさず、さほど平常心を失わずに対応したことについて、世界中から賞賛を受けた。なぜそういうことが可能だったのか。おそらく日本人には、こうした事態は「いつか来るかもしれない」という備えが無意識の裡に埋めこまれていたからではないだろうか。非常事態や危機意識を生活の中に折りこみ済みであることが、日本人のメンタリティを形成してきたのである。

今回、こうした危機の事態に直面した時、真っ先に思い浮かべたのが太田省吾の存在である。太田だったらこの事態をどう考えるだろう。何を発言するだろうかと、折につけ思いをめぐらした。彼の作品を再見し、彼の発言にもう一度耳を傾けてみたい、というのが率直な思いだった。

実際、震災後、東北の演劇人らと、いく度かシンポジウムを行なったが[1]、そのさい、「震災と演劇」の関係を考えるのに示唆的だったのは、やはり太田発言だった。

例えば、以下のような言葉である。

〔……〕こういった体験、つまり〈裸形〉から自分を見、人間を見るといったことは、震災とか戦争とかいった現実の大きな事件に遭遇しなくともありうることですし、だれでもがなんらかのかたちで体験していることだと思います[2]。

これは関東大震災に遭遇した演劇研究者・浜村米蔵が、「焼け野原の真ん中に投げ出された時、〈これが俺か〉と思った」（『日本演劇略史』演劇出版社、一九七〇年）と言ったことを引いて、太田は「焼け野原に投げ出され」た時、〈俺〉はすべてを失ったと考えるのではなく、「その引き算ののちに、はじめて」自分が現われたと考えた。つまりすべてを失って〈裸形〉になった時、人間の本質が露わになり、物事の本質が浮上するのである。と同時に、一切を失っても「自分はちゃんと立っている」という事実にも気づかされた。

太田は、一九九五年一月の阪神淡路大震災のさいにも、この浜村発言を参照している。引き算によって顕在化してくるのは、自分であり、〈裸形〉である、と。

2……危機の時代に向き合う表現としての「沈黙劇」

ここで劇作家・演出家の太田省吾の「沈黙劇」について考えてみよう。彼が創造した「沈黙劇」とは一個の「形式」である以上に、なぜそれが生み出されてきたのか、その「プロセス」が重要である。

例えば、太田は「しゃべることのできない言葉というものが相当多くこの世に存在する」[3]と言っている。例えば、「不幸」について、「身体をもって語る場面では、その身体を維持できている範囲内の不幸」[4]に留まるというのだ。

つまり、かつては不幸だったが、今それを語ることができるのだから、不幸は克服された、ということになる。つまり他人＝観客を前にすると、実際の不幸を減殺してしか語ることができない。

その逆に、「書くこと、あるいは頭の中で考えることには、基本的には〈身体〉がなくてすむ」[5]とも言っている。そうであれば、身体を持ってしまった者たちは人前で直接「不幸」を語ることができず、比喩的に迂回して語るか、あるいは「黙る」しかないのである。つまり身体を持つことで言葉が不自由になり、限定枠をつくってしまう。太田は台詞を書いてしまうと、言葉は意味という方向性を持ってしまうので、「直接形で書くことができなかった」[6]と語っている。

こうした現実から出発して、太田は「沈黙劇」に到り着いた。

「危機」とは、つねに不安定な局面にさらされていることである。生身の身体を他人＝観客の前にさらす表現である演劇にとって「危機」とは、身体に異常を来たすことであり、その究極が「死」であろう。身体とはつねに「死」を内包している。それが生きることの逆説的な意味である。死への欲動の裏側に、生へのあくなき執着があるのである。

人間の原型的な姿、すなわち〈裸形〉をさらすことは、死と向き合った人間の状況を拡大して見せてくれるだろう。

3……危機の時代に見えてきた別の側面――『更地』『砂の駅』から

太田劇は危機の時代に、物事を覆うカバーを剝がして、その本質を見せる。それがディスカバー、発見ということである。

ここで太田作品の中から、『更地』と『砂の駅』を取り上げてみよう。この二つの舞台は転形劇場を解散（一九八八年）後に初演されたものである。

二〇一〇年にわたしは、自分の勤める近畿大学の大学院生らと一緒に、この二つの作品のビデオ映像を観た。その時、彼らの感想から二つの作品について、意外な側面を発見した。

『更地』は一九九二年、湘南台市民シアターで初演された。初老を迎えた夫婦が、かつて住んでいた家を再訪し、懐かしむという話である。大学院生が着目したのは、二人の登場人物の衣裳だった。二人はレインコートの下にパジャマやネグリジェを着ていたのである。初演時、わたしはその衣裳に何ら不自然なものを感じなかった。しかしビデオを観ていたある院生は、「これはもしかしたら震災か何かで、家から投げ出された直後の光景ではないか」と言ったのである。たしかに、思い出を訪ねるという設定としては、どうにも衣裳が不自然である。もしかすると、倒壊した家を再訪しているのだろうか。

関西に育った彼らにとって、「震災」とは言うまでもなく、一九九五年一月一七日の「阪神淡路大震災」のことである。つまり彼らは身近な体験から連想して、『更地』とは非常時を舞台にした作品ではないかと捉えたのである。

作者の太田省吾はこの舞台のモチーフを、一九五四年に上映された映画『ゴジラ』からえたと言っている。東京湾から現われた怪獣ゴジラに踏み潰されて、廃墟と化した東京の光景から発想したと語っている。ゴジラは放射能から生まれた突然変異の怪獣であり、福島原発の放射能危機と無縁ではないが、ここでは触れないでおこう。[7]

「更地」という言葉は「空き地」を意味する。それは一九九一年に崩壊した「バブル経済」の過程で生み出された都市部の陥没した空間である。この言葉を通して太田は、戦後の経済至上主義の最終的なツケが回ってきたことを総括したのだろう。

バブル崩壊を象徴的に表わした『更地』という彼の思惑と、阪神淡路大震災を背景にしたという院生の感性は、したがって合致していない。けれども、この舞台から三年後に発生した大震災を『更地』は予見していたと考えることはできないだろうか。これは特段、太田の予知能力を評して言っているのではない。むしろここでは、なぜそんな見方が可能になったのか、それを考えてみることが重要であろう。

太田作品から危機の産物を考えるためのもう一本は、『砂の駅』である。

この作品は一九九二年にベルリンで初演された国際プロジェクトで、翌九三年に湘南台市民シアターで再演された。だが実際には、「再演」という言葉はふさわしくない。これはまぎれもなく「新作」だった。[8]『砂の駅』は砂場に人が集まり、出会い、衝突し、葛藤があり、やがて去ってゆく。その様子を綴ったものである。最後に、砂の地面から水が湧き出てきて、最終的には全面を水が覆う。留まっていた人々は逃げ場を失い、砂の縁に上がって呆然とこの光景を見下ろす。これは果たしてカタストロフィを描いたシーンだろうか。

一九九三年にわたしは劇評でこう書いた。

〔……〕砂の一角から突如水が湧き出し、次第にその水が砂の上に広がり、ついには砂全面を覆い尽くす終幕のシーンでは、なんともいえぬ感動が押し寄せてきた。〔……〕人間の行為を清濁併せて呑みこんでしまう浄化の力がこの瞬間に立ち現われてきたといえば、少しはその光景を言い当てたことになるだろうか。それにしても何とも鮮やかな力業である。▼9

わたしには湧いた「水」はオアシスのように見え、それは「救済」だと捉えた。水はすべての人々の営みを優しく包みこみ、慈しむように昇華させていく。「浄化＝カタルシス」という言葉で表現したのは、そういうことだ。

だがこのシーンをビデオで観ていた別の院生は、昨年起こった大震災、それに続く津波のことを連想したと語った。たしかに津波の威力によってすべてが押し流されてしまった町の陥没した姿を連想したとすれば、そこに「救済」を読みとることはできないだろう。むしろ自然の脅威や暴力を感じとるほうが妥当だろう。ここでもわたしは大幅に見方を変更せざるをえなかったのである。

一個の作品は現実の状況が変わることで、受け止め方も一八〇度変わってしまう。それは単なる解釈の多義性ということだろうか。わたしはそうは考えない。作品は状況の変化を十分射程に入れて創作されているからである。だから状況が変わることで、その都度、変化する現実を「映し」出すことができるのである。そこに観客はアクチュアリティを感じとる。

4……「危機」を内包する

ここで太田省吾が「危機」というものをどう捉えていたかをいくつかの発言から見ていこう。

災害や事件、天災や人災を考える時、一九九五年の阪神淡路大震災や二〇一一年の東日本大震災がまず思い起こされる。これに一九九五年の地下鉄サリン事件、そして二〇〇一年の9・11ニューヨーク世界貿易センタービル破壊事件も加えられるだろう。

こうした非常時に太田省吾は何を考え、どうコメントしたか。

阪神淡路大震災の時、太田は、直接被災したわけではなかったが、大阪の近畿大学に勤めていたこともあり、身近に感じたと語っている。それが先述した焼け跡に投げ出された時の「自己の発見」だ。

この時太田は、被災者の中にも、一切を失ったことでかえって自由と感じ、今まで気づかなかった自己を発見する「喜び」があったのではないか、と書いている。[10]

だがそのさい、「当事者でないから、そんな呑気なことを言ってられるのだ」というお叱りを受けたという。被災した者にとって、「喜び」があると言えば、やはり癇に障るのだろう。

「当事者」の体験の重みは、たしかに疑いのないものである。けれども、当事者でない者は何も言えなくなるという事態は決して健全なものではない。太田は「発見されたのは、生きものである〈私〉だと言ってよいかもしれない[11]」として、社会的な自己の死と引き換えに、生命体としての〈私〉の発見について語っている。

ここで改めて認識したのは、演劇とはそもそも「代理」の行為であるということだ。つまり事件の非当事者が当事者になり代わって、事件のあらましを語る。これが演劇の成立構造である。演じるとは他人を演じるのであって、自己をそのまま語る訳ではない。とすれば、非当事者である者の「語り口」こそ問題にしなくてはならない。そこに発生する倫理や他人への配慮という観点が生じるのだ。その点、「喜び」という言葉は少々刺激が強すぎた。

当事者は身体を持っているがゆえに、自己を語ることができにくい、という先ほどの問題も出てくる。だからこそ、かえって非当事者の他人が出来事を語る「演劇」が必要なのだろう。ここにこそ演劇の本質、代行性（Representation）がある。

非常時に太田が語ったコメントで、もう一つ記憶に残っているのは、サラエヴォの『ゴドー』批判である。旧ユーゴのボスニアでの戦争のさい、米国の批評家で演出家のスーザン・ソンタグがサラエヴォに出かけて、ベケットの『ゴドーを待ちながら』を上演した。それについて批評家がこぞって称賛したことを太田は批判しているのである。▼12

太田には、非常事態を想定して行動するのが演劇人であるという自負がある。けれども、実際に非常事態が発生した「後」になって、知識人が行動を起こすことに疑問を呈しているのだ。結局それは、自分の存在理由を証明するためではないか。またサラエヴォという極限状況で上演したからといって手放しで礼讃する批評家たちは、あまりに政治的にナイーブだろうと批判した。「いつかこういう事態が来るだろう」と無意識に備えている日本人には、太田の見解はきわめて示唆的である。

芸術家は、あらかじめ非常事態を折り込み済みで作品創造する。

だがなぜ、太田作品が「危機」を映しとってしまうのか。それは彼の方法と構えに要因があるのではないか。

5……受動的身体が映し出す危機

自分の作品についての評価で、太田が嬉しかったことは、「歴史性」を作品に見出してくれた評価だったと筆者に語ったことがある。

太田はタデウシュ・カントールの『死の教室』[13]を非常に高く評価していた。この作品はアウシュヴィッツへの批判という側面がある。カントールは若い頃、アウシュヴィッツに近いクラコフでナチスへの抵抗運動に参加した経験がこの作品の底流にあるというのだ。

一見、静謐に見えるカントールの舞台は、鋭い政治的な緊張感を孕んでいた。そう見えないのは、彼の舞台が極度に抽象化されているからだ。言い換えれば、現実をリアルに反映していないのである。カントールは現実の残骸をさらす手法をとった。舞台の上には素人の俳優と、日常的で具体的な生活の匂いのするモノばかりが溢れている。それは何かを直接的に表わすのではなく、ただモノという素材を投げ出しているだけだ。だがそうであるがゆえに、モノや人は極度に抽象度を帯びていく。ここでリアリズムの限界が想起される。現実を「再現」していく方法では、現実感を映しとることができないのだ。カントールの前衛的舞台は、こうした歴史的な文脈から生みだされたものなのである。

前衛芸術とは、その根底に、歴史批判の想像力が据えられている。抽象性を帯びるとは、現実の手触りを捨象して、その根っこにある「裸性」を抉り出すからに他ならない。

同様のことを太田作品にも見られないだろうか。例えば『小町風伝』では、太田の昭和史批判が込められていると、わたしは考えている。昭和の家庭によく見られた家父長制への揶揄と滑稽さに込められた批判、一人暮らしの老婆を取り巻く長屋住宅の持つ一種の共同体性、運動会や朝のラジオ体操といった日常的な風景の陰に隠された全体主義と紙一重の共同体主義。こうした些細な出来事の集成に、なぜ日本人がアジアへ向けて戦争を仕掛けていったのかのメンタリティが仄かに、しかもおかしみの中で暗示されている。これは一つの歴史批判と考えることができる。

太田の舞台には、ただの何気ない、日常的な「行為」が取り出されている。水を飲む、目と目を合わす、大きなバッグを背負って歩く、座りこむ、眠る。そこに従来の物語はない。装飾もない。それは人間のありさまを限りなく〈裸形〉で見ていくことである。

けれども、その行為の中に、人間はこのように生きているのだ、といった基本的な動作や身ぶりに還元される要素が潜伏している。そこから太田は演劇をこう規定する。

> 劇という表現が、他の表現と分かれるところは、そこに生きた人間がいるという直接的事実を前提とする表現だというところである。そこに人間がいるということは、生命存在、意識存在がいるということであり、要約のきかない面をもった者、概念化からはみ出す者、多義性をもった者がいるということである。▼14

丸腰の人間がそこに投げ出されている。彼は何かを演じるわけではない。何も伝達するわけでもない。ただそこにポツンといるにすぎない。だからこそ、われわれはその場面や行為に、自由に意味づけを行なうことができる。白いキャンバスに自由に彩色を施すことが可能になるのだ。

身体とはそもそも「受動的」なものではないかと太田は考える。俳優が何かを伝達＝表現するとは、比喩的に言えば、俳優が一歩「前に出ること」である。それを拒否すること、つまり後ろへ引くこと。そこに太田の表現の核がある。後方へ引いて他人の視線を浴び、他人つまり観客の視線を引き出す。あるいは、解読しようとする観客の意志の前にすすんで身を投げ出す。太田劇が時代の相を映しとることを可能としているのは、こうした表現の構えがあるからではないか。現実との緊張を身体に引き込む。それは「危機」を内在させた身体と言えるだろう。

太田はこう語っている。

> 〈伝達〉ではたしかに能動が力である。しかし、〈表現〉では必ずしもそうではない。むろん、ふつう力とは前の方向への力のことだ。しかし、よい表現に触れる時、わたしたちは、前の方への力とは違った力を感じないだろうか。〔……〕〈表現〉に触れるとはこの力に触れることだ。とすると、〈伝達〉では能動の力だが、〈表現〉では受動が力だと言えないだろうか。[15]

こうした「受動的身体」の究極は、「何もやらない」「何も演じない」ことに行き着くだろう。「沈黙」とはそういう段階で生み出されたものである。われわれはそうした「まっさらな身体」にこそ、今の時代感覚をより強烈に投影してしまうのだ。太田作品を再見し、太田発言を呼び出したいと思うのは、この時代が危機的状況にあり、それを強烈に呼び覚ましてくれるからに他ならない。

6……最後に――3・11を太田はどう考えただろうか

最後に〈3・11以後〉の状況を太田省吾ならどう考えるだろうかで締め括ろう。

太田の事実上の最後のエッセイ集のタイトルは『なにもかもなくしてみる』である。これは宮沢賢治の詩からとられたもので、『更地』の台詞にも使われている。

『更地』は劇の終盤、舞台の上には、家財道具が乱雑に並べられている。そこへ「なにもかもなくしてみるんだよ」という台詞を合図に、男優が奥から取り出した巨大な白い布で舞台を覆い尽くしてしまう。アッと息を飲むシーンである。白い布はすべての過去をリセットし、清算してしまう。と同時に、ここから新しい生活が始まるのだと予感させる「希望」があった。このシーンを今、津波に呑みこまれた光景にしたくはない。そうではなく、ここから何かを始める予兆を探りたいのだ。

大震災の後、誰もが「何をなすべきか」を問うようになった。日本が一つになり、被災地に勇気や激励を届けようという政府レベルから、演劇に何ができるか、批評家や研究者に何ができるかといった演劇内部の問いかけに至るまで、実にさまざまな行動があった。だがそれは、サラエヴォで『ゴドー』を上演したソンタグのように、自己の存在証明を求めることにならなかっただろうか。被災者にとって果たして、その行為は役に立ったのか。

そこで「なにもかもなくしてみる」である。

太田の演劇観は、次々と選択肢を捨てていく「引き算」の方法である。そこでどこまで捨てられるか。

太田ならば、宮沢賢治から、こういう言葉を引き出してくるのではないだろうか。

「人はどういうことがしないでいられないだろう」か、と。この問いの立て方を太田は、「なすべき－なすべきでない」という正－反の選択を超えた問いだと言っている。「なすべきか」が能動的な問いだとしたら、「しないでいられない」とは受動の問いである。どこまでも後退していって、「やらなくていいことをやらない」を探っていく。前傾姿勢にならず、どこまでも後ろに身を引き、どっしりと構えていく。

この受動性の構えの中に演劇的思考が宿っている。演劇には強靭な思考の構造があるのだと太田は考えたのだろう。それが〈3・11〉をも含む「災害」に対する、演劇側からの回答ではないだろうか。

わたしが太田省吾から受け止めたのは、こうした演劇に対する「信」である。

▼1 公開フォーラム「震災後の演劇を語る」は、二〇一一年五月八日、世田谷パブリックシアター・セミナールームにて開催。パネリストは、石川裕人(劇作家、OCT/PASS)、永井愛(劇作家、二兎社)、内田洋一(演劇評論家、日本経済新聞)、西堂行人。
「PAW東北復興Week――演劇に出来ること」は、二〇一一年九月二五日、横浜相鉄本多劇場で開催。パネリストは、倉持裕(盛岡・架空の劇団)、鈴木拓(仙台・ARCT)、大信ペリカン(福島・満塁鳥王一座)、大西一郎(日本演出者協会)、柾木博行(シアターアーツ)、西堂行人。

なお「震災後の演劇を考える」は『シアターアーツ』(四七号・2011年夏号、八~三三頁)に掲載。
▼2 「老いの意味について」(一九七八年)、『プロセス』而立書房、二〇〇六年、二一一頁。
▼3 「震災に何をみるのか」(一九九五年)、『なにもかもなくしてみる』五柳書院、二〇〇五年、九〇~九五頁。
▼4 「劇における〈身体の意味〉」、前掲『プロセス』、一八四頁。
▼5 同。
▼6 「『水の駅』の台本について」、『劇の希望』筑摩書房、一九八八年、九〇頁。
▼7 「ゴジラと『更地』」、前掲『なにもかもなくしてみる』、八五~八九頁。
▼8 ベルリンでの公演の時のタイトルは『風の駅(Wind)』だった。これは転形劇場解散の最終公演となった『風の駅』の新バージョンだったと考えることができる。この舞台は必ずしも成功したものではなかったが、その先を考えていた時、不意に「砂」が浮かんできたのではないか、そうわたしは推測している。
▼9 拙著『劇的クロニクル』論創社、二〇〇六年、三二二頁。

▼10　前掲『なにもかもなくしてみる』、一六〇頁。
▼11　同。
▼12　「阪神大震災と演劇」、『シアターアーツ』四号、晩成書房、一九九六年一月、一三九頁。
▼13　タデウシュ・カントールは、一九一五年、ポーランドのクラコフ近郊に生まれた世界的な演出家。一九九〇年没。『死の教室』は一九七六年に彼が主宰する〈クリコット２〉で初演された。その後、世界中で上演され、高い評価をえた。日本では一九八二年、利賀フェスティバルに招聘され、その後、パルコパートⅡで上演された。
▼14　「劇の方法」、前掲『プロセス』、三三四頁。
▼15　「受動の力／フィクションの力」、前掲『プロセス』、三三九頁。

〔付記〕

本稿は、二〇一一年一二月四日、早稲田大学における「日本演劇学会研究集会」（テーマは「災害と演劇」）にて発表され、さらに二〇一二年五月一一日、釜山国際演劇祭のシンポジウム「アジア演劇の現代」にて、加筆して発表した原稿をもとにしている。なお、このシンポジウムは韓国から高勝吉（演劇学、中央大学名誉教授）、李潤澤（演出家、演戯団コリペ代表）、日本側から平田オリザ（劇作家、青年団代表）と筆者が参加。発表の後、質疑応答が行なわれた。

（二〇一二年）

第5章 太田省吾の仕事

1……はじめに

劇作家・演出家の太田省吾さんが本年（二〇〇七年）七月一三日、午後五時一〇分、都内の病院で亡くなられた。享年六七歳だった。昨年末に末期の肺癌と診断され、八ヵ月の闘病生活を経て、ついに帰らぬ人となった。あまりにも「早すぎる死」に誰もが言葉を失なった。太田の不在によって、彼がどれだけ貴重な仕事をし、大切なポジションにいたかを改めて知らされる思いである。今稿では、太田省吾の仕事を今一度振り返り、その意義について考えてみたい。

早いもので、転形劇場が解散してから、来年でちょうど二〇年になる。この劇団の活動歴は二〇年だから、活動期間と解散後の時間がほぼ同年ということだ。改めて、時の流れの早さを痛感するとともに、今でも解散の席上での太田の苦い言葉が甦ってくる。「今の日本は機嫌のいい芸能ばかりが栄え、芸術は壊滅状態にある」と。バブル経済の真っ盛り、文化振興基金など助成金が始まる以前の時期だった。

あの頃から時代も状況もずいぶん変わった。小劇団による公演活動が当たり前だった時代から、公共劇場ができ、行政が税金を使って演劇活動を支援することも例外的なことではなくなった。それどころか、現在においては、助成金なしの活動はありえなくなってしまった感さえある。こんな時期に太田省吾と転形劇場の解散はどんな意味を持っているのか。単に歴史が変わっただけなのか。もしかすると、もっと大きな何かが変質してしまったのではないか。

寡黙でありながら着々と歩み続けた太田省吾の仕事は今こそ丁寧に検証し、後世に引き継ぐ必要がある。

2……四つの時期と初期の『小町風伝』の成功

ここで太田省吾の演劇の歴史を便宜上、四つの時期に分けてみる。

第一期は、初期転形劇場の時代。一連の〈老態シリーズ〉で知られ、一九七七年『小町風伝』で一挙に飛躍した。これに続く第二期は、『水の駅』に始まる〈沈黙劇〉を志向していた時期。この期は〈駅シリーズ〉を経て解散に至る、もっとも劇団が充実した時に当たるだろう。第三期は劇団解散後、湘南台市民シアターの芸術参与の職に就き、公共劇場に関わり始めた期に相当する。そして第四期は、九四年以降、大学教育や劇作家協会などさまざまな制度に関わるようになり、新しいビジョンに向かって始動しつつあった最後の時期である。

転形劇場は一九六八年、演出家の程島武夫を中心に結成された。太田省吾はこの劇団の創立に関わったが、必ずしも主宰者ではなかった。程島はリアリズム演劇の信奉者であり、当初は舞台芸術学院出身者で固められていた。ここで品川徹らに出会う。年少の太田は自作の戯曲を程島に読ませ、上演を希望したが、これは自分には理解できないから、あなたが自分で演出したら、という提案で、太田省吾は演出家としてデビューすることになった。この時の戯曲は『乗合自動車の上の九つの情景』で、公的な彼の処女作に当たる。

この上演をきっかけに、程島は劇団の主宰から降り、以後、太田省吾が劇団主宰者になった。平和な交替劇であったという。[1] 以後、赤坂に転形劇場工房という小さな稽古場兼スタジオを持ち活動を開始した。

転形劇場としてはこの後、一九七六年までに一〇本の新作を発表しているが、当時学生だったわたしはまだ観ていない。一九七七年、矢来能楽堂で上演された『小町風伝』はこの劇団にとっても、また太田にとっても格別の意味を持ったものだった。この作品に至るプロセスは、同世代の華々しい活躍とは別に、地味で目立たなかったと言えるだろう。同じ前衛劇を推進する早稲田小劇場の鈴木忠志はすでに小劇場の代表格となり、同じアングラの旗手たち、唐十郎、寺山修司、佐藤信らもすでに一仕事を終えているといった感があった。彼らに比べると、これまでの太田と転形劇場の歩みはいかにも遅く、いつ解散してもおかしくなかったという。

この間の太田の仕事で特筆すべきは、初めての演劇論集『飛翔と懸垂』が而立書房から刊行されたことだろう（一九七五年）。戯曲集より先に演劇論が刊行されることは、やはり演劇家としての彼の独特の性格を物語っている。彼は典型的な理論家タイプだったのである。その彼が解散を覚悟して「最後の舞台」として提出したのが『小町風伝』だった。

能舞台で上演された『小町風伝』は、一種の〝事件〟だった。饒舌で笑いがふんだんに溢れていた当時の小劇場にあって、この舞台はそれと対極にあるものだった。ちなみにわたしが転形劇場の舞台に初めて接したのもこの舞台だった。エリック・サティやヴィヴァルディの静謐な曲調とともに開始される舞台は、俗なる市井劇と聖なる想念が交錯する、格調の高い舞台だった。ほとんど言葉を発しない老婆は想念の中では絶世の美女・小町である。だが彼女を取り巻く環境はそれをことごとく裏切っていく。そのズレはユーモラスでさえあり、独特の諧調を持つものだった。

太田らが背水の陣で臨んだこの作品は大成功した。その成功の要因はまず第一に、劇場に能楽堂を使ったことが挙げられる。特異な空間が、通常現代劇にはありえない歴史と現在の相互に照射し合う批評的な関係を芽生えさせた。第二に、スローモーションを演技の基底に据え、時間を限りなく遅回しにしたこと、その徹底度によって、単調で退屈とも思われる時間性が驚くほど充実した濃密さを獲得したのである。老婆の設定は、一八年間にたった三言しか喋らないというものだが、当初、老婆のセリフはモノローグの形で書かれていた。だがこのセリフを上演の直前にすべてカットしたという。六〇〇年の歴史を持つ能舞台を前にした時、日常の会話はあまりに脆弱すぎて、舞台の側から「蹴られた」ように感じたからだという。だが言葉を発しない代わりに、かえって語られない言葉が観客の「耳に届く」という逆転が起こった。まさに奇蹟が生じたのである。

こうして言葉と身体を徹底して探った先に、太田省吾と転形劇場はとてつもない鉱脈を掘り当てた。この戯曲は活字になり、同年度の第二二回岸田國士戯曲賞を受賞した。

『小町風伝』の実験は、太田と転形劇場独自の境地を開拓したと言っていい。能のテクストを底本に、それを見事に「現代演劇」へ転生せしめたのである。三島由紀夫が『近代能楽集』で試みたのは、あくまで言葉レベルでの「近代化」だった。だが太田はそれを舞台の文法全般にまで昇華させ、身体の演技も含めて総合的なものへと転化させたと言えるだろう。まさにここで「伝統」と「前衛」が出会ったのである。

六〇年代・七〇年代の前衛は、寺山修司や鈴木忠志に代表された。寺山はシュルレアリスムなど二〇世紀の西欧の前衛理論を駆使し、そこに「東北」という土俗を持ちこんだ。

鈴木は民衆の抑圧された意識を発条《ばね》に、近代性に覆い隠された日本文化の底流に光を当てた。テクストを解体した独特のコラージュ手法によってギリシアの悲劇もシェイクスピアの古典も、応用可能にしてみせた。この両者に比べると、太田の実験はずいぶん異なったものに映し出される。日本の文化的基層を発条にすることは同様だが、太田の場合は、つねに演劇の中心線からはずれていくことを志向し、「普遍性」を疑うところから出発しているからだ。そのために彼はつねに方法を改め、新たな劇を発明していく、きわめて危うい独立漂流の冒険を強いられたのである。

3……八〇年代に開花した前衛

八〇年代演劇を特徴づけたのは、野田秀樹や鴻上尚史らによって代表される「小劇場」の圧倒的な隆盛である。小気味よいセリフ回し、速度感のある物語展開、ダンスや音楽を駆使した場面転換の華やかさ。それはバブル時代の気分に見合った傾向だったと今なら総括できる。この時代にあって、太田省吾はその対極的な存在だった。彼は饒舌で多弁な時代に、あえて寡黙で静謐な舞台をつくり続けた。その出発点である『水の駅』(一九八一年)は完全な「沈黙劇」である。

深夜の、とある公園。壊れた蛇口から水が絶え間なく流れている。そこに寄り添うようにして集まってくる人々。そこで営まれる深夜の行為。

太田は「沈黙劇」について、言葉がないことが重要なのではなく、むしろ動きを緩慢にしていくことのほうが肝腎なのだと言っている。人間の動きを極度にスローにしていくと、ついに言葉が沈黙に到り着いてしまう。あらかじめ「沈黙」という結果があるのではない。ゆっくり緩慢にしていくプロセスが結果として「沈黙」に行き着くのだ。だから太田劇の「沈黙」は言葉の放棄ではなく、むしろ語り尽くせないくらい多くの言葉が語られていると考えるべきだろう。

太田は従来の速度を少し変えるだけで、見えてくる風景が違うことに着目する。目を凝らして見た時に、これまで見えなかったものが視界に入ってくる。ちょうどそれは〈図〉と〈地〉の関係に似ている。わたしたちの目には、通常、目立った部分しか見えない。その背後の地は見なくていいことにしている。しかし、本来、目は〈地〉も〈図〉も均等に見ているはずだ。だがそれを知覚する意識作用が両者を峻別する。これは目の意識の問題であり、それを要請する文化の問題だ。隠蔽する幕を外すこと、そこに彼が向かう芸術がある。

言い換えれば、太田の演劇論の根底には、人間を原型の状態に還元していこうとする思考が孕まれている。彼の著作にならえば、それは「裸形」ということになろう。動きを緩慢にし、言葉がついに「沈黙」にたどり着くとは、すなわち人間の始原状態への回帰である。「老い」もまた同じ文脈から捉え直すことができる。

> 私が〈老い〉ということにこだわり、それを問うている問い方は、人間を〈裸形〉においてとらえようとする一つの方策です。あるいはこういった方がいいでしょうか。時間的に有限性という私たちの宿命を集約点にして、人間の〈裸形〉をとらえようとする考えの道筋が〈老い〉という問題へ向かわせるのだ、と。
>
> （『裸形の劇場』而立書房、一九八〇年、一二四頁）

以後、この方法がさらに研ぎ澄まされていった先に〈駅〉シリーズが誕生した。大谷石の石切り場を舞台にした『地の駅』、何もない砂の山を登り続ける人間模様を扱った『風の駅』、これに『水の駅』を含めた三部作が一連の〈駅〉シリーズを構成する。〈駅〉とは人間の営みを一時休止する中間地点だ。人はそこにたどり着き、ホッと一息つき、それまでの労働に一区切りをつける。そこで行動や行為は、一旦ゼロ地点に戻る。言ってみれば、〈駅〉とは人間の意志や作為が解かれた、丸腰の、もっとも原初的な姿が立ち現われてくる場なのだ。こうした状態をもっとも的確に表現した言葉が「裸形」だろう。この言葉は同時に彼の演劇思想を凝縮したものでもある。一枚ずつ衣服を脱ぎ捨て裸に近づくことで、次第に人間の本質が浮かび上がってくる。

この思考を演劇論にまで昇華させたのがポーランドの「演劇実験室」のイェジュイ・グロトフスキだ。彼は「[それがなければ]演劇が存在できないものはなにかということが問われなければなりません」と言い、演劇から一つずつ要素を削り落としていく。すなわち、衣裳、装置、伴奏音楽、照明効果などなど。そして戯曲までも消去するのである。「演劇芸術の展開において、戯曲は最後につけ加えられた要素のひとつでした」(グロトフスキ『実験演劇論』テアトロ社、一九七一年、六三〜六四頁)。そして演劇の諸要素を「引き算」していき、最後に残ったのが俳優と観客であると締め括るのだ。

六〇年代演劇のバイブルともなったグロトフスキの演劇思想と、もっともよく響き合うのが太田だったと言えよう。彼が初めて海外公演を行なったのもポーランドであり(一九七五年)、その後、いく度も訪れているが、グロトフスキを生んだポーランドの文化風土にどこか彼の中で親近感があったのだろう。

徹底した方法意識に貫かれた作品群が騒然とした一九八〇年代のさ中で生まれたことは、驚くべきことである。太田は六〇年代のアングラ第一世代に属するが、彼の仕事が開花し、注目を集めるようになったのは八〇年代になってからである。『水の駅』は世界各地で上演され、劇団の代表作として一九八〇年代の記念碑的舞台ともなった。「遅れてきた前衛」のスタイルは、価値観の流動が激しかった六〇〜七〇年代には似つかわしくなく、「内省」の時間を要したのだろう。

また一九八五年から三年間、練馬区の氷川台にＴ２スタジオという中劇場を開設した。この劇場で〈駅〉シリーズの熟成を見たわけだが、皮肉なことに、経済的負担などもあって、八八年に劇団は解散した。

4……公共性と制度の中で

太田省吾は、作品を発表するのみならず、つねに理論化をはかってきた稀有な演出家である。彼はエッセイを「身辺雑記風随筆とは違う。試論という含意のある〈エッセイ〉である」（『なにもかもなくしてみる』五柳書院、二〇〇五年、二三五頁）と定義している。つまり思考実験の言説化なのだ。このエッセイによって、彼自身の演劇に対する思考の軌跡が綴られ、演劇論集は七冊を数えた。

なぜ彼はエッセイを書かねばならなかったのか。彼にとって舞台の創作活動は自己に対する一種の「問い」だとすれば、その問いに応えることが他ならぬエッセイなのだ。それは一見個人的なものに映るが、そうであるがゆえに、彼のエッセイはその時代の底流にある無意識を浮上させる。時代の趨勢と無縁であるかのように思われる太田省吾の歩みは、実は時代を逆照射しているのだ。

ところで太田の創作態度は、転形劇場解散後、微妙に変わってきたように思われる。劇団に立てこもり、自作を集団内部で黙々とつくり続けた環境とは異なった場所へ彼自身が出ていったからである。一九九〇年、湘南台市民シアターの事実上の芸術監督を引き受けるようになってから、彼の仕事は明らかに変わった。この劇場で、彼は年一本の自作の新作と、いくつかのプロデュース公演を行なった。彼がつくったプログラムのラインナップを見ると、彼の審美眼がうかがえる。彼がプロデュースした公演のリストは、維新派、ダムタイプ、MODE、青年団、遊園地再生事業団、岸田理生カンパニー、プロジェクト・ナビ、新宿梁山泊らの演劇、これに大野一雄や勅使川原三郎、田中泯、笠井叡といったダンス。当時彼が考えていた先進的なカンパニーがずらりと並び、ここに日本の「前衛」が勢揃いした感があった。まさに日本の「演劇知」が結集したのである。幅広いレパートリーと言うよりは、独特の狭まりを追求する。それが太田ディレクションなのだ。

少ない資金をやり繰りしながら、これだけのレパートリーを組んだことは、彼のオルガナイザーとしての腕の良さを表わしている。実務能力にも長けたものがあった。この劇場で彼は一〇年間、芸術監督を務め、その最後の企画が、一九九九年秋から二〇〇〇年春にかけて、「日本の演劇 1909－1999」と題するシンポジウムだった。新劇の始まりを自由劇場の創設時に求め、以後、築地小劇場の実験、戦争下の演劇、戦後民主主義と新劇の隆盛、アングラの誕生と八〇年代の小劇場、こういったテーマを軸に、毎月一回、四ヵ月にわたってビデオ上映とシンポジウムが行なわれた。わたしも微力ながら、この企画の末席に座らせてもらったが、井上ひさし、別役実、唐十郎（ビデオ出演）、如月小春ら実践者と大笹吉雄、扇田昭彦、小森陽一ら批評家らが同席し、日本演劇史上に残るシンポジウムが開催されたのである。

演劇史を総括するという試み自体、実践家では通常ありえない企画である。こうした企画は彼が公共劇場の「使命」を考慮した中から生まれたものだろう。個人の芸術家では要求されない地点へ、彼はすすんで出ていった証である。

こうしたディレクションは芸術監督が単にプログラムを組むだけでなく、劇場自身の方向性の針路を指し示す（ディレクト）ことが責務であることを教えている。その任を太田は見事に果たしたと言うべきだろう。

5……芸術論の達成

ここで劇場のディレクターのもう一つの仕事、演出家としての成果について、とくに印象深い二本の舞台について論じてみよう。

その一本は『更地』である。岸田今日子、瀬川哲也という今や故人となってしまった名優が演じる二人芝居は、〈沈黙劇〉の劇作家がセリフ劇の達人であることも裏書きしている。

中年夫婦がかつて住んでいた土地を訪れる。が、もはや家は取り壊され、更地になってしまった。折しもバブル経済は、都市空間に穴を空けるようにポッカリと空地をあちこちに出現させた。長年住んできた家を手放し、新築が立ち上がる前の束の間の時間、都会には櫛の歯が抜けるように奇妙な光景が生まれた。かつての住居を見にきた彼らは感傷に浸りながら、名もない人々が一〇〇年間かけてつくり上げてきた町を、資本と経済効率がブルドーザーのように踏み荒らしていくさまを見てとる。太田はそれを、怪獣ゴジラが東京を踏み潰していった光景と重ね合わす。ここには彼特有の文明批判がこめられている。

だがこの劇では、終盤、場面が一変する。奥から持ち出された白い巨大な幕で、舞台全面を覆ってしまうのだ。それまでの夫婦の葛藤、子供をめぐる諍い、言ってみれば生活世界の些事が一挙に幕＝シーツの下に隠れ、彼らはそれまでの時間をリセットしてしまった。そこから始まるものは何か。ここから瑞々しい言葉が生まれた。白いキャンバスの上で、太田は詩のような美しい言葉を書いたのである。球形劇場という天体を思わせる湘南台市民シアターの空間の中で、宇宙感覚に包まれた人間がどのような言葉を持つのか、太田ははっきりとその回答を舞台の上で証明した。太田は明らかに、違う次元に一歩踏み出したのである。

もう一本は、『砂の駅』である。

この作品の原型になったのは、ベルリンで制作された『風の駅（Wind）』である。一九九二年にドイツで上演された舞台は、一年後、ブラッシュアップされて日本で「再演」された。しかしその時、劇場に合わせることで、まったく異なったものに仕上がった。

何組かの男女の取り立てて何の変哲もない生活の断片を、多国籍の俳優やダンサーが演じていく。文化も習俗も異なるアクターたちに「無言」で舞台を立つことをどうやって規則化するか。稽古の大半は、その約束事をいかに徹底するかに費やされたという。こうして異文化コミュニケーションの極致のような作品が誕生した。

この舞台でも終盤、驚くような演出が施された。一面敷き詰められた砂の地から水が湧きだし、それはやがて全面を覆い尽くしてしまったからである。すると、そこには不思議な力が沸いてきて、それまでの諍いを浄化していったのである。

転形劇場解散後、太田が初めて手がけた作品が『風の駅（Wind）』である。これは劇団最後から二番目の作品『風の駅』を明瞭に踏まえたものだ。砂山を登り降りするだけの行為が延々と綴られる舞台は、沈黙劇の最後の作品であると同時に〈駅〉シリーズの最終作品でもある。ここには『水の駅』にあった象徴性や物語はない。「初め」も「終わり」もない「中間」の時間。発端も結末もないドラマ性が一切排除された中で、演劇はいかにして可能か。『風の駅』はそれを問いかけた転形劇場時代の野心作だった。

ところで球形劇場の空間とは、始まりが終わりと繋がるメビウスの環のような円環する時空間の暗喩である。つまりすべてが「中間の時間」なのだ。『砂の駅』は『風の駅』を発展させ、それを対面形式でなく俯瞰する環境空間の中で包み込んだ。見事な芸術的展開である。

だがなぜ、「中間」性に行き着いたのだろう。なぜそれにこだわろうとしたのか。二〇年前のわたしは、この狙いのとば口にたどり着いたものの、その確信にまでは到らなかった。しかし最近ある本を読んで、それが解けた気がした。

尺八の作曲家で演奏家の中村明一著『「密息」で身体が変わる』(新潮新書、二〇〇六年)の中で、

「フォーカスイン／アウト」という言葉が出てくる。彼は「密息」という古来から日本に伝わる呼吸法を、自らの尺八演奏に取り入れ、画期的な身体技法を提唱する前衛芸術家だ。中村は日本庭園の美に関して、なぜそれが日本人に受け容れられるのかを分析する。そこに西欧の美学の基本である「遠近法」とは異なる日本独自の美学を発見する。「遠近法というのは、近くにあるものが遠くのものに比して相対的に大きく見える――その絵の中の主従を決めるものと考えることができます。しかし、自在にフォーカスイン／フォーカスアウトできるのであれば、主従を決めない方が、より自由度が増したのではないでしょうか」(二二四〜二二五頁)。一つの視点ではなく、複数の視点を自在に切り換えながら一つの場面を見ることができれば、ドラマ性や物語といった中心を持たない『風の駅』においても、観客は自由に舞台に接することが可能なはずだ。そしてそれを「呼吸法」として身に付けている日本人の観客は、中間性を苦もなく受け容れられる。太田はそれを前提に作品をつくっていたのではないか。微細なチェンジを自在に使いこなす日本人の身体性＝密息が前提となっていたとすれば、太田の芸術論は、日本文化というローカリティに深く根ざしながら抽出されたものだと考えられる。それが西洋でもビオラのような中間音を出す楽器に着目し、晴れの日より曇りの日のほうに惹かれていく太田自身の性向とも重なってくるのだ。

観客の見ることとの自由のために、なるべくならメッセージを与えず、素材そのものを提示する彼の舞台技法は、自在に目を切り換えていく観客の「協力」をえて、初めて可能になってくる。そこに太田省吾が作品を「開いて」いったのだと言えよう。

6……演劇教育の最前線で

太田省吾はつねに自作を書き、演出した。だが彼は、劇作が先行するのか、演出家の目がテクストを要請するのか、そこに煩悶していた時期がある。また戯曲を書くことに魅力が感じられなくなったと告白したこともあった。彼にとって戯曲とは、私世界を舞台に開陳するものでしかなく、しかも手触りたしかな「リアル」な世界を再現することによって、かえって演劇が「狭く」なっていくことを危惧するのだ。

アングラ・小劇場に出自を持つ演劇作家たちは、自らテクストを書くことから出発した。

だが太田はある時期から、そこに懐疑を抱くようになった。劇作家から演出家に自らの仕事の比重を移すように考えたのも、それが理由である。[2] 実は、この点に関して、彼が大学という場で「教育」に携わるようになったことが関わっているのではないかとわたしは考えている。

アングラは「素人」が「徒手空拳」で演劇を開始したことに意義があった。それは歴史的な必然性があったのだが、アングラの達成と限界は、実は八〇年代に露呈し、九〇年代に入ると、いよいよマイナスの部分がはっきりしてきた。「素人」性に依拠し、非-知を装うことは、もはや「方法」ではなくなり、八〇年代以降の小劇場は、文字通り「無知化」してしまったからだ。この芸能化が無自覚に進行していくことと、太田が大学という場に出会うことは、ほぼ同時だった。

大学は「教育」の場である。しかし実際の現場でそれは果たして十全に機能していたと言えるだろうか。

太田は一九九四年から九九年まで五年間、近畿大学の演劇・芸能専攻（現・舞台芸術専攻）で教授を務めた（わたしは最後の一年間、太田とご一緒した）。すでに現行のシステムでは演劇教育は不可能ではないかと彼は考えていたように思える。その間、京都造形芸術大学から、新専攻立ち上げの企画が持ちこまれ、彼はカリキュラム作成から教員採用の人事権、入試のやり方、研究所の創設まで自由な裁量を揮える権限を与えられた。そこで彼は新たなプログラムを組むことで、二〇〇〇年に「舞台芸術・映像学科」を出立させた。だが太田はここである種の困難さに遭遇したのではないか。

ここから私見を交えながら書いてみる。

幼少時から芸術に触れる経験の少ない日本では、いきなり大学から専門教育を行なうことに無理がある。基礎のないところに高度な教育を施すことは、ややもすれば「洗脳」になりかねない。とくに実習にはその傾向が強い。日本にはこれと言った演技教育のスタンダードがないから、結局教師は自己流でやるしかない。新劇隆盛の時期にはまだしもスタニスラフスキー・システムが基軸になりえていたが、近年、小劇場系の実践家が教育現場に入るにつれ、それは崩れた。その結果どうなったか。「混乱」と言うより、まだ整備ができていない過渡期であるというのが実情だろう。

大学における教育の困難さ、不可能性は、同時に現代演劇が直面しているそれと等価である。その一つは、演劇教育以前の「教養」、バックグラウンドがあまりに脆弱であること、高等教育を実践するのは、基礎＝土台がなくてはならない。それが心許ないのである。次に、幸いにして演劇教育が四年間で身に付いたとして、では卒業後、活動を持続していけるか。これは「就職」の問題でもある。演劇の下部構造は、太田たちが演劇活動を始めた四〇年前と大して変わっていない。そのことに「教師」として心を痛めた。若い学生や卒業生に劇団をつくって頑張れ、ということにためらいと良心の咎を覚えない教師はいないだろう。しかし、普通の就職をする学生のための「演劇教育」なら、何も専門家がやらなくてもいい。こうした自己矛盾に陥る。

さらに——これが決定的だと思われるが——芸能界の下請けと化してしまった小劇場に果たして希望はあるのか。そもそも現代演劇とは（あるいは六〇年代の演劇革命とは、と言い換えてもいい）人間の思考を探求するためのものであり、現状を批判し、制度を変革し、社会の仕組み自体を更新していくことに目的があった。なのに、旧態依然たる芸能界に人材を送りこむ産学協同にどんな意味があるのか。演劇教育の現場に携わる者は等しくこの問題に躓かざるをえない。

大学側も、伝統芸能や古典ならともかく、前衛芸術や実験演劇にどれだけ理解を示し、バックアップしてくれたろうか。それもかなり厳しい現実が待ち受けていたのではないか。太田が取り組んだ大学における「演劇教育」とはかくの如しだったろうと思われる。

もっとも九〇年代の半ばに太田が大学に迎えられて以来、多くの演劇人が大学に招聘され、実際に教鞭をとるようになった。これは「食えない演劇人」の就職先としては利があったが、果たして教育現場に何かをもたらしたろうか。折しも、新国立劇場にも俳優養成の仕組みができつつある。アングラの無手勝流は、才能のある個人を大きく羽撃かせることに成功したが、それが誰にも等しく開かれた、近代的な意味での「教育体勢」を形成したかと言えば、疑問がある。その過渡期の中で、太田はいわばパイオニア的存在として開拓途上だったのである。

二〇〇七年三月、太田は京都造形芸術大学を退官した。ようやく激務とストレスから解放された矢先に、帰らぬ人となってしまったことは返す返すも理不尽の一語に尽きる。太田にとって二〇〇〇年代とは何だったのか。そのことを清算してみると、表現者としては負債が大きかったと言わざるをえない。

7……最後まで前衛を担った演劇人

太田省吾の演劇思想は、前衛劇によって世界性を獲得した。『水の駅』は世界二四都市で上演され、「沈黙劇」というスタイルを世界に発信した。しかし彼はいわゆる「コスモポリタン」という意味で「世界的」であったわけではない。太田は一九六八年から八八年の解散まで転形劇場という運動体とともにあったこと、そこを基盤に独自の思考を掘り進めていたことをつねに知っておくべきである。つまり太田省吾という「芸術家」が個人でこれらのスタイルを生んだわけではなく、あくまで転形劇場という集団があってこそ、これらの演劇思想が獲得されたのだ。八八年に劇団は解散したが、その後、『水の駅－2』『同－3』は九五年と九八年に連作され、旧劇団員メンバーが主要部分を担った。二〇〇三年に新国立劇場で上演された『↗ヤジルシ～誘われて』も同様である。つまりここ二〇年近くの間、転形劇場という「劇団」はなくなったが、太田を軸に気心の知れた「演劇コミュニティ」は持続していたのである。スタッフを見れば、それは一目瞭然だ。この持続する意志こそが、小劇場演劇の生んだ貴重な財産なのである。

バブルの最盛期に転形劇場は解散した。それは公共劇場が誕生する前夜であり、文化振興基金が設立させる直前だった。もしこの数年を彼らが持ち堪えていれば、まったく違った展開がありえたかもしれない。もちろんそれは、言っても詮方ないことである。だが九〇年代以降、「機嫌のいい芸能」が転換を余儀なくされ、いくぶんでも芸術的な志向が生まれてきたことを考えてみると、彼はこの消長をどう見ていたのだろうか。

大杉漣は映画界に進出してスターになり、品川徹は舞台俳優や映像でも名脇役として活躍している。安藤朋子はARICAを組織し、味わい深いパフォーマンスを展開した。鈴木理江子は斬新なベケット劇を「スリーポイント」で発表している。各自が「個」に戻りながら、太田カンパニーは帰ってくる「母体」として機能した。これもまた一つの持続の形態なのだろう。

『なにもかもなくしてみる』とは太田の実質的な最後のエッセイ集の題名である。『更地』の台詞の一節からとられたこの言葉は、太田の考え方をよく表わしている。社会的な装飾の一切を外してみると、いったい何が残るのか。それこそ人間が生きてきた証ではないか。無名の、ひっそりとした人々の、誰にも省みられることのない行為。それを愛しむように掬い上げる手つきに、太田省吾の芸術家としての人生があったのではないか。

最後に太田省吾の人柄に触れておきたい。『毎日新聞』に書いた追悼文から一部引用させてもらう。

太田氏には「孤高の芸術家」というイメージが付きまとう。だが実際の彼は、つねに集団と現場の仲間を大切にする「俗世の達人」だった。演劇という表現には集団性が基盤にあることを彼は知り抜いていたのだ。だから舞台関係者で彼ほど信頼と尊敬を集めていた人はいなかったと言っていいか。

（二〇〇七年七月二五日付）

太田省吾には「尊敬」という言葉がもっともよく似合う。演劇人に「愛すべき」者は数多くいる。だが太田には、風格といい、人柄といい、どこか別格の「大人《たいじん》」の趣きが漂うのである。

▼1　『戦後新劇——演出家の仕事②』（日本演出家協会編、れんが書房新社、二〇〇七年）での太田省吾論文「演出

家・程島武夫」（二三八〜二四六頁）を参照。

▼2　太田が他の劇作家の戯曲を演出したのは、二〇〇四年のヨン・フォッセ作『誰か、来る』と二〇〇六年のベケット作『ある夜』のみである。

（二〇〇七年）

第Ⅳ部

太田省吾の闘い

転形劇場解散後の活動

『更地』公演で訪れたポーランドにて（1997年）

第1章 不機嫌な時代を乗り切るために

1……メディア時代の演劇

演劇についての輪郭が実に手触りにくくなってきた。演劇に関して書いたり発言したりすることは、何らかの有効性を持つのだろうか。言葉が確実に誰かへ届けられているという手応えを感じるのは、ことの他むずかしい。

おそらく、この感触は、劇現場にも等しく当てはまることではないか。いったい誰のために芝居をやっていて、観客はどのようにそれを受けとめているのか。演劇活動を積み重ねていくにつれて、そうした茫洋たる穴に誰もがはまりこんでしまって容易に脱け出すことができない。

批評は読者を見出すことができず、同様に劇現場も手渡される表現の受け手が明視できないとしたら、演劇は両者の間に広がる深々とした闇に陥没していることになる。その架橋は個々人の力量をもってしても遠く及ばず、文化や芸術を海綿状の如くくるみこんだ大きな装置が、やみくもに消費への途に雪崩れこませているといったところだろうか。太田省吾の言を借りればそれこそが「不機嫌な」文化が直面している現実なのである。こうした時代に機嫌よく芸能などやれる者がいるとしたら、それは時代の上澄みを吸ってどさくさ紛れに巨万の富をえている輩か、さもなければ時代に迎合して束の間の消費物たることに甘んじている者以外ではないだろう。問題は、あくまで「不機嫌な」時代の構造を浮彫りにすることにあるのは言うまでもない。

転形劇場を解散した太田省吾は、劇団解散の会見の席上で、こうした状況で表現活動を続けていくには手弁当式の〝いかだ〟ではもはや不可能であり、相当大がかりな対抗策を考えなければ駄目だと発言している。

演劇の当面している現況に対して、これは異論をさし挟む余地のない正論であり、おそらく多くの劇現場でも同様のことは薄々感知されていたに違いない。転形劇場の解散は、こうした状況を具体的に明るみに出し、公の場に問題を投げ出したものとして、わたしには重要な提言に思われた。先にも記したように「不機嫌な」時代の構造を明視することは、単に一劇団の内部事情にとどまらない。問題はもっと公共的な性質に関わってくるはずだ。

2……小劇場演劇のスケールを超える

太田省吾と転形劇場の解散は、さまざまな意味で衝撃的であった。もしかすると、昨年（一九八八年）一年の中でもっとも大きな事件が、この〝解散〟にまつわる出来事であったかもしれない。現代演劇が抱えている構造的な矛盾、すなわち集団と作家の関係、演劇活動を持続していくための経済的基盤の脆弱さ、演劇とそれをとりまく文化の貧困……こうした現代演劇に孕まれていた諸矛盾が、この解散をきっかけに一挙に噴出したことに、わたしたちは一様に内省を迫られた。

二〇年続いた劇団の解散を惜しむ声は少なくない。また、日本を代表するインターナショナルな声名を獲得した劇団が、なぜこの時期解散に追いやられたのか、訝しく思う人すらいるに違いない。

しかし考えてみれば、転形劇場のような劇団が、ヨーロッパでは当たり前になっている国家援助も受けることなく、いまだ一私設劇団にすぎなかったこと自体、奇異なことであり、これまで持続してきたことのほうがむしろ奇跡と言うべきではなかったか。先鋭的な表現を志向する数少ない劇団である彼らは、むろん時代の潮流やコマーシャル・ベースに乗った観客動員を大きく期待することはできない。また、〝質が量を凌駕する〟、といった類の文化意識は日本では十分に熟しているとは言いがたい。となれば、このまま持続していくことは、ただ〝現在〟を悪無限に引き延ばしていくことになりはしないか。

演劇とは、そもそも実に厄介な経済浪費物である。舞台創作の労力に見合った経済効果を入場料収入だけで賄うのは、原則的に不可能に近い。これまで新劇の老舗劇団にしても、東京だけでは概して採算的にペイせず、地方公演によって何とか興行収入の張尻を合わせてきたというのが実状だ。転形劇場の場合も、劇団維持を第一義に考えれば、そうした道を択ぶ手もなかったわけではないだろう。だがあえて、そういう道をとらないと太田は明言している。欧米のように一度当たれば一つのプロダクション（作品）だけで一、二年のロングランが可能となり、一〇万人も二〇万人も動員できるならともかく、数千人からせいぜい一、二万人どまりの動員力では、いきおい公演活動は自転車操業にならざるをえない。だから、つねに「新作」が要求されるわけである。その結果として六〇年代以降の小劇団の基本的スタイル、春秋新作興行という方式が定着したのである。

転形劇場は、二〇年間に二〇本の新作を発表してきた。つまり平均して一年に一本のペースである。この劇団は、異例なほど再演が多かった（外国公演も含めて）から、それでも毎年、何回か公演に立ち会うことができた。これが、現在の小劇団のスタイルとしては最良のものと言えようが、それとても質が量を凌駕できなかったことに変わりはない。

では、転形劇場の解散は、一種の敗北宣言を意味するのだろうか。わたしは、劇現場の関係者から、無理してでも続けてほしかったという意見をいくつか耳にした。表現の現場を失うことの惨めさを嫌というほど知り抜いている者の声として、わたしは成程と思わずにいられなかった。しかしそうしたことを潔く振り切って、なお解散に踏み切ったには、それなりの決断と展望が――仮に予見的なイメージであろうと――射程に収められていたことは想像にかたくない。例えば〝スケールの大きなやり方〟と太田が揚言しているが、この言葉からは作品の成り立つ地盤を従来のものを上回るレベルで構想していることがうかがえる。それは日本という土壌を超えて、あるいは日本語という制約に囚われないスケールを見越してのことかもしれない。もしかすると、それは演劇という枠組すらも更新してしまうほどの実験的なパフォーマンスになりうるかもしれない。

その連想で言えば、転形劇場の最後の沈黙劇『風の駅』（一九八六年）には、大胆かつ野心的な試みが施されていたように思う。

この劇で俳優たちは、ただ舞台の上にほとんど事実と見紛うばかりの、日常の点景として並べられている。そこでは物語や劇性へ向かう構成的なものは一切排除されていた。これは演劇が純粋な虚構性に基づいているということへの大胆な挑戦である。わたしたちは物語の構築とは別に、俳優が何の粉飾を施さずとも舞台に「在る」ことの直接性から、どれだけ豊かな表現の可能性を汲みあげることができただろうか。演劇からさまざまな余剰物をとり去ってその「直接性」を極限にまで突きつめた時、俳優は物語る機械ではなく、ダンサーのように動きが抽象化された存在形式にたどり着く。この時の直接性とは、俳優と観客が物語という中間項を通さず、無媒介に出会うことであり、虚構と現実といった二分法を超える演劇の原型的な形式に他ならない。

もしそのような構想が実現したら、わたしたちが考えている〈小劇場演劇〉といった間尺を転倒せしめることも夢ではなかろう。近代演劇の最終形態である〈アングラ〉と、その落とし子である現在の演劇を未来形で語り継ぐためにも、こういう視点から演劇思想は語られる必要がある。

3……集団と個の新たな関係性

転形劇場の解散を契機として、集団論が再び問われ始めている。これまで二〇年間続いてきた「集団性による演劇」という小劇場演劇のスタイルは、さまざまなレベルで反省を求められており、新たな劇創造のモチベーションもこの地点から探られようとしているのだ。『新劇』（一九八八年一二月号）は、若手劇団の主宰者による現場報告を特集しているが、その九つの発言のうち大半が集団の今後の問題に触れているのもその兆候と考えていい。

六〇年代演劇に端を発する〈集団論〉とは、おそらく世界的に共有された表現論ではなかったろうか。例えば、太陽劇団に代表されるコンミューン論は「集団創造」に具体的な形をあたえたし、社会的な関係を実践するモデル、ことに六〇年代においては革命集団の雛型として、演劇の集団論は個々人の生き方を問う場に結びつけられたものである。日本のローカリズムに照らして言えば、天皇制という家族制の変種に対するオルタナティブな人的結合の場が、市民社会とは別個の地点で模索されていたとも換言できる。つまり、集団論とはそのまま文化論であり、かつまた演劇思想を自覚的に問い詰めていく根幹を形づくっていたのだ。

だが、こうした思想的な文脈が後退してゆくにつれて、集団の形態は変わっていった。演劇が集団の思考の投映、もしくは行動形態そのものであった時代から、明瞭に「演劇の演劇化」あるいは演劇という遊戯性の追求へと移り変わっていったのである。一枚岩的なものから、ゆるやかな人の集まりが演劇集団の基本原理になりかわろうとしてきた。これは運動を経験しない若い世代が抬頭してきたからというのではない。むしろ演劇とそれをとりまく環境が決定的に変わってしまったことに大きな要因が求められる。〝運動的〟ということで言えば、後続世代には、〝演劇のつくり方〟は見事に伝達されている。六〇年代演劇の方法論は、その後の世代に十分すぎるくらい引き継がれていて、断絶を認めることのほうがむずかしい。

しかし集団論はそうではなかった。例えば八〇年に活動を再開した山崎哲は、〈転位・21〉の旗上げにさいして、一枚岩的な集団を排して、もっと自由に演劇を中心に集まることのできる集団論を掲げている。七〇年代を闘い抜いてきた者がその苦渋の果てに到達したのが、個々の差異を基盤としながら、その欲求の活性化を目論む新しい集団のイメージだった。そこからは政治主義的な匂いは見事に払拭されている。

集団による幻想共同体が潰え去り、今一度個人のレベルに降りたミクロ・ユートピアを媒介にする時、その地点から構想される演劇とは、いったいどのようなものなのか。近代的な自我が解体され、フラグメント化した個の集積を演劇という集団表現はうまく掬いとることができるのか。その時中心的な機能を果たすのは、あくまで〈作品〉である。すなわち一つの作品(プロダクション)ごとに人が集まり、上演が終われば集団は散開していくという広義のプロデュース・システムである。

これまでの集団芝居とは、そこに集まる人たちが持てる力を結集して一本の舞台をつくりあげるものであった。時として、集団に参加しているがために仮に未熟な者でもどうしても出演させなければならないという内部事情が強く作用することもあった。これはある意味で、アマチュアリズムの限界までたどり着いたと言うことができる。技術ではなく、あくまで人間の生き態が問題なのだとした初期アングラから、元気のよさや熱演、鮮度が称揚される現在の流行的な芝居に到るまで、ほぼそのスタイルは変わるところはない。

そしてもう一つ着目しておかなくてはならないことがある。これまで無名の者たちによって担われてきた小劇場演劇は、それぞれが独自の方法や作風を追求し、規範なき規範に則ることで、実にユニークな舞台づくりに邁進してきた。そうした中から幾人もの「天才」を生み出し、彼らの個的な才能が劇団をリードしてきた。本来無名性の原理に基づく集団論が、実は個人の力量によって牽引される有名性の芝居だった、という逆説である。

それに対してこのシステムはもっとはっきりとした〈作品主義〉を打ち出したと言えるだろう。強烈な個性やカリスマ性を持ったリーダーの率先垂範による現場主義ではなく――個人の時代は情報資本主義の産物である――個と集団のニュートラルな関係、そしてその中心的な磁場として、あるいは媒介項として〈作品〉がおかれるのである。

こうしたシステムを成り立たせるためには、従来の小集団主義では、もはや乗り切れはしまい。小集団とは別個に、俳優やスタッフを養成する機関が必要になってくる。これまで〝いかだ〟方式でその都度向かい来る荒波を現場的＝刹那的に凌ぎ切ってきた運命共同体的な一漕の船＝劇団は、プロフェッショナルな人材をかかえこんだ大がかりな艦隊（超劇団）へと編成替えを迫られているに違いない。それは「制度」の見直しであり、演劇創造の新たなシステムと言い換えてもいい。

その程度に演劇は、私物化された技芸やキャラクターという次元を超えて「公共的」なものになりかわろうとしているのだ。それは演劇に本来備わっていた社会性に今一度目覚めるということでもある。

六〇年代のアングラ・小劇場はその言葉の通り、非営利性を旗印にして生み出されてきた運動であった。独自の力で制度的な演劇の壁を打ち破ってきた労はむろん多としなければならない。が、それとてもより大きな制度の中に包摂されてしまったとしたら、その管理を打ち砕くために、新たな制度やシステムの探索が必須なものとなろう。

転形劇場の解散をめぐる論議の中で、演劇は否応なくマクロなレベルへ、すなわち「公共性」や「経済的自立性」といった問題に直面せざるをえないだろう。考えてみれば、明治以降の現代演劇運動は一度として、こうした問題に立ち向かってこなかったと言っても過言ではあるまい。

演劇の自覚的な制度的改革は、まだ端緒についたばかりなのである。


（一九八九年）

第2章　エロスへのまなざし

太田省吾の舞台に不思議に立ち昇るエロスについて、いく度となく考えさせられたことがある。とりわけ、老人のかそけきエロスとその消しがたい欲望に、この劇作家が演劇に対して、あるいは俳優の身体へ向けるまなざしが、集約的に表われているように思えるのだ。

転形劇場の『小町風伝』は、老女の幻想の世界を美しく謳い上げた作品として知られているが、老女小町を演じた佐藤和代の肉体からほとばしり出るエロスは、さながら〝狂おしい〟としか形容しえない匂いが強烈に発散されていた。老女という設定の持つ性の不能性と、にもかかわらず肉体の奥底から滲み出てくる欲望のきらめき――このパラドキシカルな肉体の混沌を太田省吾は、佐藤和代の肉体を借りて見事に舞台上に可視化してみせた。

彼女はいつも心の中で昔の繰り言をつぶやいている。かつて深草の少将と思しき隣家の青年に夢中になったこと、彼への想いゆえに、部屋の戸棚からまるで隣家の壁を抜けるようにして青年をよび寄せてしまったこと、それは理不尽なまでに強度な妄念のなせるわざだ。しかし今となっては、老女は、夢見ることでしか享楽を手に入れることができない。たとえ用便の始末すら覚束なくなっているとは言え、夢見る

『棲家』の中村伸郎

ことの渇望は、身体の不自由さに逆比例していやましに膨れ上がる。

佐藤和代の肉体は実に多弁である。彼女は「老女」という役柄＝制約を喰い破って、追憶の日々の事ごとをいっそう艶やかな現在として、わたしたちの目の前に蘇らせてくれる。老女小町のエロスは、実は佐藤和代の肉体そのものの中に宿っていたのである。

同じエロスについて、数年前、ステージ円の小さな空間で見た太田省吾作の『棲家』は少しニュアンスの違うものであった。

文字通り老優・中村伸郎は、もはや性的行為とは無縁な、いわば性に惑うことなく平静に生きる老人である。彼のゆっくりとした足どり、人生を達観した余裕すら感じとれる台詞まわしは、クレッシェンドに突き進む性的昂揚とおよそ対蹠的である。けれども、改築を前にした棲家の最後の夜、ふとした弾みから亡き妻への想いを馳せる時、彼の肉体に思わぬ変調が生じる。他の男と関係を持った（らしい）妻への嫉妬が彼をそうさせたのだろうか、彼の記憶の底から頭をもたげてくる生への尽きせぬ欲望は、幻しの妻を舞台空間に召喚する。

彼の幻想の時間は、同時に生身を持った俳優の現前する時間でもある。ここで老人中村伸郎は、老妻と呼んでもおかしくない女優を前に、ちょっとした悪戯に興じてみせる。蒲団を二つ、昔ながらに敷き並べ、あろうことか妻の蒲団の中に手を忍びこませるという他愛のない悪さに耽ってみせるのだ。

実際に中村老人は、手を忍びこませることはしない。けれども、妻の横たわる蒲団の脇でしみじみと物思いに耽る彼の中に、察してあまりある時間の束が押し寄せ欲望の粒子が飛び交ったことだろう。肉体に触れぬがゆえに、その欲望はいっそう酷薄なまでにわたしたちに伝わってくる。飄々として緩慢な動作からは心臓の早鐘は聞えてこず、奔流する血の疼きは微塵たりとも感じとれない。なのに、彼の身体から吹き零れるようにして流れ出すエロスを感じてしまうのはなぜだろうか。

『小町風伝』との比較で言えば、佐藤和代は青年との逢瀬によって身も心も軽くなり、文字通り〝人生の春〟を肉体の裡に取り戻す。が、『棲家』の中村伸郎は、想念の中の若さに出会えても、肉体そのものは決して甦りはしない。だから、そのエロスは純化された観念のエロスとして美しく残酷さを増して、結晶化するのである。これはあくまで寡黙なエロスである。言葉を失ない、言葉を要しない生の平衡状態に到り着く、抽象化されたエロスと言い換えてもいい。老女小町が胸中にいっぱいの言葉を詰めこみ、きっかけさえ摑めば津波の如く言葉を吐き出しかねないのと、およそ対照的なのだ。

太田省吾が二人の俳優の肉体に着目し、そこに伏在した生のありかを探ろうとする時のこの対照は、わたしには格別に関心がそそられた。この差は、人間の実年齢に正確に対応しているのか、あるいはまた男と女の間に横たわる性のあり方に起因しているのか。

エロスは死への不安や恐怖への強烈な反措定として立ち昇ってくる。死を間近にした老人が、老妻と、手と手をとり合うようにして死出の旅路へ出かけていく時の燐火の淡さから、生の自然過程をそのものとして受け容れようとする態度が仄見えてくる。それとは逆に、オシメをとり替えることに激しく抗う老女小町は、生への、つまり恥らいへのこだわりからいまだ自由になれない。老妻の手ずから、また娘に二度にわたってズボンを脱がしてもらう従順な老人との、これまた鮮やかな対比をも見せることも付け加えておこう。

太田省吾は、生、エロス、欲望、つまり人間が生きることとの状態に実に的確なまなざしを向けている。時としてそれがユーモラスに映し出されるのは、人間の生が曖昧でパラドキシカルであるからに他ならず、それを作者は肯定的にあたたかく描き出すからだ。身体を忠実に、しかもディテール豊かに見ていくと、そこにはさまざまな生との闘争が見てとれる。老いゆく身体との葛藤、満たされぬ欲望への抗い。その極点から逆に生の全体性をたどり直してみる時、舞台に立ち昇るエロスの質は決定される。沈黙の中に饒舌を、あるいは饒舌の中に沈黙を見ようとする太田省吾の劇言語の方法は、つねに両者の振幅が微妙なバランスをとって行き交っているように思える。彼にとって〈劇的〉とは、その振り子が一瞬静止してしまったかのように見える時、すなわち極点と全体性が一つのタブローの中に重層的に映し出された時に、生の曖昧さがまさに等身大としてわたしたちに感受しうる一瞬なのである。

（一九九〇年）

第３章　表現と身体

1……身体意識の変容

ここ一、二年、演劇界では「リアル」や「リアリズム」をめぐってのさまざまな論議が話題を呼んでいる。この言葉の歴史的位置付けはともかくとして、足元の覚束なくなった日常に手応えある核を手触りたい、そうしたメンタリティが現在の演劇に現実らしさを要求していることは事実だろう。

身体を最大の武器にする演劇にとって、この「リアル」とは何なのか。それは身体が持つ生々しさを言うことなのか。かつてならば、それは「肉体」と呼ばれていたものかもしれない。言葉を経ない肉体の直接性、生理や五感が無媒介に飛び交う演劇空間。

だがその一方で、ダンスやパフォーマンスなど同じ身体を用いながらも、身体の「リアル」を追求しない表現が知的な刺激として受け容れられていることもたしかだろう。ウィリアム・フォーサイスやピナ・バウシュら世界の先端的なバレエやダンスに見られる「身体」は、明らかに従来持っていた思考の枠組みの変更を迫っている。フォーサイスのような抽象化されたメカニズムと化した「身体」は、そのロジック性により曖昧になったわれわれの現実感を突き崩す。またピナ・バウシュとヴッパタール舞踊団のダンサーたちは技術を超えた身体の生々しさで、美的なものに還元されえない身体の位相を突き付けてくる。京都のパフォーマンス・グループ、ダムタイプは、AIDSとゲイ・カルチャーを問題化しているが、クイアーな彼らの身体もまた現実界の身体意識の変更を告げている。

現在、身体をめぐる想像力は、身体と現実との関係をどこに設定しているのだろうか。その切り口は、芸術表現が現実に対して、どれほど有効であるのだろうか。バーチャル・リアリティといった電子空間における擬似体験までに拡張化されたわれわれの現実感は、新たな様相を呈していることは疑いのないところだろう。

2……見えない身体

劇作家で演出家の太田省吾は、この身体感の変容をどう考えているのか。

現代のからだは目に見えない、見えにくいということがあると思うんです。人間の身体は社会的な生というのが基本で、それは目に見える身体であり、名づけうる身体です。ところがそこからこぼれ落ちていくもの、目に見えにくいものもあるにちがいない。それは生命の身体と言うべきで、演劇はそれを見えるようにすることが今求められているのではないか。ただそのためには仕掛けが必要です。端的に言うとそれはフィクションということになりますが、ハイデガーの研究家で古東哲明という人が能についてこんなことを言っています。観客というのは劇場へ「殺されに来る」のだ、と。それに対して能のシテ方は舞台に「殺しに行く」ことになります。ここで「殺す」ということが仕掛けになります。

つまり社会的な生を殺すということです。殺すことで生き返ってくるのは、生命的な生、身体的な生ではないか。

身体を包みこむ人間の生のあり方を、彼は二つの位相の中で捉えている。すなわち社会的な生と生命体としての生である。現在の価値観を決定しているのは、社会的な尺度であり、人間の身体もまたその中に組みこまれている。そのために生命体はきわめて見えにくくなっている。

社会的な生とは価値の物語を形成している。それに対して生命的な生は存在の物語に対応します。人間の営みだからいずれにしても物語に帰着してしまうのは仕方ないことですが、現在は圧倒的に価値の物語で生きているのではないか。だから何か仕掛けがないと存在の物語が語れない仕組みになっている。そこで僕は、後者の物語を語りたい。例えばオウムのような宗教でも結局、価値の物語で生きてきたのではないか。超越的な真理で社会を超えようとしていても価値の物語に乗っからないと、説得力を持ちえないと考えたということです。

何でもない行動に価値を見出す。しかしこれはそうた易いことではない。例えば演劇は多くの場合、ある価値観と別の価値観の葛藤であると言われてきた。つまり目に見える形での対立ということである。しかしこの発想自体すでに社会的なものではないか。あるいは社会的な物語にのっかったものではないか。しかし演劇の歴史とは、ほぼこの葛藤理論とともに歩んできたと言っても過言ではない。これに対して反旗を翻したのは、一九五〇年代以降の前衛劇、とりわけベケット以後のアンチ・テアトルである。舞台の上で、何ら劇的な行動が起こらない、筋や性格の一貫性を持たないといった従来の劇の概念を覆す発想である。これは社会的生から生命的生を回復させようとする太田省吾の主張と通底する。

生命的身体が見えるのは異常が生じたときです。だがこれを普通の状態で見えるようにできないものか。生命というものは、本来偶然で無根拠なものです。生まれてきたことに何ら根拠はない。にもかかわらず今ここにいることは事実です。その事実性を肯定形で捉えられないものか。

異常とは葛藤により生じる。人間の身体に負荷がかかった時、生じるのが異常だからである。では負荷をかけることなく、異常を出現させることはできないものか。それは目の位置の逆転を意味する。例えば〈図〉と〈地〉という記号学の用語を用いるならば、われわれの目に見えているのはあくまで〈図〉である。しかしこの〈図〉に目を凝らすことによってかえってその底から〈地〉が見えてくることもありうる。ここで〈地〉とは「普通」の状態に相当する。それをよく見極めるためには、われわれはこれまで身に付けてきたさまざまな価値観から自由にならなければならない。

ただしここで重要なのは、「価値の物語」が「反価値の物語」に逆転してしまわないことである。つまり「豊かさ」に対して「貧困」、「豪華」に対する「しょぼさ」といったように。反価値もまた「価値の物語」に含まれるのだ。そこから脱出していく第三の道を探るより他手はない。

近代が要請してきたのが「価値の物語」だとすれば、その準拠枠に捉われないで、自在に思考を展開することはあらゆるジャンルで試みられてきた。フランスでポスト＝モダン思想が生まれたのも、突き詰めて言えばこの第三の道を探ろうとしたからに他ならない。デリダの言うデコンストラクションとはまさにそこに思考の痕跡があった。デリダはそのために一度相手側の懐に飛びこみ、その制度にがんじがらめにされながら、同時にその制度自体を無効化するような思考の道筋を案出してきた。思考はほうっておけば必ず「構築」に向かってしまう。それは従来の制度をいっそう強化することになるだろう。では制度を解体すればいいのか。破壊、解体したところで、また別の制度がそれにとって代わっていくだけで、本質的な変更はありえない。とすれば残された道は、構築にも解体にも固定化しない流動的状態をつくり続けることではないか。それが解体－構築、つまり「脱構築《デコンストラクション》」ということである。自然の野蛮状態でも、洗練の人工美のいずれでもない状態、それは決して安定したものではなく、絶えず手を加え、位置をずらし続ける運動性を必須とする。

太田省吾の言葉は、こうした現代思想が追求している問題と地続きである。

3……引き算の演劇

ここで太田省吾の演劇について少し振り返ってみよう。演劇において、「持たざる演劇（Poor Theatre）」が言われたのは一九六〇年代だった。ポーランドの〈演劇実験室〉の演出家イェジュイ・グロトフスキの言葉だが、このタームはその後、驚くべき勢いで世界中に広まっていった。太田省吾の劇の理念にはこのグロトフスキの影響が色濃く立ち籠めている。というより、六〇年代以降に演劇を始めた者たちにとって、共通の精神的土壌を形成せしめたのが、この「持たざる演劇」あるいは「貧困の演劇」だったのである。

われわれの劇場における俳優教育は、なにかを教えることが問題ではない。逆に、われわれは、こうした心理作用にたいする俳優の肉体の抵抗感を排除しようと試みているのである。〔……〕したがって、ある意味で、これは否定法技芸の蒐集ではなく、抵抗と障害の根絶――である。

（グロトフスキ『実験演劇論』テアトロ、一九七一年）

太田の演劇論集に『裸形の劇場』というタイトルのものがあるが、ここで着衣に対する裸形ということが言われている。

もし劇に美があるとすれば、それは人間の、衣を脱いだときの美であり、裸形の美である。そして衣を着なければ美があらわれないとすれば、美はないのだと断じてよいような場面の美である。

例えば、役とは、ここでは、役者が身をおおうための衣裳のことではなく、衣を脱ぐための、裸形になるための場である。

（『裸形の劇場』而立書房、一九八〇年）

余分なものをそぎ落とし、可能な限り裸になること、太田の演劇はそこに劇の理念を据える。そこで問われてくるのは、俳優の演技である。テクストの世界を再現することに近代演技の基礎があったとすれば、太田の劇にはそこに留まらないものが要求される。

彼の劇が「沈黙劇」であったり、「スローモーション」の劇であったりするのは、近代劇の範疇から逸脱していくための仕掛けである。観客はそこで従来の劇の受容を停止して別の対し方、劇との関わり方を発明しなくてはならない。ではそこで決定的な変更を迫られるものは何か。以前に太田が書いたエッセイ「受動の力」から一説を引いてみる。

ものがそこに在り、それがそれであることが非能動的なことであるとすると、存在の力とは、能動性によって失われる、受動の力であると言ってよい。

「受動」とはここでは「甘んじて身をひいた状態」（グロトフスキ）つまり一歩引いて世界を引き受けることだとすると、ここでも従来の演技観は覆されていることになる。出来事、事件といったことが能動性に基づいているとしたら、太田が主張しているのは何もしないこと、いや何もしなくてもいい状態をつくり出すことである。〈図〉に対する〈地〉の称揚がここで端的に言われている。それは「引き算」の論理と言ってもいい。

外国人の俳優と『砂の駅』という作品で共同作業したときに思ったのは、彼らがやたらに前へ出ようとすることでした。前方に出るとは表現への欲望がこれまでの表現に支配されることです。そこで僕は彼らになるべく前に出ないように言うこと、何もしなくても劇の時間として持つようにすることを心掛けました。その身体をつくるのにやはり二年ほどかかりました。

ここで太田の言う「身体」とは、世界との対し方であり、とりわけ身体を包み込むようにしてある世界状態である。それはメルロ＝ポンティの次の言葉と通じ合うであろう。

「世界は私のまわりにあるのであって、私の前にあるのではない」（『眼と精神』みすず書房、一九六六年）。外国人の俳優が「前方に出る」ことを何とか押さえられるようになった時、彼の劇が「できた」と考えたのも、ここに根拠がある。それは「存在の物語」を語ろうとする理念の見事な論証である。生命体の生、存在の物語は、他者との差異を超えた同質性、共通性に支えられるものだからだ。生命存在の目から見れば、人間の一生など歴史の中のほんの一瞬でしかない。「差異の戯れ」といったジャルゴンもまた「近代」という社会的価値の産物に他ならないのである。

演劇王国から何とか脱出したい、できうれば、この王国と別個のところに別の価値観を持った演劇をつくり出したい——太田省吾が一貫して主張してきたのは、こうしたことに尽きる。演劇を分厚く覆う制度、それは物語の演劇であったり、演劇を娯楽と結びつける商業主義の傾向であったり、政治やイデオロギーの道具とみなす思潮であるやもしれない。言い換えれば、演劇を社会的な価値の枠組みの反映とみなす趨勢である。それに対して、彼は芸術の持つ独自性を回復させること、芸術でしかありえない価値の基準をもう一度洗い直すこと。その基本に身体に対する意識が置かれているのである。

太田省吾の演劇が世界的に見て、きわめてユニークな独創性を持っているのも、既成の演劇が無効化した地点をきっちりと視野に収めているからであり、それは近代的な枠組みの中で演劇が「死んだ」地点から開始された演劇だからである。

（一九九五年）

第４章　太田省吾の逆襲

1……太田劇の正統性

太田省吾の「沈黙劇」は、これまで「実験的」「前衛的」という言葉でしばしば語られてきた。難解な、しかも観客に極度の集中と知的鍛練を要する芝居。エンターテインメントとは対極で、哲学的な内省を強いる舞台、といった意味だろう。だがこうした太田演劇にまつわる形容は、もしかしたら改めなくてはならないかもしれないと思える事象に、最近いくつか出くわした。

その一つは、彼が今年の三月まで直接、実習指導に当たっていた近畿大学での発表会のことだった。高校を出て一年目の学生によって演じられたこの試演会は、太田省吾の思わぬ側面を見せてくれたのである。ここで用いられたテクストは『水の休日』『死の薔薇』『↑（やじるし）』など、かつての太田戯曲で比較的セリフの多い作品から断片が取られ、それらを接合したものである。

太田はこのエチュードで、俳優が声を出すことの重要性、これから俳優として立っていくための最低限の鞍部を固めていくことをめざした。この発表会を見る限り、太田のセリフ劇は意外なほど劇的にできていることを知らされた。この「劇的」をもう少し補足しておくならば、俳優たちは、腹の底から声を出すことが求められ、そこから他者とのコミュニケーションを身体を通してはかり、俳優同士が人間の奥深いところでの関係をたしかめ合うのである。これは演劇にとってもっとも本質的なことがらであろう。

だが二〇歳になるかならないかの若者たちにとって、これが案外、むずかしい。そもそも声を目いっぱい出すという経験自体、彼らの生活に希薄なのだし、その上、言葉を通して他者に触れていくというのも初めての体験だったに違いない。演技とは特別な誰かに扮するわけでもなければ、自分の外部の物語を語ることでもなく、あくまで自分の内なるものに触れていく自己言及的なものだったからである。しかも、その時の言葉は、「おっぱいを触らせてくれる?」といったごくごく卑近な、ある意味では誰でもが一度は口にしたことのある具体語であり、文学的な言葉からもっとも遠いものなのである。だが、そうした言葉だからこそ、演じる者の品格や知性が直截に問われてしまうのだ。ここでは、従来の意味での演技の「巧拙」を超えている。

その存在の基層への手がかりを与えるのが、他ならぬ言葉である。セリフ=言葉は、自己が狭い領域に留まることから限りなく外へ連れ出していく仕掛けだと言っていい。

太田省吾の言葉は決して「意味」を語らない。むしろ、〈今・ここ〉にいることの確証としての言葉とさえ言える。したがって、言葉それ自体は、むしろ「社会的な意味」が消されている。

では、そうした言葉がなぜ身体を前面に押し出すことに繋がっていくのか。演劇を学び始めた若者にとって、身体と言葉の関係を生きることは、そうた易いことではない。身体の奥底に眠っているエネルギーを外に引き出すことは、さらにむずかしい。人間はすでに十分、言語的な存在であり、言葉によって思考し、悩み、葛藤する。内面に渦巻く言葉の相はとめどもなく感情を流露させる。

太田の「沈黙」もまた、激しいストームの中にある。己れの内にあって、言葉にならない時間を生き、そのプロセスを開示していく。「沈黙」の背後にはびっしり言語が敷き詰められているのだ。彼の舞台が観客に強い言語的体験を喚起するのは、そのゆえである。

考えてみれば、これはきわめて正当的なことであろう。少なくとも六〇年代以降に開始された演劇は、身体性に基盤を置くことは前提でもあった。俳優の身体性に依拠し、その身体の「物質」化に向けて言葉が動員され、声が究められ、身ぶりが決定された。近代のロゴス＝言葉によって幽閉された肉体を、今一度牢獄から解き放とうというテロスは、この時代の演劇のもっとも重要な理念だったのである。

だがそうした時代から大きく隔たって、果たして現在の演劇に、この理念は継承されてきただろうか。そのことを考えるのに、太田作品を別の演出家が手がけた舞台が参考になった。それが二つめの事象である。

2……太田劇への反動――『新版・小町風伝』

一九九八年の秋、「太田省吾フェスティバル」が、彼が芸術監督を務める湘南台市民シアターと水戸芸術館を中心に開催された。自作の『水の駅－３』を始め、青年団プロデュースによる『新版・小町風伝』(構成・演出／平田オリザ)、Ｕフィールドの『やじるし』(演出・森屋由紀)、劇団ＡＣＭの『死の薔薇』(構成／演出・長谷川裕久)の四作品が並んだ。

ここで取り上げたいのは、平田オリザ演出の『新版・小町風伝』である。この舞台をわたしは水戸の「ＡＣＭ劇場」で観たのだが、客席に入ると、舞台には所狭しとアパートの内部が再現されていた。そこで複数の小町が饒舌に自分の物語を語るのである。一八年間にたった三言しか喋らなかったはずの小町

（たち）が、世間話さながらの「お喋り」で舞台を埋め尽くすのだ。すると、そこに世間が現出する。いかにも当世風俗作家・平田らしい才気だが、ではこれが太田作品のリメイク、もしくは批判的オマージュなのだろうか。平田は、この劇のモチーフを「太田さんが、沈黙劇という方向に、もし行っていなかったら、このような劇を創っていたのではないだろうか」（公演パンフレットより）と語っている。そのために、小町と称するを女たちを何人も登場させ、さらに小町志願の若い娘も登場するのである。いわば、メディア社会が生んだ「小町神話」の再生だ。

だがこれは一種の通俗化ではないか。言葉はとりとめもなく、ひたすら口先だけで交換される。当然、太田劇にあった哲学性も、存在へ深く下降する内省も生まれはしない。世間話が突如、老いへの絶望的な哀しみに転化するダイナミズムもまるで感じられない。

つまりこの舞台は、都会の平板で味気ないコミュニティに小町（ら）を解き放ちこそすれ、太田省吾の『小町風伝』とは縁もゆかりもない、ペラペラの「新版」なのである。とくにこの舞台でわたしが気にかかったのは、俳優たちの身体性である。彼らの独特な口唇で軽妙に喋ってみせる口調は、一見作為を感じさせない仕掛けと言えなくもない。が、この「何げなさ」ほど〝わざとらしく〟かつウソを即座に感得させるものもないのだ。

ここでの日常を再現したかのような「素人」風演技は、演技術の未熟さか、演技以前の身体なのか（当節の平田へのジャーナリスティックな関心はたぶんそこに集まっている）、判断の苦しむところだが（別段わたしは職人芸的な演技的身体を見せてくれと言っているのではない）、こうした身体に「リアル」を感じる人たちの感性も含めて、これはどう見てもある種の「反動」ではないかと言いたいのである。

濃密な演技、自己主張の激しい演技に対して、青年団風演技は、なるほど一定のショックを与えるだろう。明らかに平田の舞台には、それらが成立するコードへの切断を意図している。だがこれを「明確な方法に基づくもの」と言いうるのだろうか。

例えば、太田がなぜ「沈黙」というものに行き着いたのか、行き着かざるをえなかったのか。そこには、太田の（内省的な）資質を超えて、この時代に対する演劇的方法への熟慮が働いていたはずだ。とりわけ言葉のインフレが横行した一九八〇年代にあって、「沈黙」に向かうことには、ある種の断念と決意があったに違いない。もっと言えば、現代演劇がとりうる方向に対して、太田なりの懐疑と戦略がこの「沈黙」という形式に結晶したのである。

だが平田オリザの舞台形象を見る限り、そんな「断念」や「決意」への熟慮は微塵も感じられない。さらには先達の仕事をきちんと継承し、批判する姿勢も見受けられない。そしてあたかも、これが「九〇年代の流儀」だといわんばかりの自惚れだけが、独り歩きするのだ。

こうした九〇年代の風俗劇とその演技が見せる太田劇への偏愛は、逆説的に太田省吾の演技と身体の方法を浮かび上がらせるだろう。

3……柔軟な身体性――『水の駅－3』より

太田の『水の駅』はたしかに言葉がない。対話劇という通常の演劇の常識からすれば、明らかに逸脱した「実験的」なものに映る。劇的をドラマチックな感情のぶつかり合いと解するならば、彼の舞台はいかにも静的で、禁欲的に映し出されもしよう。だが果たしてそうなのか。わたしたちは太田省吾を「前衛」という目で見すぎてていやしないか。

先の学生の発表会を見るまでもなく、太田省吾の演劇作法は、決して異端的なものではない。むしろ、

『水の駅－3』

身体をいかに舞台の上にあげるかといった演劇の究極的な問題に対して真っ向から挑んでいるのである。

問題は、「沈黙」こそが人間の常態であり、一日の大半は沈黙ですごす、という現実に根ざしていることだ。彼の劇は決してリアリズムではないが、彼の視線は、明らかに「リアリスト」のそれである。では九〇年代末の「現実」は、太田にとってどういうものに映し出されているのだろう。

そこで、新作『水の駅－３』を見てみることにする。

この三つめのバージョンは、一九八一年に初演された『水の駅』、九五年に上演された『水の駅－２』に続くものである。このすべてに共通するのは、二時間弱の間、舞台で一切言葉が発せられず、俳優たちの動きは緩慢で、スローモーションの極致とも言うべき行為が展開されていくことだ。舞台の中央には壊れた水道の蛇口が無造作に置かれ、そこから間断なく水が垂れているだけで、この蛇口を媒介にして人間たちが集まっては散っていく。そこで営まれる滑稽でいじましい生きざまが、人間の生活の細部を描き出し、人生のさまざまな局面を浮かび上がらさずにおかないのである。こうした人間のドラマとは裏腹に、流れ続ける水という生命は、世間の俗性を超越的な視点から見守るという構造を持つ。

だが、九八年版の『３』がこれまでの二つのバージョンと異なるのは、俳優の動きがはるかに柔軟性に富んでいることだ。俳優も二十代の若者から六十代の初演時のメンバーと年齢の幅も広がったが、当然、かつてのように一色の演技では染まらない。転形劇場という集団では統一された演技の文体を持つことがめざされていたとすると、プロデュース集団〈ＵＺＵＲＡ〉に変わった今回、多様性の幅を許容するよう変化してきたのも、ここでの特徴だろう。

今回の舞台で目についたのは、跳躍など瞬発力に満ちた動きである。地べたをはいつくばる――すり足が象徴的だ――重心の低い演技は姿を消し、日常性に立脚した腰の軽い自然体を多用しているのである。

八〇年代は、ある意味で俳優の肉体に負荷をかけることで世界と渡り合ってきた。その分だけ、シンボリックな強度で舞台は満たされていた。だがここに至って、「無理をしなくてもいい」という、ある種の自然体に移行しはじめたことはたしかである。

肉体に「負荷をかける」ことや「饒舌を禁じる」といった、いわば「反」の姿勢が、初演当時には濃厚に貼り付いていた。太田は、目には見えないけれど、何かを強いてくる「力」を直観的に「敵」と見なし、その敵＝他者との緊張関係をバネに一個の身体――爪先立った身体――を顕在化させようと目論んだ。それが比類なき美しい『水の駅』という舞台を生み出す動力源になったのだ。だが同時にこの舞台は、「敵」に対抗するパワーによってもう一つの権力をも生み出した。言うまでもなく、太田省吾という「作者」の権力である。力には力を――これが八〇年代に『水の駅』を成立せしめた権力闘争だったとすれば、舞台の発表は八一年だが、この力関係は明らかに、七〇年代的想像力の範疇にあったと言えるだろう。

だがこうした明確な権力関係は、八〇年代には希薄になっていった。「反」という対立関係は、文字通り「非」という非対称に転じ、権力は世界に遍在していったのである。言い換えれば、舞台というミクロコスモスが、世界や政治というマクロコスモスと批評的な照応関係にある構図は、ひとまず消え去ったのである。

太田省吾は名作『小町風伝』（一九七七年）以来、一九八〇年代という時代に抗して演劇作品をつくり続けたと考えられる。彼はその八〇年代を「とても生きにくい時代だった」と述懐しているが（例えば、『WALK』31号、一九九八年、所収の座談会「世界劇場をめぐって」）、その反面、太田ほどこの時代にシンボリックに突出した演劇作家もいないのである。

皮肉なことである。彼は自らが出発した六〇・七〇年代のパラダイムの中で、たった一人の前衛として闘い、その孤立が深まれば深まるほど、作品はかえって圧倒的に突出していったのである。「遅れてきた六〇年代」の最後の作家の闘いは、一九八八年に解散する転形劇場の数々の舞台に刻まれている。

４……肯定形で語る

同じ構造を持ち、ほとんど同一の流れによるものの、そこで感受されてくるものは微妙だが、的確に時代を「映し」出している。その最大の変化は、『水の駅－３』の最後のシーンに集約されるだろう。

水際で若い女優が着ていた衣服をさらりと脱ぎ捨て、全裸で登場する。陶然たる美しいシーンだ。この無垢な裸身の眩しさは、カタルシスの瞬間を用意するものだろう。稽古の段階で得心のいかなくなった太田は、何とか飛躍する瞬間がほしくなったという旨の発言をしているが（小栗康平とのＮＨＫ教育テレビ『ステージドア』での対談による）、ここには太田省吾の「命賭けの飛躍」をわたしは感じるのだ。

これまで太田の舞台には「負けてきた人間」ばかりが登場してきた。置いてけぼりにされた人間、脱落していく人間、社会から隔離されて病院に押しこまれた人間、若さを失い醜い老態をさらすしかなくなった人間、……いわば太田の描き出す人物群たちは、社会からの落伍者ばかりといっても過言ではない。「沈黙」もまた言葉の達者な人間へのコンプレックスの裏返しであり、スローということも、俊敏で闊達な生命力からすれば「負」の価値しか帯びることはなかろう。それゆえにか、彼は脱落していく者の視線から、社会や世界を見続けてきた。そして弱者への温かいまなざしを舞台の上に放ってきたのである。

文化や芸術がいつでもそうであるように、少数者、社会的弱者への救済という側面も、彼の舞台にはからずも提示されていた。だがそれで満足していいのだろうか。マイノリティに居直っては、所詮、社会的弱者の位置から抜け出せないのではないか。そして、社会の病弊を隠蔽し、ますます支配を強化させていくのではないか。

　こうしたことへの疑問が、太田省吾の現在を駆り立てる。言い換えれば、「反」への逆襲、あるいは「反」からの脱出である。そこで彼は、従来の文法を転倒させ、既成の枠組みの欠陥をあばくことで、判断停止を余儀なくさせるのだ。そして否定形で語るのではなく、肯定形で語る方法を模索する。

　前述した「カタルシス」が、ここでは手がかりになるだろう。ここでの「カタルシス」とは、一個の裸身の出現によってそこまで流れていた時間が一気に断ち切られ、その瞬間に湧出してきた。この浄化する力は、高まった感情を理性化させ、真実を認識する意識作用へと転化される。「より理性的な、より正常な状態への感情の浄化、これがカタルシスであり、この精神状態において悲劇の最終局面における真実性を認識すること、これがカタルシスの持つ意味である」（高沖陽造『悲劇論』創樹社、一九九四年、七九頁）。

　現実を曇りのない目で見、かつ認識することで、初めて、世界を肯定的に語り始められる。それとともに、ここまで「負けていた人間」たちが、静かに立ち上がる瞬間でもあるのだ。当然、観客もまた、〈今・ここ〉にいることの意味をより深く内省するだろう。

　太田省吾は、それを「新しい祝祭劇」として提出しようとしている。

　そう見てくると、演劇とはそもそも口先からもっとも遠くにある肉体（の根源）にまつわる表現であり、それをかつては〈アングラ〉と呼ばれた演劇はめざしていた。

　拘束は目に見えない分、より高度に強まっている。その「制約」をどのようにして内側から破っていくか。演劇や表現に携わるということは、依然として、こうした問題から自由にはなれないのである。

（一九九九年）

第5章　太田省吾の闘いと方法意識

太田省吾の「劇言語はどこにあるか」（『声と身体の場所』岩波書店、二〇〇二年）は、現在の太田の中心的な思考が刻まれていて興味深い論稿になっている。それによれば、彼は自分の演劇の闘いを「支配的言語システム」に対するものと規定し、自分をも含みこむシステムを外から批判するのではなく、内側から破らねばならない、つまり「内破の方法」が探られているのである。そのためには、一般に言われる、通じやすいこと、雄弁であること、総じてわかりやすいことに疑いを向ける必要がある。こうした太田の姿勢は、七〇年代から一貫しており、それが現在の文化のありようへの鋭い批判に通じているのである。

その論稿の具体的実践として、〈やじるし〉シリーズが再開される。『↑（やじるし）』は八六年、今はなきT２スタジオで初演された。この系譜は、以後『水の休日』『エレメント』に引き継がれ、今回の『↗ヤジルシ～誘われて』はその集大成となる。すでに〈沈黙劇〉によって一つのスタイルを確立させた太田省吾は、それとは違った言葉の劇として、巨大な言語システムに再び挑もうというのである。

『↗ヤジルシ』はきわめて暗示的に開始される。地鳴りがひとしきり続く中、建物の倒壊する轟音、大勢の人々の足音などが入り混じり、何か巨大なものが崩壊したことが予示される。そして、その廃墟の中から「矢印」が浮かび上がる。それは日常のひびわれに突如生じた亀裂に他ならない。昨日のように今日は来ず、今日のように明日を迎えられない日常の「すき間」に矢印は忍びこむのだ。しかしその矢印は、日々の営みにしっくり来ない者たちだけが発見してしまう徴かもしれない。とすれば、それはわたしたち自身に発せられた問いということになる。自分の内部にあってどうにも解決のつかぬ深い謎、霧に包まれた問題の所在――。外部からやってきて方向性だけを持つ矢印は、今の「私」を外に連れ出そうとする。けれども、その行き着く先は、誰も特定できない。

そもそも人間の存在自体、人知の及ばぬ〈偶然性〉に満ちているのだとしたら、いったい誰が矢印を突き付けてくるのか。そのことすら、わたしたちには特定できないのだ。

にもかかわらず、わたしたちはこの矢印に付き合ってみようかという誘惑にかられる。それを唆すのは「遊び心」だ。人はどんなに追い詰められても、人間らしく生きようとすれば、この「遊び心」を手ばなすことはできない。そうして「遊び心」はささやきかける。

この矢印の悪戯に付き合ってみようか、と。

ではいったい矢印はどこへわたしたちを導こうとするのか。果たして矢印に意志はあるのか。そう考えてみると、そもそも意志のない矢印に「遊び心」で付き合ってみようとするわたしたちの行動には何一つ根拠がないことに気づかされる。だがその「無根拠性」ゆえに、わたしたちはすすんでこの身を投げ出したいと切望するのだ。それが自由ということだろう。

矢印は一つの罠だ。一見つつましく身の丈に合わせて生きていく日常の中にさりげなく置かれた「パンドラの匣《はこ》」。だがわたしたちは日常を大事に思えば思うほど、この匣を開けたい誘惑を押し止めることができない。それが人生の躓きである。真実を「知りたい」という欲望が自己を破滅に近づけようとも、わたしたちは「オイディプス的人間」をやめるわけにはいかないのだ。すると、この矢印は外へ連れ出すとともに、その方向がいつしか内部に向けて反転していることに気づくだろう。外に向かう謎の解明は、一転して自己の人生を内省し、あげくの果てに自己の原点にまで遡行させる自己探索行と重なってくるのだ。その時、この矢印の作者は誰なのか、その所在をたしかめられるに違いない。言うまでもなく、この矢印の謎の発信者は、自己自身なのだ。

自己が出した問いに自己が答える。それは限りなく自問自答に近い。だがそれは関係が閉じられていることを意味しない。むしろ自己が他者としてひらかれていくのではないか。

矢印の発信とは、自己がもはや自己ではありえず、つまり自己の中の他者が自己自身に向けてさし出した問いに他ならないのだ。わたしはここに、演劇というものの究極の形態を想定する。

無根拠に世界に投げ出されたわたしたちは、まったく偶然に何かの指標（＝矢印）を目にし、それに遊び心で付き合ってみようとする。しかし、そこには目的も目標も存在しない。ただ、この現在を自らの意志をもって歩む痕跡があるのみなのだ。その痕跡を言葉によってたどってみようとする時、太田省吾にとっての「劇言語」が発見されるだろう。

太田はこう言う。「今ここにある在る自分を感じ、その時の中の一瞬に生命の在り方を見、……目的に縛られることのない時に身を置き、その中での人間の存在が、それ自体で充足されて味わわれている」（前掲書、九〇頁）。

そこに彼にとっての「劇」のありかがたしかめられ、それを具体化するための「劇言語」が探し当てられるのだ。

いまだ「戯曲の上演」が演劇の本道だとする俗説がまかり通っている中で、太田省吾の実験精神に裏打ちされた方法意識は、この上なく貴重なものだとわたしは考える。太田の再開する〈やじるし〉シリーズ、言い換えれば、人間存在の裸形を言葉によって探り、いっそう深い闇に向けて探索していくことは、「劇言語」のラディカルなあり方と確実に繋がっているのである。

（二〇〇二年）

第6章 太田省吾さんを悼む

劇作家で演出家の太田省吾さんが亡くなった。

一九六〇年代に開始されたアングラ・小劇場運動の第一世代として出発した太田氏は、七〇〜八〇年代には実験的な志向を探る前衛劇をリードし、そして九〇年代以降は公共劇場の芸術監督や大学での教育と実践に尽くされた。海外の演劇人との共同作業も増えた。彼の足跡には、その折々での実に多彩な活動が刻まれている。

氏の仕事でもっとも独創的だったのは、「沈黙劇」というジャンルを開拓し完成させたことだろう。彼に言わせると、動きを緩慢にしていくことで言葉の喋り方も遅くなり、その結果「沈黙」に至りついたという。現実を覆う日常の時間に隙間をつくることで、人間の生の営みがどれだけ豊かで、かつ生々しいかを提示したのだ。こうして『小町風伝』や世界各地で上演された『水の駅』の目も眩むような美的な世界が誕生した。能を連想させる彼の舞台づくりは、日本のローカル性に根ざすとともに、既成の概念を突き崩す「前衛的」作品で世界性を獲得したのである。

氏の仕事の達成は、二〇年にもわたる「転形劇場」との共同作業なくしてはありえなかった。ここから大杉漣や品川徹、鈴木理江子、安藤朋子らさまざまな領域で活躍する俳優たちを輩出した。残念ながらこの劇団は一九八八年に解散したが、その後も太田氏はこのメンバーと何度も舞台創作に関わっている。つまり氏を核にした演劇コミュニティは継続したのだ。

太田氏には「孤高の芸術家」というイメージが付きまとう。だが実際の彼は、つねに集団と現場の仲間を大切にする「俗世の達人」だった。演劇という表現は集団性に基盤があることを彼は知り抜いていたのだ。だから舞台関係者で彼ほど信頼と尊敬を集めていた人はいなかったと言っていい。氏の評論やエッセイはいつでも日々の事象から始まって、俗見を反転させるところに着地点がある。彼の最後の著作となった『プロセス』(而立書房、二〇〇六年)という演劇論集には次のような印象深い一節がある。「ふつうであることのもつ叡智こそがこの世でもっとも深いものであったのだ」。

出棺する前日、柩に収まった太田さんに最後の対面をした。あのトレードマークともいうべき長くふさふさとした黒髪とともに、太田氏は彼の地に旅立たれた。「前衛」という名にふさわしい劇作家、演出家の六七歳の早すぎる死であった。

(二〇〇七年)

第7章　「楽天性」と「祝祭劇」

太田省吾さんの芸術に対する姿勢として、「楽天性」という言葉をまず思い出します。

この言葉をわたしは、太田さんについての小論（「最後の芸術家」、本書第Ⅲ部第1章）を書いたさいの締め括りの言葉に使いました。この結語に対して、太田さんから「自分（の舞台）をそのように評してもらってたいへん嬉しく思います」というコメントをいただきました。太田さんの劇は厳粛で荘重、深遠で内省的な思考を促すといったイメージが強く、そこには世界や現実に対する絶望感や諦念が漂っていると思われがちです。だが太田さんの内部では、案外それとは別の情動や思想が渦巻いていたのではないか。それをわたしは「楽天性」と言ったのです。

幼少時の引き揚げ体験は、途次でモノを捨てていく悲しみと人々から表情を奪う経験を太田少年に与えました。だが同時に、重い荷物から身軽になる解放感と繋がっていることを太田さんは発見しました。太田さんの舞台に共通する「引き算」の方法はこの経験と無縁ではないでしょう。それとともに、絶望はその底を突き抜けると楽天性に反転する。「もう怖いものはないよ」。それが太田さんの獲得した信条だったのではないでしょうか。

今からちょうど一〇年前、太田さんは「祝祭劇をめざして」というタイトルで五回のレクチャーを行ないました。困難きわまる情勢の中で創作活動を実践するには、「希望に満ちた祝祭」しかないのだと太田さんは考えられたのでしょう。「祝祭劇」には、彼の生き方の「楽天性」と通じるものがあります。太田さんは「祝祭劇」という言葉に後半生の演劇活動を賭けてみようとしました。その観点から過去の作品を読み直す時、きっと新しい太田省吾論が生まれてくるに違いありません。それが実現できぬ前に帰らぬ人となってしまったことが、返す返すも残念でなりません。

（二〇〇七年）

第8章 『小町風伝』初演の頃

『小町風伝』が初演された一九七七年とは、どんな時代だったのか。

東京ではまばゆい舞台がヤマのように上演されていた時代だった。当時大学三年だったわたしは、めぼしい劇団を片っ端から見てやろうという若さゆえの熱誠で、数多くの舞台に出会った。前年の一九七六年には、黒テントの『喜劇・昭和の世界』三部作で、わたしは芝居の持つ醍醐味に魅了された。唐十郎の状況劇場は小林薫の擡頭もあり、根津甚八との二大スターの競演で満杯に膨れ上がった紅テントに演劇の熱狂を見た。寺山修司の天井桟敷は『疫病流行記』など幻想的な世界をダイナミックに展開した。一方、鈴木忠志と早稲田小劇場は東京を離れ、拠点を富山県の利賀村に移して、独自の活動を開始した。つまり六〇年代後半に興った〈アングラ・小劇場運動〉の担い手たちは明らかに一つの成熟期を迎え、次の段階に入っていたのだ。

さらに後続世代も激しく追い上げていた。つかこうへいは気鋭の新人劇作家としてブーム的人気を集め、東京ヴォードヴィルショーや東京乾電池は饒舌な台詞回しでそれぞれ独自の笑いを獲得していた。全体として演劇界は、笑いとそれにともなう速度感が席捲していたのである。

こうした風潮の中で、わたしは一九七七年一月、東京神楽坂の矢来能楽堂で初めて転形劇場の舞台を観た。小劇場を観始めたばかりのわたしには、太田省吾という名前も未知の存在だった。だから今回もとくに先入見を持たぬまま能楽堂の空間に身を置いた。わたしは、小劇場によくある饒舌な笑いを期待していたのである。

だが舞台が始まって、わたしは大変なところに来てしまったことに気づかされた。能舞台の橋掛かりの揚幕が開き、小町役の老婆（佐藤和代）が摺り足で歩いてくる。だがそれは目を凝らさねば見えないほどの「遅さ」によったものだった。

そこには、わたしが予期していたものとはかけ離れて、台詞もなければ、速度感もなかった。極度のスローモーションと沈黙が舞台を支配していたのである。それは戸惑いを超えて驚異そのものだった。それまで観てきた舞台とまったく異なった世界がそこに展開されていた。なぜそんなことが可能なのか。しかも当時は、饒舌と速度全盛の時代だった。これは驚くべき思念に基づいた方法論がなければありえないのではないか。

舞台には独自のルールがある。それが発見できないと、舞台と行きはぐれる。が、観客がそのルールを発見すると、その体験は人生の新たな発見に通じる。沈黙と遅度に慣れるのにそんなに時間はかからなかった。反時代的とも言うべき精神の中で、『小町風伝』は忽然と姿を現わしたのである。

言葉にできない感情がある。また言葉にしてしまったら身も蓋もない行為がある。「沈黙劇」に至る太田省吾の方法は、こうした試行錯誤の果てにえられた演劇的形状なのだ。したがってこの「沈黙」にどうたどり着くか。言い換えれば、形状に至るプロセスこそが重要であり、結果から逆算してそれをなぞることが許されないのが、太田劇の方法なのだ。

同様に、舞台の外観からアプローチすることが叶わないのが太田劇だろう。かつて、「静けさの美学」といった言葉で太田は語られたことがあった。この評言は、太田劇の外観や形態を言い表わしたものだが、沈黙に至るプロセスに着目するならば、太田劇はつねに変動・生成の運動性にこそ本質があり、決して静態的な「状態」に主眼があるわけではない。刻一刻、移り行くプロセスは、一瞬たりとも安定した状態などありえないことを前提にしている。いつ壊れてもおかしくない、危機を内部に孕んでいるのだ。それは高速回転する運動性を内部に飼っていることを意味しよう。

『小町風伝』は、こうした驚くべき思念力によって奇跡的に誕生した、演劇史の稀に見る〝出来事〟だったのである。

（二〇一二年）

第9章 ドラマティスト・太田省吾について

太田省吾はある時期、自分は劇作家なのか、それとも演出家なのかに悩んでいたことがある。一方、李潤澤は、今年の二月に大阪で上演された『小町風伝』終演後、わたしとの対話で、太田省吾は劇作家と演出家を分けて考えるべきではないかと提案している。

いずれも、太田作品の二面性を表わしていて興味深い。

「沈黙劇」はセリフ＝言葉がないのだから、セリフを書く劇作という仕事の大半は放棄されたも同然である。その代わり、太田は「ト書き」を書くことだけに専念した。しかしそれを「劇作家」と呼ぶには（本人としては）いささか抵抗があろう。

舞台の構成台本や進行用のスコア（舞台譜）なら、演出家が行なう作業に近い。太田を「沈黙劇の作家」とした場合、劇作家よりも演出家のほうに比重があると太田自身が考えたとしても、理由のないことではないだろう。

その一方で、太田にはセリフ劇の系譜が厳然として存在する。それは他の劇団から依頼された場合が多い。例えば、演劇集団円に書き下ろした一連の作品群がそれに当たる。これは名優である故中村伸郎に

「当て書き」されたもので、高齢者の生き方の妙が味わい深く描かれた。太田は自分の劇団＝転形劇場から離れ、老優中村に向けて自由に創作を楽しんでいる感すらあった。事実、太田はそうした発言もしている。

転形劇場は実験劇をめざした。沈黙劇という新たな劇作法を追求するには劇団という集団性が不可欠だった。俳優の身体性を共有できなければ、沈黙劇の達成は不可能だからだ。強い理念に結び合わされなければ、前衛的な手法の追求はありえない。

その傍ら、セリフのある劇も書いているから、太田は必ずしも「沈黙劇」だけに収斂していたわけではない。おそらく彼は、集団で演劇を方法的に追求する演出家としての活動と、個人の劇作家としての作業を別々に分けて考えていたのではないか。

湘南台市民シアターの芸術監督に就任すると、太田は基本的に「個人」になった。一本ごとの作品のプロデュースも行なうようになり（クリップ・サークル）、劇団という制約から自由になった。劇団員分の登場人物を舞台に出す必然性はなくなったのである。

だが皮肉なことに、劇団解散後の最初の公演は、『風の駅（Ｗｉｎｄ）』という沈黙劇だった。日本人以外の俳優も組みこんだ国際プロジェクトである。太田は、ドイツ人やロシア人などと組むプロジェクトで一番困難だったのは、演技に対する概念の違いであると語っている。具体的には、ヨーロッパで演技教育を受けた俳優たちは、演技とは自分を前に「押し出す」ことだと考えている。これに対して太田の志向する「沈黙劇」は、むしろ演じないこと、つまり身体を「後ろへ引く」ことを求めた。太田はこれを「受動の劇」としている。前へ出ること、すなわち「能動の劇」ではなく、劇の本質は「受動性」にあると考えたのである。

これは演劇に関する考え方のコペルニクス的転回だ。ただし、受動性とは人間の行動の「消極性」を意味するわけではない。あるいは、他人からの指示を待つ「受身」を意味するのでもない。そうではなく、何が起こっても泰然自若としてすべてを引き受ける受動性、グロトフスキの言葉を借りれば、「甘んじて引き受ける状態」、それを「受動性」と言ったのである。ここには、東洋的な身体のあり方が提示されている。ポーランドのグロトフスキはその東洋演劇を自己の演劇理論に取り込んでみせたのである。

もう一つ補足すれば、この「受動性」は世阿弥の能楽論とも通じる。世阿弥の身体論も、他者の視線を自己に引き込む「受動の劇」が基盤を形づくっている。

こうした太田理論にとってきわめて興味深いのは、『更地』である。同作は一九九二年、元転形劇場の瀬川哲也と岸田今日子の二人芝居として初演された。この組み合わせも劇団時代ではありえなかったことだ。

この作品で興味深いのは、妻が夫にイーゼルを窓に見立て、「ね、見られましょうか」と提案する場面だ。『更地』が韓国人俳優によって上演された時、女優はこのシーンをどうしても演じられないと言ったという。なぜなら、韓国語にはこういう言い回しがないからである。

この言葉は、「見る」の受身形である「見られる」の命令形である。ここでは「呼びかけ」になるのだが、そもそも受身が提案されること自体、韓国人にとっては奇妙なことなのだ。韓国人は自分を積極的に「見せる」ことはできても、自分の意志で「見られる」ことに慣れていないからだ。つまり無防備に身をさらすことはできないのである。それが身体のローカル性だろう。太田は身体性を軸に演技を考察し、独自の演出論を組み立てていった。

では「劇作家」の太田は消滅したのか。

太田は、二〇〇四年に初めて他の作家の作品を演出した。ノルウェーの劇作家ヨン・フォッセの作品である。それ以降、太田の中で戯曲の言葉に対する意識が微妙に変わったように感じる。彼は最後の作品『聞こえる、あなた?・』で、引用ではなく、「盗用テクスト」と聞きなれない用語を使った。太田にとって上演テクストとは、俳優が喋る手前の言語集合体であり、劇作家の仕事は、それを用意することである。その言葉は他の誰かによってすでに書かれたものであり、自分が初めて書いたものではない。つまり他人の書いたものを読み、それを自分の文脈に置き直すことが、太田にとっての劇作であり、創作なのだ。ならば、演出家と劇作家の間の線引きはほとんど無きに等しいことになる。

わたしは劇作をした者が同時に演出も担わなければならない存在として「ドラマティスト」という言葉を使用したことがある（拙著『ドラマティストの肖像』れんが書房新社、二〇〇二年）。

太田省吾は、劇作家か演出家かを二者択一で捉えるのではなく、まさに「ドラマティスト」と評価すべきなのである。

（二〇一二年）

第10章 夏の祝祭と太田省吾の演劇上演

はるか向こうに佇む山の稜線が闇夜の中にゆっくりと沈んでいく。その時を見計らうかのように、劇は終演を迎えた。

韓国の済州島《チェジュド》からフェリーで二〇分ほど渡ったところにある牛島《ウド》という小島で、この夏、一本の野外劇が上演された。太田省吾作・金亜羅《キム・アラ》演出の『地の駅』である。

太田省吾は、一九六〇年代後半以降に起こった演劇革命の担い手の一人であり、ユニークな沈黙劇を追求した前衛的な演劇作家として知られている。彼は二〇〇七年に死去したが、死後六年経っても、太田の人気は衰えを知らず、彼の作品はさまざまな地で上演されている。彼の独特の作風と実験的な方法論は、本人が死してなおますます重要さを帯びてきたと言えるだろう。この夏もいくつかの舞台を観ることができた。その一本が、牛島で観た『地の駅』である。

この舞台は一九八五年、宇都宮にある大谷石の採掘場跡で初演された。地下深い廃墟の中、廃品の堆積した黒山を背景に十数名の男女が黙々と歩き続ける。今回の亜羅版では、こんもりと盛り上がった山の上で上演された。しかも冒頭に記したように、日が暮れるまさにその時を終演時間に設定したのである。この山は、後で気づいたことだが、土葬という習俗の残る韓国では、墓山なのである。

山にたどり着いた俳優たちは長いつづら折の道中をもつれながら歩行し、最後に頂点に登りつめる。観客はそこで、彼《か》の地に旅立つ人生のメタファーを見ることになる。妊婦が花嫁衣装を着て登場する。観客はどんな事情が彼女にあるか知らない。だが各々、登場人物の人生というストーリーに連想を羽ばたかせるのだ。太田の沈黙劇は、観客に言語情報を与えない分、かえって観客の想像力を拡げていく。

最終日はビョン島という浮島で、早朝の干潮時を待って、即興版が上演された。朝五時半という開演時間は、わたしのこれまでの観劇体験にもなかったものだ。そして今度は、日の出とともに終演を迎えたのである。

沈黙劇で知られる太田は、他方で、セリフ劇の名手でもある。九月に金沢の市民芸術村で、「太田省吾ドラマティック・リーディング」が行なわれた。太田の『小町風伝』を始め、『棲家』や『千年の夏』など珠玉の名品と並んで、「なにもかもなくしてみる」という太田の言葉から触発されたオリジナル作品まで四作品が上演された。会場となった「里山の家」は古い民家が移築された日本家屋で、この静謐な空間の中で、太田の選び抜かれた言葉が語られた。決して熱狂的でない彼の言葉は、死と直面した人生のエッセンスが凝縮された味わいがあり、詩的な感興に溢れていた。そこには、人生の淵から見返された〝祝祭〟の熱があった。太田の死後も一向に消えやらぬ〝熱〟にわたしの内部で静かに動くものがあったのだ。

夏の祝祭に太田省吾の劇は、たしかによく似合っていた。

（二〇一四年）

第11章 韓国での二つの舞台から

二〇〇七年に亡くなった太田省吾の戯曲がこのところ数多く上演されている。その中で、韓国での上演が相次いでいることに興味が惹かれた。「遅い動き」をベースにした「沈黙劇」は太田のロジックを突き詰めたものだが、この思考実験を韓国人の演出家たちはどう受け止め、どう自分の文脈で展開するか。それを見極めるために、GW明けにソウルと釜山に出かけた。

韓国人が上演する太田作品は、太田自らが演出した舞台とずいぶん異なっていた。そこには演劇観の違いも含めて、両国の差異が浮き彫りになっていると考えられる。

太田が一九九二年に初演した『更地』がソウルの大学路・芸術劇場にて上演された。『更地』は初老を迎えた夫婦がかつての住居を訪ね、過去と向かい合うセリフ劇だ。企画は俳優のナム・ミョンニョル。彼は生前の太田が演出し、ソウルで上演された同作品に出演している（二〇〇〇年）。今回は、太田の死後、何とかして再演したいという彼の熱意で実現したもので、演出は若いイ・ジョンが担当した。俳優の演技は遊びをふんだんに盛り込み、饒舌な舞台を展開した。今後も韓国版『更地』を演じ続けたいという俳優の意志が感じられる舞台だった。

一方、李潤澤演出の『小町風伝』は、釜山国際演劇祭で上演された。この舞台は二〇一二年二月、大阪で開催された第二回日韓演劇フェスティバルで日本人俳優による日本語バージョンとして上演されており、今回は李が主宰する演戯団コリペによる韓国バージョンだった（日本語バージョンは夏の密陽フェスティバルで招待公演を行なう）。

『小町風伝』は老婆の日常や妄想を劇化した舞台で、老婆は一言も言葉を発することはない。だが李演出の舞台では、初演以来、封じられていた老婆のセリフが初めて外化された。老婆のセリフは、モノローグとも言うべき内語と、対話体が沈黙で綴られる部分と、二種類で構成されている。李はこれを女優自身に語らせる部分と、舞台外部にいる話者に分けて語らせた。その結果、太田バージョンとまったく異なる饒舌な舞台となった。

太田のセリフは俗語で書かれており、老婆の卑俗な現実が現前化される。すると、沈黙の背後に隠されて神秘的に見えていた老婆の心情が明らかになる。これが意外な劇世界の展開をもたらした。沈黙に覆われていると、老婆の行動はいかようにも解釈される。だが、一旦言葉として外化されると、具体的でかつ説明可能になる。その分だけ、解釈の自由さは狭められるものの、曖昧にされた面は明確になった。例えば、高齢化した老人の性に関する劇としても、新生面を開いたのである。

演出の李は、この上演に当たって、太田の劇言語に着目する。とりわけ詩的な美しさに魅せられたと言っている。その言葉をいかに生かし、表現するか。太田演出がこの言葉を語らせないのはもったいないのではないか。劇作家太田省吾へのリスペクトがかかる演出を生んだのだ。コリペの俳優たちは、明らかに太田の言葉を「表現する演技」をめざしたのである。彼らの身体は戯曲の中にある詩的表現を謳い上げ、客席にも伝播していった。それは死に瀕していた老婆を生命力溢れるものにしたのである。すると、客席も含めて劇場は、祝祭的気分で満たされていった。これが、李氏が『小町風伝』から読み取った主題である。

わたしは、ここから晩年の太田のある言葉を思い出した。それは「祝祭劇をめざしたい」という太田の言葉である。沈黙劇など実験性の高い彼の劇はきわめて禁欲的に映り、観ることに禁じ手を要求した。これが太田劇のイメージを形づくってきた。だが晩年の太田は、それを超える演劇を構想していたのではないか。

そう考えると、太田の禁欲主義は、能などの日本の伝統劇と深い関係があったことに気づかされる。能は死者の蘇りの劇でもあり、死者はこの世を謳歌することはできない。それゆえ、彼の舞台は、死と向き合った内省の劇となった。だが韓国の演出家はそうは考えなかった。言葉はあくまで現世を生きるための手がかりであり、言葉を通じて俳優は生を謳歌する舞台を創り上げる。老婆を演じる女優の姿から、わたしは太田の別の一面を垣間見る思いがした。

韓国の舞台を観て、わたしは太田劇の新たな可能性を感じた。太田が残した言葉や戯曲は、今後、才能ある意欲的な演出家によって、別の面が提示されるだろう。音楽も舞台装置も、太田演出の枠組みから離れたならどうなるだろう。わたしたちはあまりにも、太田劇を完成品として見すぎていたのではないか。太田美学を完結したものと見なしていなかったか。

太田省吾の言葉と演劇論は、日本の文脈から離れ、世界の演劇言語として再創造されていく道筋に出会った。それはとりもなおさず、日本と韓国の間の演劇観の差異でもあったのである。

（二〇一〇年）

第Ⅴ部

劇評／書評

生前のままとなっている太田省吾の書斎（2021年）

1……劇評『小町風伝』――〈聖〉へ向かう身体と空間

（演出：太田省吾、転形劇場、一九七九年）

一個の肉体が、客席の中で伏し目がちに散在しているまなざしを探し始める。いや、観客のまなざしこそが舞台の片隅に一個の肉体を発見し、その個体に一つ一つのまなざしが引き寄せられ、回収されていくと言うべきであろうか。種々の方向に拡散していたまなざしが次第にある一点へと凝集され、それとともにざわめきと喧騒の入り混じった客席が水を打ったような静寂へと移行する。能舞台の揚幕を抜けて橋掛かりに現われた老婆（小町）の肉体はほとんど動きを感じさせない摺り足で舞台中央に向かって運ばれている。このいわば劇の導入部たる橋掛かりの場には、観客の日常的な時間の中に、劇の時間が滑らかに侵入し、夢の世界へと誘なう契機が鮮やかに刻まれている。老婆を演じる佐藤和代の肉体が観客のまなざしを十分に吸引し、見られることを引き受けた時点で、場内の客電は消され、そうして〈劇〉は始まった。

一九七七年、矢来の能楽堂で上演された転形劇場の『小町風伝』（作／演山・太田省吾）の再演は、青山の銕仙会の能舞台に場所を移して行なわれた。

この劇は老婆のごくありふれた朝のまどろみの時間――眼覚めてから、顔を洗い、即席ラーメンを作って食べるというほんの束の間の時間――に見る《夢》がどれだけ想像力に満ち満ちているかをありのままに記述したもので、自由な想念《イメージ》が飛び交う夢の場が提示された。

揚幕から十数人の異形な男女たちがそれぞれ家財道具を背負って登場し、舞台中央に老婆のアパートの一室を構築する。ガラス戸に始まって卓袱台、洋服箪笥、茶箪笥、襖、障子そして洗面器、電熱器、鍋などが運びこまれ、舞うような軽やかさで、あれよあれよという間に整然と組み立てられていく。能舞台の中に世俗的な老婆の部屋が築かれる時、能舞台という厳粛で儀式性を帯びた空間が一変し、聖俗入り混じった両義的な空間が拡がっていく。すでに意味を付与され、固有の歴史性を担ってしまった能舞台に、現代の〈劇〉が出会う時、その空間の質をどれだけねじ曲げ、自らの場に引き寄せ、かつ内面化しうるか。能舞台という〈聖〉なる装置へもう一つの〈俗〉なる装置を対置するというこの劇の試みは、均質的な劇空間の狭小さを打ち破り、豊かで多層的な拡がりと深みを持った空間を創出した。

この劇の大部分は老婆の沈黙する肉体が支えている。二時間半近くの劇の中で、老婆は一言も発することなく、すべては老婆の見る夢の具現化と老婆の生活を実際に包みこむ日常の断片がいれこのように二つの時間を形作りつつ進行する。深草の少将の百夜通いに思いを寄せる小町のさまに自らを托し、出征軍人との最後の逢瀬の時を思い起す。それは失なわれたロマン、遂げようとして果たしえなかった過去への老婆の意識が紡ぎ出してきた夢そのものであり、痛みとして身体の歴史に記憶された生の証しである。人間の老いてゆく肉体の痛みをモチーフとした〈夢〉のドラマは、劇を論理的枠組から解き放ち、老婆の勝手気儘な幻想が紡ぎ出す雑多なイメージの断片が舞台に記述される。深草の少将も、隣家のしがない息子も老婆の想像力が生み出した夢の残像かもしれない。夢見る老婆の時間を引き裂くのは、うんこやおしっこという生理現象による切断であり、大家の村上さんの訪問やヤブ医者の往診であったりする。いわば夢の時間と真っ向から対立して異化していくもう一つの時間、老婆の内的な時間に対して外在的な時間が老婆のまぎれもないもう一つの現実をあばき出す。ここでは老婆は小町ではなく、ただのコマ子であり、一八年間に三言しか喋らない寡黙な婆さんであり、おしっこをタレ流しにし、医者にはもう三日しか寿命がないと見放されながらもしぶとく生きている生の実態である。華麗で甘美な恋の夢を見続ける老婆のロマンチシズムと一方では次第に朽ちてゆく肉体の痛みの意識、この二律背反性が老婆のあるがままの身体性を支配する。

肉体から言葉を喋る自由、所作、身ぶりの自由を一つずつ削ぎ落とす消去法で押し進められた劇生成のプロセスは、ちょうど衣服を一枚ずつ剝ぎ取られて裸性をむき出しにされていく生理感覚と無限に近接してゆくのかもしれない。肉体の不自由さ、禁欲的な不燃焼性、一切の負性の感覚を自らの内に囲いこむことによって、逆にそれらを一挙に噴出し、積極的なエネルギーに転化してしまう。この時佐藤和代の肉体は気高い聖性とも言うべきものを獲得するのだ。終景でアパートの部屋の家具が取り払われ、陰湿で抜け道を閉ざされた空間が解体されていく時の崩壊感覚は老婆の内なる牢獄からの解放というイメージと重層されて、実にのびやかで軽やかな飛翔力を持ったものとなった。空間の造形と崩壊が肉体意識と通底する時、建築と身体に共通する空間性を同時に感得させ、聖性の世界を垣間見せるのだ。

それにしても、何と完璧な美意識に貫かれた舞台だろう。しかも演出の視線が舞台に限なく配られ、そうした瞬間に出会う度に、わたしたちは舞台の時間に釘付けされて現実の時間を忘却してしまう。

家財道具を持ち込むために登退場する俳優たちのアンサンブルは、間合いの素晴らしさの一語に尽きる。彼らの一挙手一投足が見るこちら側の呼吸を誘導していくのであり、それに加えて、見えるか見えないかの光量に絞られた照明の明（暗）度は、否応なく夢の、まどろみの時間へと導き入れるのである。日本語に「気持ち○○に」という言葉があって、決して数値では割り出せない微妙な頃合いを見計らう職人用語があるが、太田省吾の舞台造型には、ことごとくこの言葉が当てはまる。いく多の試行錯誤を繰り返した後の精度に裏打ちされた繊細さがある。

佐藤和代の肉体は沈黙であるにもかかわらずきわめて雄弁であり、想像力をかき立ててくれる。瞬時瞬時に運動する身体は決して意味化されて固定されてしまうものではなく、運動そのものの中に、喜びも怒りも哀しみも愉しみも見てとることができる。存在それ自体が自由に遊ぶとは、心理や意味の形象としての身ぶりを峻拒し、宙空に漂う身体を世界として見せることである。演技をせずにただ存在し続ける時間、いわば虚の演技とでも言うべき佐藤和代は、もっとも雄弁に豊かな生の営む世界を開かれたものとして見せるのだ。

（一九七九年）

2……劇評『抱擁ワルツ』――腐朽する夢の時間

（演出：太田省吾、転形劇場、一九七九年）

薄闇の中に取り残されてうずくまる二人の老人（品川徹、瀬川哲也）。何もすることがなく、何ら目的を持つわけでもない老人たちにとってすぎ去りし日々のことを夢見ること以外にどうして現在の時間を埋めることができようか。つまるところ想像力の世界に遊ぶことしか彼らの生を引き受けるものは何もないのだ。もとよりそこに流れる時間の無機質さは、ほとんど闇に近い。そういった老人二人の状況が、この劇の紡ぎ出すイメージの引き出し装置となる。

劇は老人たちの見る夢の場面で綴られる。老人二人を中央におき、その背後に包むようにして拡がるさまざまなイメージの連鎖は、舞台上に同時的に並べられ、それは一片のシュルレアリスム絵画を思わせる。この舞台を統御するのは、夢の論理であり、時間の制約を超えてイメージのみが跳梁する空間なのだ。

　舞台とはそもそも夢が顕示される場である。それを支配する論理とは、現実をつかさどる日常性のそれとは別種のものだ。舞台では時間は分断され、空間は断片化されて切りとられる。現実社会をそのまま写しとるリアリズムという手法が、今では何ら魅力を持たなくなっているのは、舞台とは現実の等身大の空間ではないからだ。現実の似姿を写しとってきたところで、それは現実を反映こそすれ、それ自体ではありえない。舞台は舞台でしかなく、また劇は劇でしかない。それは自明のことだ。わたしたちは今、舞台と現実の、あるいは演劇と社会の相関関係を確実なものとして把握する術を持ち合わせていない。ただ一つ言いうるのは舞台に登場する役者の肉体だけは、現実そのものだということである。太田省吾と転形劇場はこの唯一確証のある役者の現実存在と演技する時間のみを劇創造のすべてと考えるところから出発している。

　夢の構造をとって現われるこの劇は、老人たちの身体の欠落部分が紡ぎ出す性的抑圧のイメージ群である。ここにはありとあらゆる形をとった〈性〉が現われる。少年と少女の淡い恋と性への冒険、処女の恥じらいと自慰、母の姦通、ホモセクシュアル、近親相姦、横恋慕、嫉妬、従軍慰安婦と兵隊の交わり……、それは老人にとって性とは、自分の肉体の意志と果てしなく乖離していくものであり、そうであるがゆえに妄想としての性は限りなく増幅していくのだ。この劇では、人間と人間が実によく体を接触させる、いや付着させる。それは一種の身体連結の願望を意味しよう。抑圧された性を不可避的に背負いこまざるえない老態とは、まさに夢の中でしかその思いを遂げることはできない。その中では自分自身を誰れかに置き換えることで代理作用を果すのだ。したがってここで登場する人物は、老人たちの夢の産物であり、代

『抱擁ワルツ』

理人であるのかもしれない。しかしながら夢の中でも老人たちの性は解放されることはない。登場人物もまた老人の欲望を裏切り続けるのだ。ここでは夢とは老人たちの自由連想＝願望であるとともに抑圧の深層でもあろう。

それにしても、なぜワルツなのだろうか。軽やかに舞うことを封じられ、地べたにはいつくばるしかない二人にとって、ワルツとはずいぶんアイロニカルだ。いやそうだからこそ彼らの耳にはワルツが聞こえてきて、不具なる身体を音に委ねようとするのかもしれない。もちろんそれは現実とのズレによって復讐されることは言うまでもない。

ワルツとは舞うとともに周るものである。繰り返し流れ続けるロンド形式は、いつしか舞手を円環する時間の軌動の上に解き放つ。ワルツは時間を際限なく円環させることで、その円周上には決して終わりを告げることのない老人二人が背中と腹を付着させてとぐろを巻く。それは死へどこまでも下降していく形式に他ならないだろう。もはや人生でやる術のない老人二人は、余命いくばくもない人生を円環するワルツの時間構造の上に合致させるのだ。それは一周りすることでまた一段天界へ近づく時間意識でもあろう。舞台では老人が言語障害へ陥っていく破滅の姿として可視化されるのだが、終わりを持たない時間形式とは、裏返せば時間の中で、身体が腐朽していくことだ。いわばそれはベケットの〈『勝負の終り』の〉状況であり、その時間構造なのである。

（一九七九年）

3……劇評『水の休日』——演出家の前衛的な態度

（演出：太田省吾、転形劇場、一九八七年）

太田省吾の芝居に接する度に、わたしはこの演出家のつくり出す舞台は、現在の日本の演劇の中で際立って異色だと思わずにいられない。彼の好んで用いるモチーフも異色なら、舞台を通じてあたえられる質感にも、普通の芝居に見られる劇的昂奮と明らかに違った手触りが感じられるのである。

新作『水の休日』は、天井に染み出した一つの矢印が発端となり、これに導かれるようにして、一家の旅が構想される。この矢印とはいったい何か。それは偶然、家の軋みとして表われてきたものなのか。

〈あのシミが矢印だとすると、なにかを指しているわけだ〉。〈矢印でないとするとなにも指していない〉。

〈なんでもないとわかればそれはそれでいい、落ち着いていられるわけだ〉。

こうした兆候を手がかりにしながらも、太田省吾は必ずしもその解明に向かうわけではない。その逆に、

『水の休日』

この謎とは、実は生活の細部においてはとるにたらぬ、目を凝らしてみなければ見逃してしまう類のものであり、そうであればこそ、そんなつまらぬものが気がかりになってしまう人たちのほうにこそ謎が隠されているのである。言うまでもないが、この謎とは決して特別なものではない。生活している者たちに等しく刻まれている澱のようなものであり、わたしたちはもしかしたら、こんな些細な気がかりに毎日毎日躓きながら生きているのかもしれない。およそ劇的でない生活の染み、そして凡庸な日常。この芝居がとある日曜日の朝から始められるのは理由のないことではない。わたしたちの労働の日々にとって、日曜日とは過密なスケジュールから取り残された空白を意味するからである。

　太田省吾のモチーフは、つねに劇的な非日常と対極のものに向けられている。そこでは、人間の営みは、意識と無意識のはざまをたゆたうように揺れ動く。転形劇場の俳優たちが派手なアクションを振る舞うより、独特の静謐な佇まいをもって舞台に登場するのも、そうした身体感覚を拠りどころにしているからである。

舞台の中央部を占める黒い廃物（それは時として部屋の壁や、街の一角の質感をあたえる。つまり家の内部空間とその外部は、一つの装置によってそっくり転換される）。この剣持和夫による装置は、太田省吾がこの作品に仕掛けた唯一の環境空間である。この廃物をとり囲むようにして拡がる一面の水。もしかしたら台風の後の浸水でもあるのだろうか。劇的な前夜の後の、凡庸にしてとりとめもない一日、それが舞台の現在に択ばれているのはいかにもこの作者らしい設定だ。

こうした設定が美術的に配置され、環境として形づくられてくる時、必然的に俳優たちの立居振る舞いも決定される。ここでは俳優たちは水に足をとられ、衣裳は次第に水を含み、跳躍したり、疾駆することを禁じられる。身体行為に向けられた負荷は、日常的な意識をせきとめ、規範化した所作への反省を強いる。舞台で語られることごとは、ほとんどの場合、身体にまつわることであり、その欲望についてである。例えば三人の男女がからだを付着させ、あるいは接触を繰り返すシーンは、ことの他興味深い。彼らはもつれるようにして手足を絡ませ、あるいは折り重なるようにして肌（衣服）を接していく。その動きのぎこちなさは、身体の不具性を通り越して、滑稽そのものである。むろんこういう場面は、文学的に昇華されることのない、その場的かつ即興的なものだ。演出家はそういう仕掛けを俳優たちに施すことで、身体内部の能動的なエネルギーを触発する。

太田省吾のテクストは、多くのことを語らない。物語を生むのではなく、身体の即興性、つまり演劇性を引き出すことにのみ関心が向けられている。言い換えれば、テクストの情報量を減らした分だけ、俳優たちが舞台で動ける幅を拡げ、この時この場をどのような想像力で埋めていくのかに腐心するというわけだ。その方法が徹底された時、彼らの舞台から立ち昇ってくるのは、身体から迸り出る内発的なエネルギーであり、つまりエロスなのである。身体をまなざす視線は、その照り返しとしてのエロスを湧出する。

中年の男女のやくたいもない会話からわたしたちが発見するのは、言葉を裏切って〈地〉のように拡がる欲望の渦である。彼らの言葉はほとんど何も語るわけではない。しかし、その背後から言葉にならない欲望だけは確実に起ち上ってくる。

目を凝らさなければ決して視界に入ることすらない日常の点景の縁から、太田省吾は、そこにひっそりとうめくようにして伏在しているエロスをとり出してみせた。そのために徹底された方法的態度は、きわめて禁欲的に映り、多くの者の共感を受けにくいかもしれない。けれども、そうであるがゆえに、演劇を現場的に回復し、わたしたちの日常を批評してみせるその手つきには、他の劇現場と明確に一線を画した前衛的な態度が貫かれているのである。

（一九八八年）

4……劇評『夏の場所』——劇の漂着する場所

（演出：前川錬一、演劇集団 円、一九八八年）

劇はいつでもドラマチックに始まるとは限らない。薄明りが一枚のガラス戸越しに部屋の中に射しこむ。椅子の上に膝をかかえてうずくまる女の姿が次第に浮び上る。そこに車椅子を押した看護婦と若い女の患者が部屋の奥（上手）から現れる。

発端は、こうした日常生活の点景のうちに求められる。少しばかり斜めにひしゃげた装置空間。どこかそこは、安定した構造から微妙に逸脱していて、ここに登場する病者たち（場所はどこかの病院、ことによると精神病院の一室かもしれない）の精神の風景とどこかで響き合っているのだろう。太田省吾の書き下ろし戯曲『夏の場所』は、中村伸郎、岸田今日子といった一風変わったてだれの役者たちが放つ神経症的な舞台であった。

しかし、この劇にとりたてて何かが起るわけではない。というより、病院という設定自体、何が起きても何ら不思議ではないのだが、わたしたちの意表をつく形で、ドラマチックなことは何ひとつ生じはしないのだ。これは、太田省吾の劇にもはや常套的と言ってもいいことだが、例えば点滴を打たれながらひょうひょうとして登場してくる中村伸郎の病者にしてからが、この設定を上回る意外性を持ちこみはしない。あるいは、中年男（橋爪功）の存在にしても、若い娘のからだを触わったとか触わらないだのといったやくたいもない話をえんえんと繰り返すばかりで、彼もまた特別にわけのあるひとということものでもない。ただいく分、常軌を逸した物言いでエキセントリックな印象をあたえるぐらいなものである。

おそらく、この劇の核心は、女（岸田今日子）の過去の追憶を蒸し返しつつ、それをもう一度この場で生き直そうとするところにあったのだろう。夏の、うんざりとして間のびした夕方。時間が停止して何ものも決して動き出そうとしない場所。ひとは、とりとめもないまっ白な時間の中で少しずつ何かのオブセッションに侵されていき、その挙句、突如気が触れてしまうこともありうるのだ。この劇の静謐さとは、そのことの裏返しであり、その時ひとは、内面も記憶もすべて剝き出しになって、とめどもなく自我をさらけ出してしまうに違いない。

現代人の、安定構造を失なった精神の砂漠が、歪んだ装置空間とともに暗示され、演出家（前川錬一）の意図は、空間的には的確に配置されている。次第に狂騒の度合を昂めていく岸田今日子は中年女の醜悪さをきわめ、あるいは橋爪功も、実に得体の知れない茫洋たる中年男へ身を投げ出していかざるをえない。

それに引き替え、中村伸郎の相も変わらぬ芸達者ぶりには、ある種脱帽せざるをえない。彼が、二人の中年男女の顔の位置はこうだ、と決めてみせるシーン（それは何かの絵の構図に見立てているのだ）からして思わず笑いを誘う。その間のとり方、語りには、技巧という領分を越えて、中村個人の様式にまで昇華された味わい深さがある。彼を前にすると、二人の存在はひとたまりもない。言ってみれば、劇の主題系を担っているはずの二人の絡みは、闖入者よろしく裂け目を入れてくるこの老優に、軽くあしらわれてしまうのだ。

とすれば、この劇はつまるところ、中村一人のためにある舞台ではないかと思えてしまう。彼はこの劇中で決して中心にいるわけではない。しかし舞台というメカニズムにおいて、彼はヒューモアとペーソスの味付けで、完全に劇自体をくるんでしまっている（惜しむらくは、今回の中村伸郎には、『棲家』や『午後の光』〔いずれも太田省吾作〕のような老境にしてなお匂い立つエロティシズムはなかったが）。

わたしには、この劇がいったいどこに焦点を絞っているのか、次第に曖昧になっていったことを言っておこう。例えば、太田省吾の戯曲を上演する転形劇場の場合とどう違うのか。転形劇場の前作『水の休日』では、三人の男女が体をくっつけ合ったままその関係を文字通り体温と息づかいで探るという秀逸なシーンがあった。今回の舞台にも、岸田、橋爪によって同一の場面が演じられるのだが、どうも感じが違うのである。転形劇場と円とでは、作品化していく手続きが異なっており、ある一つの行為や場面を成り立たせていくさいの集団の約束事のレベルがまるで違うのである。

転形劇場の場合、誤解をおそれずに言えば、役者の上手、下手は問題ではない。しかし円の舞台では、太田のテクストは所与のものとして、これを上演していくさい役者の力量＝技巧が改めて問われてくることになる。それはつまるところ、役者個人の技芸、すなわち近代的な俳優術に行き着かざるをえない。劇の漂着する場所の違いは、小さいようでいて、実は決定的に想像力のパラダイムを分かつのである。
わたしはこの舞台を見ながら、役者の力量＝俳優術をほとんど無化するまでに噛み砕いてしまったカントールの『死の教室』を思い浮べ、カントールと同じ方向で劇作業をすすめている太田省吾の仕事について、もう一度思考をめぐらせていた。

（一九八八年）

5……劇評『小町風伝』——転形劇場の解散は芸術崩壊への挑発行為

（演出：太田省吾、転形劇場、一九八八年）

「今の日本文化は、機嫌のいい芸能ばかりが栄えて、芸術はほぼ壊滅した」と至言を吐いて、太田省吾と転形劇場は二〇年の活動にピリオドを打った。九月一九日、異例とも言える劇団解散発表の席上で、主宰者の太田は解散に至る経緯を述べながら、これまでの活動を手づくりの〝いかだ〟に譬え、「これからはもっと大きな船でなければ、文化状況を乗り切れない」とし、より大きな構想のもとに再出発の可能性を探りたいと締め括った。
率直に言えば、この解散はいささか唐突にわたしには映った。転形劇場の足跡は、出世作『小町風伝』（一九七七年）以来、順風満帆のように思えたし、海外での評価も近年とみに高まるばかりで、文字通り日本を代表する現代劇集団であったからだ。また転形劇場を支持する客層は、演劇ファンの垣根を超えて、各ジャンルの一線で活躍するアーティスト、研究者らに跨り、彼らのアトリエ、T2スタジオはさながら文化のもっとも良質な場を形成していると言っても過言ではなかったのだ。

しかしながら、その高い名声とは裏腹に、（欧米では常識となっている）国家助成もなく、いまだ一私設劇団にすぎないとあれば、むしろ今までよく持続しえたというのが率直なところかもしれない。それに加えて、現行の演劇が文化（意識）のかけらもなくなっていることが彼らの解散という事態を遠からず招き寄せたことも改めて言うまでもなかろう。ことは演劇という一ジャンルを超えて、生産から流通に至るまで、一切が情報として消費される資本主義を問題視しない限り、いかなる意味でも演劇を救抜する道はなかろう。わたしはこの解散は、単に一劇団に留まらず、〝芸術の壊滅状態〟にあえて一石を投じた挑発行為として受けとめねばならないように思われた。

そのような経緯の中で、『小町風伝』の最後の舞台に出会うことになった。

沈黙劇という独自の領域を拓く魁となったこの舞台は、いく度見ても、その美しさに目を瞠らされる。老女小町（佐藤和代）の性的幻想をモチーフに、彼女をとり巻く現実世界がその妄想をしばしば中断し、にもかかわらず狂おしいまでの想念は高らかに天空へ向かって飛翔する。終始無言で、うつむきがちな小町と、朝のラジオ体操から父権制が今なお健在な隣家が囲む朝の食卓、大家とその妻、かかりつけの医師と看護婦のあられのない痴話喧嘩、そして若き日の将校との逢瀬や隣家の息子との束の間の愛の日々――時にはリアルに、あるいは滑稽なほどのおかしみをたたえながら、劇は淡々と進行していく。

圧巻なのは冒頭、老婆の家具一式（といっても古箪笥やらボロ障子の類だが）を登場人物おのおのがゆっくりと運びこみ、やがて寸分の隙もなく、老婆の一室が起ち上っていく建築（＝造形）的瞬間であり、同様に、終幕近く、劇の余韻を引くかのように、家財道具がバラバラに解体されていく刹那の崩壊感覚である。空になった舞台にまるで記憶を愛おしむかのように小町と隣家の息子（大杉漣）は手の平に水を掬っては互いに飲み交す。そして最後のダンス。精神と物質が見事に結晶化された陶然とするシーンだ。卑俗な生活世界の断片から、見事なまでに抑制のきいた美的瞬間へと昇華してみせた二時間余、〈芸術〉とは、この舞台に刻まれた意志的な時間とそこに立ち昇ってくる香気にこそふさわしいことを納得させられた。

（一九八八年）

6……劇評『更地』――空間の詩

（演出：太田省吾、湘南台市民シアター、一九九二年）

東海道線の藤沢駅から小田急線に乗り換えて四つ五つ行ったところに新しくできた湘南台市民シアターがある。この〝芸術監督〟に就任した太田省吾は新作『更地』を市民シアターにて上演した。

この劇場は天球を象った空間設計（長谷川逸子）がユニークであり、今回は天体に包まれるようにして太田作品を観ることになった。

コンクリートの壁が剝き出しになった舞台には、生活の小道具が並べられ、小さな〈生活〉がポッカリ浮かびあがる。この生活空間を岸田今日子、瀬川哲也の中年夫婦が、自分たちの過去のこと、子供をめぐって諍いを語り合いながら劇は進行していく。

だがこの芝居にわたしが惹きつけられたのは、そうした手触りたしかな生活世界と切り離されたところにある。それを一言で言えば、生活を昇華してしまうほどに透明な空間の拡がりであり、その地平から聞こえてくる生活言語＝詩だったのである。

「更地」とは、何の性格づけも持たないまっさらな記憶に均《なら》してしまうことだ。だが、舞台はそもそも濃密な意味づけを持った空間であり、〈更地〉にするためには何か大がかりな仕掛けがなくてはならない。この劇の最大の荒業は、二人の俳優が舞台奥から白い布を運びこみ、その布を広げて舞台空間いっぱいを覆い尽くしてしまうところにあった。チマチマとした生活小道具は布の下に一掃され、巨大な〈空白〉がそこに出現するのだ。

ではそこに何が起ち上ってきたのか。――言葉である。肉声から切り離され、白いキャンバスの上にすっくと起ち上ってきた音である。生活にまつわる細部の話も、白い布の空白から発せられると、たちまち透明な詩に昇華される。

おそらく太田省吾は、言葉が詩のように聞こえてくるとはどういうことか、そのためにどのような装置が必要なのか、天体の持つ空間感覚と人間はどのように向き合い、演ずるのか――等々を試みたかったに違いない。その成果は、演技が過分に心理劇風に見えてしまったことを除けば、概ね達成されている。

（一九九二年）

7……劇評『砂の駅』――円く閉じられた時間と空間

（演出：太田省吾、湘南台市民シアター＋ベタニエン芸術家会館共同制作、一九九三年）

ドイツのケルンからやってきた『三文オペラ』（演出：ギュンター・クレーマー）やロシアのキーロフ・オペラの『ボリス・ゴドゥノフ』（演出：アンドレイ・タルコフスキー）を観ていて、演劇や舞台芸術はつくづく歴史的産物なのだなと痛感させられた一年だった。歴史の重みは、日本の現代の舞台芸術にとってもっとも大きな課題である。

日本にも世界に通用する演劇があるのかと考えてみると、やはりこの舞台に指を屈しないわけにはいかない。

太田省吾作・演出の『砂の駅』は、ベルリンのベタニエン芸術家会館との共同プロジェクトとして、藤沢の市民シアターで三日間だけ上演された。一昨年（一九九二年）ベルリンで初演された同作は（この時のタイトルは『風の駅（Ｗｉｎｄ）』）日本人俳優とドイツ在住の俳優たち――必ずしも国籍はドイツとは限らない――との共同作業で（わたしは未見だが）、一年後の昨秋、日本で上演された舞台は実にクリエイティブなものに仕上がっていた。

球形劇場の中に入ると、円く縁取られた舞台空間に砂が一面に敷かれている。そこに一二人のアクター、アクトレスがゆるやかに登場し、退場する。この砂を背景にひとが出会い、かつ別れるといったとりたてて何ということもない行為が舞台に投げ出されるのみである。

冒頭、木の枠のイーゼルが舞台前面に立てられ、テーブルと椅子が無造作に置かれる。次いでその枠を通して世界を見ようとする視線が提示される。小さな枠を通路としながら、けれども見ようとする世界はとてつもなく大きい。

シーンは概ね三つのブロックに分かれた俳優たちによって構成される。老婆と一対の男女、二組のカップルのスワッピングゲーム（!?）、中年夫婦の砂場での睦みごと、これらのシーンがほぼ並列的にならべられている。その中で男女四人が一切の言葉を交わさず、恋の鞘当てゲームをコミカルに演じてみせるシーンは実に成熟した味わいに溢れていた。外国人の俳優と日本人の俳優、ダンサーが同じ約束事をもって同一の舞台に立ち、身体性が共有されることをほぼ二年間にわたる共同作業によって立証しえたこともこの舞台の成果だろう。

だが何よりも、砂の一角から突如水が湧き出し、次第にその水が砂の上に広がり、ついには砂全面を覆い尽くす終幕のシーンでは、何とも言えぬ感動が押し寄せてきた。水という不定形が砂という地の上に画を描いていく、そのまどろっこしくも透明な時間に固唾をのまされたのだ。人間の行為を清濁併せて呑みこんでしまう浄化の力がこの瞬間に立ち現れてきたと言えば、少しはその光景を言い当てたことになるだろうか。それにしても何とも鮮やかな力業である。

砂の空間はあらかじめ円い環によって縫い閉じられている。この環の中では一見すると実にスローな時間が支配する。けれども少しでも目を離せば、そこに微妙な展開が生じていることに気づかされる。緩慢であり、同時に凝縮した時間が二つながらに変奏されるのだ。この限定枠によってかえって無限の空間の広がりを感じさせるのである。同様に、水底に沈んでいく砂地から、堆積された時間を喚び起こすことも可能だろう。ひとはこのようにして生き、死んでいく。その無限の繰り返し。緩慢さはたゆとう歴史の時間であり、凝縮された時間は日々更新されていく生命体の細胞がつかさどる時間だ。円く閉じられた空間と円環する時間、その〈円〉はちょうど球状の空間とぴったり響き合う。太田省吾は再び詩のような美しい舞台をつくり出した。

この作品は、（映画祭では世界的に有名な）タシケントで開催された演劇祭に招待され、当地でのグランプリを獲得したことも付け加えておく。

（一九九四年）

8……劇評『水の駅－3』——練れた身体性

（演出：太田省吾、湘南台市民シアター他共同制作、一九九八年）

太田省吾の新作『水の駅－3』は、どこまでも観客の能動的な意識に支えられた舞台だった。二時間弱の間、舞台では一切言葉は発せられず、俳優たちの動きは緩慢で、スローモーションの極致とも言うべき行為が展開されていった。舞台中央に据えられた蛇口一つを媒介にして取り交わされる人間たちの滑稽でいじましい生きざま、水という生命をめぐって競い合い、死闘を繰り広げるものの、その闘いの果てにふと心を通い合わせる刹那の親和力、人間同士がちょっとした弾みで突然近しさを覚える時のユーモラスな感情、この上演の中には、人間が生きていく時に誰しもが抱く感情が詰めこまれている。

これまで同じ題名で上演されてきた二つのバージョンに比べて、いささか変化を見せたのは、俳優の動きがバラエティに富んでいることだ。年齢の幅が広がった（二十代から六十代）分、同じ仕草でもかもし出すニュアンスに多彩さが滲み出てきたのだろう。例えば今回の舞台では、しばしば跳躍など瞬発力に満ちた動きが使われている。これまでの『水の駅』では決して見られなかった動きだ。それに関して作者の太田省吾は「（表現が練れてきたから」という言葉でそれを語っている。「練れてきた」をわたしなりに解釈すれば、表現を自然体でやれるようになったということになるだろう。八一年の初演では、俳優の肉体に極度の負荷をかけることで世界と渡り合ってきた太田の演劇観が、ここに至って、「無理をしなくてもいい」という地点にたどり着いたのである。水道の「蛇口」を中心に集まった人々の行為という流れは同一であっても、そこで現象してくるのは微妙にそして的確に時代を映しているのである。

（一九九九年）

9……劇評『砂の駅』／『トラベラー』――集団が獲得した身体性の可否

（演出：金亜羅、魁文舎・劇団「舞天」／構成・演出：井上弘久、Uフィールド、ともに二〇一一年）

二〇〇七年に亡くなった太田省吾の作品がこのところ続けて二本上演された。一本は、韓国の演出家キム・アラ（金亜羅）による『砂の駅』。もう一本はUフィールドの『トラベラー 旅する人々』（構成・演出：井上弘久）だ。いずれも太田作品をこよなく愛し、かつ彼自身と転形劇場で活動を継続してきた者たちが現時点で太田劇上演の可能性を問うものだった。

キム・アラは韓国を代表する演出家で、すでに『水の駅』、『風の駅』の二本をソウルで上演しており、今回が三作目となる。わたしは一昨年、ソウルで『水の駅』を観たが、沈黙劇という形式を破って台詞を付け加え、彼女自身のモチーフが全面的に展開されていた。今回は品川徹、大杉漣、鈴木理江子ら元転形劇場のメンバーに、韓国の名女優ペク・ソンヒ（白星姫）らを加えての日韓バージョンとなった。

アラ版『砂の駅』は、何よりもまず「沈黙劇」という太田の形式に着目したところから出発した。太田の「沈黙」はあくまで結果であって、むしろ緩慢な速度＝遅度が肝要であり、喋る速度を極度に遅くすると、結果として言葉は発せられないも同然となる。それが「沈黙劇」だ。太田劇にとっては肝心なのは沈黙に到るまでのプロセスであり、それを担う身体の創造作業だった。その身体を一言で言えば、「何もやらない身体」「演じない身体」ということになる。だが今回のキム・アラの演出では、韓国の俳優たちは概して能弁だった。言葉は発しなくとも、多くの言葉が観客に届いたことだろう。円形舞台の向こう側に置かれた階段は此岸と彼岸を分割する。彼女が読み取ったのは、死と生の境界、そこに行き来する人間のさまだった。彼女にとって重要なのは、あくまで「沈黙」によってもたらされる美的な形式だ。沈黙は一切の俗世を排した純粋な美の結晶に他ならない。空間の造形、照明から浮かび上がる俳優の立ち姿など美的な粋を極めたが、その結果、舞台は太田のめざしたものと大きく異なり、完全にキム・アラの独自の舞台となった。

一方、Uフィールドは転形劇場に関わった井上ら俳優たちが劇団解散（一九八八年）後結成したカンパニーで、すでに二〇年余りの活動歴を持つ。今回の『トラベラー』がUフィールドとしては最後の公演になるという。それもあってか、井上らかつてのメンバーに加えて、ワークショップに参加してきた若い俳優たちと共同作業で臨んだ。そこには、次世代に太田劇を継承してほしいという思いもこめられている。

『トラベラー』で井上が着目したのは、太田の書いた言葉＝テクストである。それは戯曲の台詞にとどまらず、演劇論やエッセイも含む。言うなれば、太田の演劇論を舞台でどう実現するかに主眼があったのだ。

太田は「劇＝演技」と考えてきた。彼の書く台本は「沈黙劇」と「台詞劇」に分けられるが、両者に通底する「身体性」がある。一言で言えば、それは「受動性」を持った身体＝演技である。俳優は言葉を決して声高に主張しないし、劇の内容を説明しない。あくまで「引用」として演じていく。だから言葉が「生《なま》」にならない。どんなに日常の些末さを台詞で語っても、文字の意味は無化され、奇妙なユーモアが溢れてくる。言葉はつねに在りものであり、自分の内部に取りこむのではなく、外部として引用して喋るのである。したがって、身体は言葉に対して受動的にならざるをえない。

若い俳優と元転形のメンバーではずいぶん大きな隔たりを感じた。若い俳優たちは身体を押し出し、言葉を自己主張的に語る。その結果、言葉が「生」になり、時として猥褻に聞こえてくる。だが太田演出を実際に経験した俳優たちはそうならない。身体は後ろに引かれ、言葉は加工される。明らかに身体性が違うのだ。

この差異が浮かび上がることで見えてきたことがある。転形劇場の二〇年の活動で獲得してきたのは俳優たちの身体性の共有であるということだ。これは劇団というものがめざし獲得したものであって、同じことを若い俳優たちに要求するのは酷というものだろう。今回の二つの舞台を観て改めて感じるのは、集団というものが刻んできた歴史であり、方法の獲得というものの困難さである。ワークショップ流行の昨今では、転形劇場のような地道に技芸を習得していくことは不可能に近い。現在でこうした志向性を持つ劇集団は七〇～八〇年代に開始した世代で、概ね五十代に突入している。そこで蓄積された技芸、身体性はどこまでも根深く、かつ根源に根差しているが、それを評価する批評の軸はぶれてしまった。批評は演技や身体に言及しなくなってしまったのだ。集団の持つ演技の文体というものが追求されなくなれば、どうなるか。太田省吾の残したテクストの表層をひたすらなぞっていくしかないだろう。

演劇からさまざまな要素を剥ぎ取り、裸形にまで切り詰めていった太田劇の方法は、人間の原型的な姿をよく映し取る。だがそれを舞台で劇＝演技として乗せていくには、相応の方法が必要なのだ。

来年（二〇一二年）もまた太田作品の上演がいくつか予定されているが、果たしてどのような上演になるだろうか。楽しみと不安が半々である。

（二〇一一年）

10……書評『なにもかもなくしてみる』——原点に立った身体

（五柳書院刊、二〇〇五年）

太田省吾の演劇エッセイ集は、随想と言うより、著者自らが言うように「試論」とも言うべき性格を帯びている。

太田は一貫して「実験的な演劇」を追求してきたが、エッセイはその実験を理論的に考察するものである。こうした文章のスタイルをとることは、〈私〉性から出発することを原則とし、いわば身辺雑記風に書き始め、身近にある小さな発端から、次第に演劇や芸術の核心に迫る道筋をたどる。彼は六〇年代に演劇を開始したアングラ・小劇場の同世代人と同様に、自らの舞台を率先して理論化してきた。新しい演劇の探求は、そのまま未知なる領域への踏査であり、演劇の新しい形式の発明だった。そのために、自らの演劇の〝新しさ〟を他者＝読者に向けて論として構築する必要があったのだ。したがって、彼の何冊もの演劇論集は、アングラ世代の闘いの痕跡とも言えよう。

では彼は何に対して闘ってきたのか。大きな壁として立ち塞がっていたのは、近代演劇としての新劇である。明治以降、日本近代は西洋文化の輸入とともに歩んできた。その背景には、言葉＝文学に閉じこめられた演劇を身体の側に奪回しようとする問題意識があり、それはそのまま「近代批判」の有効な切り口となった。太田は本書でその先に新たな展開軸を見出そうとしている。

本書は二本を除けば、概ね九〇年代半ば以降に書かれたものである。つまりこれを読めば、彼がこの一〇年間に演劇を通して何を考えてきたのかを知ることができる。それを一言で要約するならば、思考のパラダイムの大転換というところに集約されるのではないか。

例えば、著者が繰り返し述べているのは、あるテーゼに対して反を唱えたところで所詮、同じ盆の上での議論にすぎず、その外に出ない限り、有効な議論にならないという思考の枠組みである。「そこでは、〈正‐反〉、〈規範‐反規範〉の対立のどちらかの立場をとるかということによってしか語れない思考枠自体が、近代以降の社会を制圧している〈体制〉であり、〈反〉〈反規範〉は、その体制の形成者の一人であるにすぎない」（二一〇頁）。

わたしなりに噛み砕いて言えば、戦後社会は自民党と社会党の二大政党の対立によって展開されてきたように思われるが、実はこれは持ちつ持たれつの共犯関係であり、保守政党の体制を本来批判するはずの革新勢力が本当の意味でその役割を果たせず、むしろ補完していたという構図に似ている。社会党が一時的にせよ政権をとった一九九四年に二大政党政治は終焉を迎えるが、それと同時に、思考においても大転換が開始されたのだ。九五年に阪神淡路大震災と地下鉄サリン事件が起こったことは決して偶然ではない。この二つの事件は戦後社会の空洞をもろに露呈させた事件として知られているからである。

太田の論考は、この九五年以降の有力な思考のパラダイムを探すことに集約される。その思考スタイルとは、従来の見方や自明とされている枠組みに対して目を凝らすことで、その内側から自明性を壊していくという手法である。簡単に言えば、思考モデルの引っ繰り返しであり、発想の転換、図と地の反転とも言えるだろう。

太田は自らの演劇論の骨子について「テンポの遅さ」と「沈黙」を挙げている。両者とも今日の情報化社会においては、負の価値を与えられたものである。合理性を追求し、雄弁に事象を語ろうとする時代の支配的価値観には、太田の手法はいかにもまどろっこしく映る。だが彼の主張は、一般に通用している価値観にショックを与え、逆転を狙っているわけではない。もしそうだとすると、沈黙劇は饒舌で濃密な劇からほっと一息つく「癒し」にしかならないだろう。つまり、ある支配的な価値に対する従属的な価値を補強しているにすぎなくなるのだ。かつての六〇年代の文化論で言えば、中心と周縁の位置関係に置き換えられる。周縁的な営みが、枯渇した中心を活性化することで、やがて中心に取って代わるという構図である。

だが太田は、「遅い」ことそれ自体で価値を持てないか。あるいは「沈黙」もまた饒舌に対する反語でなく、それ自体に独自の価値を付与できないか、それを肯定的に語る文脈を探すことが彼の中心的なテーマなのだ。その時、彼は中心的・支配的価値観のほうが「狭く」、そこから排除されたもののほうが宇宙論的には「広い」と考える。この思考の布置の逆転にこそ太田の思考の原点がある。

例えば、人間の生命はたかだか一〇〇年を超えない程度のものであり、「人生の全体には意味がないが、一瞬一瞬には意味がある」といったジャンケレヴィッチの言葉がしばしば引用されるが、一瞬の中に無限や永遠の相を見ようとする視点は、かえって広い領野に人を連れ出す。考えてみれば、社会的価値とは近代の思考の産物であり、生命や存在の物語はもっと大きな時間軸を射程にしている。ここにも思考の布置が逆転されているのである。

太田の言説は演劇というフィールドに留まらない広さがある。それは今日の芸術全般に当てはまる事柄であり、芸術全体が陥っているアポリアに演劇の側から明確な視点を提示してみせたと言えるだろう。

では演劇の特性とは何だろう。彼は、「演劇とは消えていくもの、その脆さに出会うということ」に至高の価値を置く。それは儚く脆いものであるがゆえに、その出会いの一瞬が実にえがたいのであり、充実した時間をほんの束の間味わうことができるのだ。もう一つ、彼がこだわるのは、身体性である。亡き能楽評論家・戸井田道三は自分で演じることはしなかったが、見る時に「身体をつかった目」を持っていることに信頼を置いた。演劇というライブの表現はやっかいなことに、そこにいる人物のウソがたちどころに見破られてしまう。そのさいの基準は唯一つ、その俳優がきちんとした〈身体〉をもって行為しているか否かに尽きる。観客は俳優の呼吸やその波動に敏感に反応し、そこでのまやかしを見逃さない。こうした熾烈な現場で日々演劇はとり行なわれるのである。

このように、本書は著者が舞台の中に〈宇宙〉を見ていくことで展開されていく。だが太田に明確な回答があるわけではない。あくまで世界や宇宙への仮説を述べているにすぎない。だから「試論という〈エッセイ〉」なのだ。それは絶えず読者に向けて「問い」として開き、成否が検証される。多くの文章が疑問形をとって投げ掛けられているのはその表われだ。そして彼の最後の「問い」は「人はどういふことをしないでゐられないだらう（か）」という宮沢賢治の言葉にたどり着く。「何をなすべきか」という能動ではなく、すべての行為を引算していって何が残るのか。その受動性こそ人間存在の本質なのだ、というのが太田の持論である。その究極の「問い」が最後の章に置かれていることに深い含蓄がある。

（二〇〇五年）

11……書評『プロセス　太田省吾演劇論集』——思考実験の過程

（而立書房刊、二〇〇六年）

太田省吾の劇の思想は、〈劇〉を大きく、広く捉えようとする姿勢で一貫している。しかしそれは、荒唐無稽なことを称揚しているわけではない。むしろきわめて着実な「生活者」のまなざしを基盤に据えているのだ。「ふつうであることのもつ叡智こそがこの世でもっとも深いものであったのだ」（三四頁）と太田は書いているが、これは六〇、七〇年代を生き抜いてきたアングラ・小劇場運動の第一走者としては異例の考え方だ。現実に異を唱え、逸脱していくことを是としていた同時代の趨勢からみると、（別役実を除けば）正反対に位置するからである。「ふつう」であるとは、日常の、波風立たない、非‐劇的な時間に他ならない。

本書を通読してみると、太田の思考が七〇年代から一貫して、演劇に対する俗見、通説と闘ってきたことがよくわかる。芝居じみたこと、大げさな振る舞い、わざとらしい嘘ごと、その多くが劇の可能性を狭くしてしまった。その結果、わかりやすいことがらばかりが流通する仕組みになってしまったのだ。「劇は放っておけば〈劇的〉になろうとする」「分厚い力」（二九七頁）があり、こうした力＝制度に抗することが「前衛的」な態度だとすれば、太田ほど「前衛」というものを貫いてきた者は見当たらない。

太田は鬼面人を驚かす見解を述べるわけではない。むしろ俗説の表面を剝ぎ取ることで本質を露わにする。それが彼のエッセイである。例えば、「役者とは、衣裳を着け、装うことの巧みな者ではなく、あるがまま、あるいはこれしかないという人間の場、身体的な場、裸形に立とうとする者のことである」（一四七頁）。

「裸形」というキーワードはこうして人間の本質を浮かび上がらせる仕掛けとなる。「劇という表現が、〔……〕そこに生きた人間がいるという直接的事実を前提」（三三四頁）とするならば、人が文学や絵画でなく演劇、とりわけ演技に向かうのは、「彼の抑圧の感受の仕方が〔……〕より身体的、現実的であったことを意味している」と考えられる。彼は抑圧感の最深部から、その実在をもって抑圧感のいちぶしじゅうを開こうとしたのだ」（七一頁）。

こうして〈劇〉は太田にとって生きることとの根拠、すなわち身体の「最深部」で担われるものとなるのである。

この評論集は、過去に出された三冊の演劇論集をもとに再構成されたものである。『飛翔と懸垂』（一九七五年）、『裸形の劇場』（八〇年）、『劇の希望』（八八年）がそれであるが、ここには太田省吾のこの間の思考のプロセスが刻まれている。と同時に、六〇年代以降の前衛劇のエッセンスが凝縮されていると言っても過言ではない。

転形劇場の創立（六八年）に加わり、やがて「沈黙劇」という独自のスタイルを獲得し、それが〈駅〉シリーズに至る劇の系譜が、本書の中に折り畳まれている。ちょうどその最後が、転形劇場の解散（八八年）という結末と重なるのだが、それもまた太田省吾の演劇歴の一つのプロセスにすぎないだろう。「劇作家・演出家」という職業は、他の芸術家と違って、「集団」というものを前提にしている。したがって本書の歩みは、転形劇場という稀有な前衛劇団とともにあった一人の芸術家の「思考実験」がたどられ、改めてその事実に感動させられるのである。

（二〇〇六年）

12……書評『太田省吾　劇テクスト集』――演劇論を内包した言葉の束

（早月堂書房刊、二〇〇七年）

劇作家・太田省吾が亡くなられてから、早いもので一年余が経った。その追悼の意もこめて、この八月、金沢の前衛劇集団新人類人猿による『プラスチック・ローズ』（若山知良演出）が金沢芸術村で上演された。わたしはこの公演にさいして、太田についての短いレクチャーを行なったが、この機に彼の五冊の戯曲集と未収録作を集成した『劇テクスト集（全）』を読み直してみた。菊判で六五〇頁を超える大著である。

まず、タイトルが「戯曲集」でなく、「テクスト集」になっていることに着目したい。「戯曲」という文学性を否定し、上演に即した言語体としての「テクスト」を冠しているのである。これは生前の太田の意向に沿ったものだろう。さまざまな「引用」から成る「テクスト」には、オリジナルの言葉ではなく、すでに使われた言葉をもう一回織りこんでいくニュアンスがこめられている。もともとtextureという単語には「織物」が含意されており、多様な言語素材を縫い合わせていくことで、上演のテクストが立ち上っていくのだ。彼の最後の作品『↗ヤジルシ～誘われて』ではこれを「盗用テクスト」と称して、上演中に出典を明らかにしたこともある。

一時期、太田は、自分は「劇作家」なのか「演出家」なのか煩悶していた。ゼロから世界を構築していくのが劇作家だとすると、すでに「書かれたもの」をどう「読み直すか」が演出家の書く台本ではないか。つまりメタレベルで演劇の「再演劇化」を志向するのが演出家だというのが彼の考えなのだ。「新劇」による文学の立体化を否定し、集団の身体性に支えられた表現を志向した「アングラ演劇」では、言葉のあり方がまったく変わってしまった。それが六〇年代の「演劇革命」の内実だった。演出家が上演に即して書いた「テクスト」では、舞台空間はセリフのみならず、多彩な演劇独自の言語、すなわち音響、照明、衣裳、美術、そして俳優の演技によって構成される。太田省吾の行き着いた「沈黙劇」というスタイルは、文字通りセリフのない、動きだけの劇である。これはト書きだけで記述された進行用の台本だ。

沈黙劇の先駆けとなった一九七七年の『小町風伝』にはまだセリフが残っている。「残っている」と言ったのは、もともと老女の幻想（自分を絶世の美女・小野小町と思いこんでいる）を描いた作品には、最初は独り言のようなモノローグが綴られていた。実際に矢来能楽堂で上演された時、セリフはすべてカットされ、そこから「沈黙劇」が始まったのだ。六〇〇年の伝統と歴史を持つ能舞台で発語するには、自分の書いた日常的な言葉はあまりに軽すぎる。演出家はそう実感し、劇作家の言葉を引き下げた。つまり演出家の判断が劇作家の創造を上回ったのだ。

言葉の位相を考えさせられる興味深いエピソードである。紙に書き付けられた言葉はまず黙読される。

然る後に音として空間に放たれ、言葉の持つ身体性が顕在化する。演劇の生命線はまさにこの瞬間に生成するのだ。これを統括するのが、他ならぬ演出家である。太田の「テクスト」は、こうした劇作家−演出家の葛藤を孕み、一種の「演劇論」として読むことも可能だ。事実、ト書きには作者の思考の痕跡が刻まれ、舞台上の単なる進行に留まらないユニークな演劇論になっている箇所が少なくない。

このテクスト集に集められた二六本のテクストの半数以上は、彼が主宰していた転形劇場に書き下ろされたものである。つまり集団性を基盤とした上演テクストだ。太田は劇団を主に実験的な作品を探求する場と考えていたのだろう。そこから「老態」シリーズや「沈黙劇」、「駅」シリーズなどが誕生した。

それとは別に、二人の対話劇も多く書かれている。この言葉や劇的文体にも注目したい。中村伸郎、岸田今日子という名優に別々の時期に作品を提供してきたもので、劇団に向けて書かれた台本とは明らかに異なった成立事情がある。これらの作品は、戯曲としても読み応えがあり、テクストとして今でも十分上演可能である。

例えば、岸田今日子と瀬川哲也出演の『更地』では、初老を迎えた夫婦がかつて住んでいた家を訪れ、すでに跡形もなくなった空き地（それが更地の含意だろう）で思い出話に耽る。かつてあったこと、子供たちを苦労しながら育てたこと、それらを回想しつつ、時間は現在に召喚される。そこで彼らはもう一回やり直してみようと、今までのことをリセットする。その時、夫は「なにもかも、なくしてみるんだよ」と妻に呼びかけ、更地に白い布をかぶせる。実際にこれが上演された湘南台市民シアターの舞台では、奥から巨大なシーツが持ち出され、舞台が真っ白に覆い尽くされた。「なにもかもなくしてみる」とは宮沢賢治の言葉からの引用だが、夫婦間の生臭い時間が一気に取り払われ、これから何色にも染め上げることができる透明感溢れる実に見事なシーンとなった。

中村伸郎主演の『午後の光』は、老人が死んだ妻を思い出すシーンから始まる。そこに死んだはずの妻が登場する。現在と死後の世界を行き来する能の形式に近いものだ。しかし夫婦間の思い出話は「ややこしい」。記憶は曖昧であり、現在は過去を都合よく思い出そうとするからである。例えば、妻は夫にこう言う。「二人だけのことってのは、現実になかったことなのかもしれない」「だって証明できます? だれかに、あなた。あったんだって」(『午後の光』四一四〜四一五頁)。

二人の間だけで起こったことは、果たして現実なのだろうか。第三者が立ち会い、承認しない限り、そこで起こったことはたしかめられない。

『夏の場所』でも、老人(中村)は興味深いセリフを言う。「男は女に言う〈なぜおれを見る〉。女は答える〈だれかが、あなたに必要だと思って〉」(四六一頁)。

人間が自分の存在を承認されるのは、他者の視線によってである。それが「見られる」意義だ。太田のセリフは哲学的である。かつて古代ギリシアで哲学が誕生した時、思考はつねに問答として展開された。ソクラテスやプラトンの「対話」である。太田のテクストは、その「対話」に近い。だが太田がかの哲学者と違うのは、その後にこんなセリフを書き付けているからである。

「〈必要なのは食いものだ、人間じゃない〉なぜ、こんなセリフを吐いたのか。飢えているんだ、男は」(四六一頁)

老人の言葉は、対話を俗世の中に放り出す。なぜならそれは、思考の追求というより、〈今・ここに〉自分たちが存在していることを確認する、一種の「ごっご遊び」が主眼だからである。それは、看護婦の視線によって明確になる。

「男、看護婦と老人へ目をやる」というト書きに続いて、「いいじゃないか、もうすぐ終わるんだから」（四六三頁）と「ごっご遊び」の中断を告げるのである。他者が「見る」ことで、自分たちの存在を確認し合う芝居が断ち切られる。ここで「見る」ことは、現実に引き戻すことだ。逆に言えば、他人に見られていない間だけ、人は安んじて演じていられる。

今回、改めて太田テクストを読み直してみて、セリフやト書きのなかに「見る」という言葉が頻出していることを発見した。例えば、「見つめる目を見る女」（『風の駅』、三五六頁）というト書きがあるが、いったいこれはト書きとして機能するのだろうか。人は他人の眼球に映った自分を見ることで、自分が見られていることを知る。こうして無限に反照し合う目と目の間に自己を確認できる。

あるいは『更地』では、イーゼル（画架）を家の窓枠に見立て、妻は「ね、見られましょうか」と夫に語る。『午後の光』でも老夫婦間で「覗く」シーンがある。

「見る」ことは存在の確認であり、他者を承認することだ。したがって彼の言葉はつねに存在に向けて放たれている。ただしそれは必ずしも「文学」的な修辞ではない。華麗な言葉、明晰な言葉を禁欲すること。そこに彼の言葉と文体の特徴がある。肉体や身体は見通しの利かない闇を抱えており、訥弁で盲目性の言葉こそがふさわしいからである。

太田省吾は「見る演劇」を提唱した。そのことが「劇テクスト集」で、初めて明確になった。まさにこれは演劇論を含んだ「テクスト集」なのである。

（二〇〇七年）

13……劇評『小町風伝』ほか——太田省吾と旅する一年

（演出：李潤澤、演戯団コリペ、二〇一三年）

二〇一三年にはいくつか心に残る舞台があった。……演劇の新生面を切り開いたという意味では、二〇〇七年に亡くなった太田省吾作品のいくつかの舞台やリーディングの試みが目を惹いた。〝なまじの新作〟より、旧作の舞台化の方が、よほど新しく、アクチュアルだったのだ。

なかでも考えさせられたのは、韓国・演戯団コリペの李潤澤《イ・ユンテク》演出『小町風伝』である。この作品は一九七七年に転形劇場によって初演され、その後、何度も再演されて、太田の「沈黙劇」の端緒となった名作である。主人公コマ子は安アパートに住む年老いた女性だが、彼女は一八年間にたった三言しか喋らず、周囲の人たちは彼女の世話に窮している。実際、転形劇場の舞台で佐藤和代が演じた老婆は、舞台上で一言も語らなかった。そのため、いったい彼女が何を考え、何を望んで生きているのか定かではなく、かえって彼女の想念の世界が神秘的に受け止められた。当初発表された戯曲台本では通常の劇と同様、台詞が書かれていたのだが、上演する予定の矢来能楽堂に立ち会った太田は、この伝統的な空間にとても通用する言葉ではないと判断して、公演の直前になって老婆の台詞をすべてカットしてしまった。これが結果として「沈黙劇」に昇華され、絶大な評価を受けた。以来、日本人の観客は、太田演出の『小町風伝』を美学的で静謐な世界として受け止めたのである。

だが、韓国人の演出家によるもう一つの『小町風伝』はまったく違っていた。饒舌でおどけた老婆が、舞台の上で軽々と立居振る舞うのである。わたしはこの作品について考え直さざるをえなくなった。この演出では、太田がカットした老婆の台詞が復活し、小町ことコマ子が自分の思いや想念を発語してしまった。すると、それまで幻想に包まれていた老婆の内的宇宙は、にわかに世俗に満ちた形而下的な世界に変貌した。年老いてもなお性的幻想を失っていない女の生々しい肉体が浮上してきたのである。そこに現われたコマ子は、文字通り「現役の女」だった。現代の高齢者社会では、お年寄りの女性は性的世界から卒業し、淡々と老いを生きているかのように思われているが、実際はどうなのか。蜷川幸雄が「ゴールド・シアター」の俳優たち、とりわけ女優たちに見出したのも同じ問題だったのではないか。『鴉よ、おれたちは弾丸をこめる』には老女優が孫世代の若者と狂おしいまでの情欲に耽るエロチックなシーンがあった。わたしはそこに「老い」の新局面を見た。年齢を重ねながら生きていく意味を考えさせることで、名作の新生面は開かれたのである。

この夏、韓国済州島からほど近い牛島《ウド》という島で、太田省吾と転形劇場が一九八五年に大谷石採掘場で上演した『地の駅』を観た。演出の金亜羅《キム・アラ》はすでに『水の駅』など何本も太田作品を手がけているが、今回は小高い丘を舞台に、俳優がある地点から別の地点まで移動する野外劇として上演した。後から聞いたところ、この丘は、実は墓山だったという。土葬の習俗が残るこの地ではこんもりした土まんじゅうが墓なのである。とすると、この劇は鎮魂の儀式に映し出されたことになる。終演とともに観客が目にしたのは、小高い丘の背後に暮れていく陽のまばゆい残光だった。演出家はこのテクストのためにこの場所を選び、通常の公演ではついぞ目にすることのない光景に立ち会わせたのだ。ここでしかない体験を観客と共有すること、金亜羅がめざしたのは、その一回的な体験だったのである。

九月に金沢市民芸術村で太田省吾のリーディング上演が行なわれた。『小町風伝』をはじめ、『棲家』や

『千年の夏』、これに加えて、太田のエッセイ集「なにもかもなくしてみる」という言葉から触発された新作の短編戯曲が上演された。この春から大阪で、「なにもかもなくしてみる」をモチーフにした短いテクストが複数の劇作家によって書かれ、連続的にリーディング上演が行なわれている。いずれもまだ小さな試みだが、太田省吾の劇世界は、死後、若い作家たちの関心をそそり、読み直されている。太田の言葉には、平時には見えがたかった根源的な問いが隠されており、それが深い昏迷の森に迷いこんでしまった現代の日本に呼び出されているのだろう。

こうした太田省吾をめぐって繰り広げられた一連の劇行為に、わたしはこの一年でもっとも触発されたのである。

（二〇一四年）

付録

ラストステージ
転形劇場解散公演'88年・秋
［作・演出］太田省吾
小町風伝
9/29木・30金・10/1土
■開場6:30 開演7:00
■場所　日比谷シティーサンクガーデン
■料金　指定席3,000円　自由席2,800円
■主催　産経新聞社　(株)日比谷シティ
水の休日
10/16日〜23日
■開場7:00 開演7:30
日祭日は開場4:00 開演4:30
■場所　転形劇場T2スタジオ
■料金　前売2,500円　当日2,800円
［水の駅］との通し券4,000円
水の駅
10/29土〜11/6日
11/9水〜13日
■開場7:00 開演7:30
日祭日は開場4:00 開演4:30
■場所　転形劇場T2スタジオ
■料金　前売2,500円　当日2,800円
［水の休日］との通し券4,000円
詳細は裏をごらん下さい。
創立から
ちょうど20年の作業でした。
わたしたちの冒険の多い劇は、
鋭くしかし温かい視線によって支えられ、
それによって実行できたものでした。
わたしたちの劇は
劇的な熱気を求めるものではありませんでした。
都市の中で
一人一人の生活を生きる者同士が
個人として出会う
といったおもむきの強いものでした。
そのような劇は、
常に方法を改めつづけなければならない
のかもしれません。
わたしたちの作業は
集団を継続しながらでは不可能な
方法の変更の要る時を迎えたわけです。
わたしたちは
個人個人となって
新しい劇の方法を
見つけていくことになります。
これで見られなくなる
転形劇場のラストステージです。
三作に代表させた転形劇場のさまざまなシーンを
是非ごらん下さい。
［スタッフ］辻本晴彦　辻上彰二　T2スタジオ制作部
［キャスト］品川徹　瀬川哲也　大杉漣　笹島博文　井上弘久　小野孝夫　米田亮　田村時蔵　今村俊一
森屋由紀　北村青子　枝元なほみ
佐藤和代　鈴木理江子　牛山君枝　安藤朋子
小林千里　柴田真弓　石田幸子
竹内真樹子　遠井明己　伊藤真紀

付録1 太田省吾語録

転形劇場解散のメッセージ

「創立からちょうど二十年の作業でした。わたしたちの冒険の多い劇は、鋭くしかし温かい視線によって支えられ、それによって実行できたものでした。わたしたちの劇は劇的な熱気を求めるものではありませんでした。都市の中で一人一人の生活を生きる者同士が個人として出会うといったおもむきの強いものでした。そのような劇は、常に方法を改めつづけなければならないのかもしれません。わたしたちの作業は集団を継続しながらでは不可能な方法の変更の要る時を迎えたわけです。わたしたちは個人個人となって新しい劇の方法を見つけていくことになります。(以下略)」。

(解散公演『ラスト・ステージ』チラシ。「付録」扉参照)

劇について

「劇には分厚い力がある。…そこへ足を踏み入れると、ほとんど不可避のようにその力に引きずられる。〔……〕その性向に疑いをもつ者にとっては、劇は放っておけば〈劇的〉になろうとするものだというよ

うに感じられる」。（『劇の希望』「劇的なるものを疑う」、五頁）

劇の制度、端的にいえば、なぜ舞台は観客を感動させようとするのか、そのことを彼は「分厚い」力と言ったのだろう。それに抗して、演劇をつくることはできないか。太田劇を貫くのは、こうした制度に対する強い「抵抗」であった。その態度を「前衛」と呼ぶなら、彼ほど「前衛」に徹した演劇家は他にいない。

「劇という表現が、他の表現と分かれるところは、そこに生きた人間がいるという直接的事実を前提とする表現だというところである。そこに人間がいるということは、生命存在、意識存在がいるということであり、要約のきかない面をもった者、概念化からはみ出す者、多義性をもった者がいるということであり、早足の目では見えないものをもった者がいるということになりはしないだろうか」。（『劇の希望』「一つの方法」、八二〜三頁）

演劇の持つ根拠を、直接存在としての人間＝身体に求め、それを要約できず概念化しえない存在と規定する。通常、こうしたものは負として切り捨てられていくものだが、そこで足を止め、目を凝らして見ることを要請するのが太田劇である。

「〈今ここで〉とは、生《なま》の時間ということだ。要約できないし、記録できないもののことだ。私は、演劇とはこういう時間に触れようとする望みのものだと思っている。（『舞台の水』「演劇の時間」、三〇頁）

「つまり劇は、現実の人間の存在の仕方、生活者としての自己が欲し、その莫大な時間の中でいわば瞬間的にもたれる行為である。……劇とは現実との距たりにおいてあり、それが欲せられるのは、距たりを持つものであるからこそなのだということである」。（『飛翔と懸垂』「沈黙と劇」、六五頁）

「よく懸垂するものが高く飛翔する。いや、そこでなされる飛翔のようすは彼の懸垂状態をものがたると言い換えたほうがよいかも（し）れぬ。劇は飛翔する場なのだから」。（『飛翔と懸垂』「沈黙と劇」、六七頁）

最初の演劇論集『飛翔と懸垂』のタイトルの付け方は埴谷雄高の評論集と似ている。いっぱいに力を蓄めた瞬間こそ、もっとも高く飛翔するイメージは、沈黙が能弁に反転する太田劇の精髄を射抜いている。

「劇の戸口は、追われてきた者がたどりつくところであるといえる。彼は彼の個体に抑圧を加えるものたちから追われるように、どのような経緯をたどってか、ここへやってくる。〔……〕劇はまずはじめに人間の不健全がたどる方法である。劇を行なうにふさわしい者はおそらくこの世に存在しない。存在するのは、ただ現実の生活に適さない面をもった者たちである。そして、そのうちの幾人かが劇を行なうにいたるだけである」。（『飛翔と懸垂』「役者の背中」、七二頁）

俳優の大杉漣氏が劇団に入団するきっかけになった文章としてよく取り上げる一説である。都会の喧騒からひっそり逃れるようにして劇団の門を叩いた当時の俳優志願者の後ろ姿がよく映し出されている。俳優は必ずしも華やかな幻想に唆されて演劇に向かうとは限らない。むしろ自分の生き方を探したくて、前衛劇に向かうのだ。

「もし劇への、演技への必然的経路とよべるものがあるなら、それは彼の抑圧の感受の仕方が文学へ向かう者よりも絵画へ向かう者よりも、より身体的、現実的であったことを意味していると考えられる。彼は抑圧の最深部から、その実在をもって抑圧感のいちぶしじゅうを開こうとしたのだ」。

（『飛翔と懸垂』「役者の背中」、七九頁）

観客について

「あるべき観客がこうこうであるとか、変革者として、観るというよりは参加しなくてはならないとか、はては、身体に触れることによってでも動かさなくてはならないとしたりする。このような、全なるものを一として見るというやり方は、多数の人間を見るときの基本的な見方として流通して疑われていないものである。〔……〕観客は羊ではなく狩人である、というのがわたしの感触であり、理解の仕方である」。

（『飛翔と懸垂』「視線の背景」、九三頁）

観客論について、これは明らかに寺山修司批判を含意している。観客をマスとして捉えるのではなく、つねに個人の問題に還元するところに太田の視点がある。

理解と了解

「そもそも私には、何ものかを伝達しようとする、その何ものかが明確でないのかもしれない。というより、私にはむしろ、その何ものかが明確でないために発起するものが表現を促すのである〔……〕理解しにくいと思われる人間の地点へ踏み込むこと、それを理解と区別する意味で了解と言いたいのだが、私は了解を信じようとしているのだと思う。〔……〕〈理解〉とは〈多数の幅〉へ問題を合理化することであり、〈多数の幅〉へ向かうとは〈理解〉へ問題を向かわせることとである。〔……〕〈多数の幅〉＝〈理解〉に対して、〈一人の幅〉＝〈了解〉を向けた時の事態である」。（『裸形の劇場』「自然と工作」、一〇〜一六頁）

「理解」と「了解」は太田にとって区別されるべきキイ概念である。伝達−理解系のもう一つ外側に、理解を越えた「了解」系があるのである。

表現について

「表現とは、表現への不信との関係の表現である」。（『裸形の劇場』「自然と工作」、一九頁）

「通じにくいものだけが、表現するに価する」。（『劇の希望』「表現の必要」、三七頁）

簡潔だが、太田の表現論の核をなす部分である。これを「わかりやすさ」、メッセージ性に拡大していくことも可能だ。

「表現者とはものごとをよくわかっている者ではなく、むしろわからないことを多くもち、それを捨てない者のことであるという新しい貌を感ずる」。（『劇の希望』「わからないものと表現」、四〇頁）

アンジェイ・ワイダの映画『白樺の林』についての批評だが、ここでは表現者は決してすべてを見通している晴眼者ではなく、むしろ盲目的なものではないかと言っている。その一寸先は闇に向かって、悪戦していくのが表現者なのだ。

裸形について

「もし劇に美があるとすれば、それは人間の、衣を脱いだときの美であり、裸形の美である。〔……〕役者とは、衣裳を着け、装うことの巧な者のことではなく、あるがまま、あるいはこれしかないという人間の場、身体的な場、裸形を立とうとする者のことである」。

（『裸形の劇場』「自然と工作」、三二〜三四頁）

着衣ではなく脱衣へ。太田劇の本質の一端は確実にここに存在する。評論集『裸形の劇場』のタイトルで、演劇美についての核心が語られている。

個別性と共同性

「個別の身体をもつように、われわれは個別的であり、他と峻別しうるのではなく、身体をもつことによって、共同的となり、〈われ〉は〈われわれ〉となるのである。そして、〈われ〉は〈われわれ〉となることによって、現実の〈われ〉である」。

（『裸形の劇場』「自然と工作」、四六頁）

個別性よりも共同性を。〈われ〉よりも〈われわれ〉を。そこに身体が介在する演劇の本質がある。

個と集団の関係も同様で、個あっての集団であり、集団あってこその個である。

「現代は個別性の原理の時代であるといってよい。ここでは、個的な差違に敏感であり、かえって大きな差違を見落し、小さな差違を個性として把え、その小さな個性が大きな意味であると考える観念（イデオロギー）の支配する時代である。〔……〕演劇的に考えても、小さな差違を個性として歓迎するが、個性が尊重されるかぎり、私はその個は大したことのないと見てよいと考えている」。
（『裸形の劇場』「劇的身体論素描」、六九頁）

時代の趨勢に対する太田の貴重な発言である。個や個性をもっと広い地点から見ていくことで、迷妄に警告を発する。

引き算の方法

「たし算とは、文明の算術であり、いわばさまざまの着物をつけることであり〈身体〉をおおっていくことである。そして引き算とは、着物を脱ぐことであり〈身体〉が露わになっていくことである。とすれば、算術の問題として、〈身体〉への着目は引き算への着目であり、引き算への信頼に支えられた立場であることになる。〔……〕劇が頽廃するのはきまってたし算をはじめたときであり、〈身体〉をかくしはじめた時である」。
（『裸形の劇場』「劇における〈身体〉の意味」、七一頁）

身体が前面に押し出された小劇場演劇のマニフェストとしても読むことができる。状況論的にも論争的な言説だ。

戯曲について

「戯曲は舞台という特殊な空間で演じられるという、想像的な枠を想定し、それを発条とする形態の文学である。〔……〕近代戯曲とは、舞台で演じられることを想定しながら、しかしそれを発想の発条とはしない文学である。そして、ここから見るなら、近代から現代への劇意識、戯曲意識の変更は、舞台の想定の制約的意識から発条的意識への変更であると考えることができる」。

「八一年以降、私は転形劇場で〈戯曲〉をほとんど書いていないことに気づいた。〔……〕作者の書くものが〈戯曲〉で、演出の書くものが〈台本〉だ。作者は自分の言葉を書くが、演出は劇の言葉を描こうとする」。

（『舞台の水』「埋め立てられた運河の上で」、四五頁）

文体について

「文体とは、己れにどういう言葉を禁じているかという態度である。…劇的文体とは、反省を禁ずる、いいわけを禁ずるという態度である。

（『裸形の劇場』「室咲きの花」、一七五頁）

「文体とは、意識の枠であり、不自由によって己れの領域を手にしようとする方策であり、したがって、こういう言い方をしようとすることではなく、こういう言い方をしまいとする自己意識である。

（『動詞の陰翳』「黙るa」、一二五頁）

希望について

「表現者が表現の現場にいるということは、希望を見ているということだ。〔……〕希望を見ているから表現がありうるのだし、それなしにはありえないのである。私たちが生きているということが、希望なしではありえない。

（『劇の希望』「劇の希望」、三三頁）

著書『劇の希望』は「沈黙劇」のテクストも収載されているが、タイトルに付けられた「希望」は生そのものの原動力であることを語っている。

受動について

「わたしたちが、あるものを本当に見たと思い、あるものの本当のところを見たと思えるのは、能動の目、名づけ意味づけの目で見えないところを見ることができた時だ。この時、そのものはいつものようにこちらを向いているのではなく、いつもより身を引いているように思える。受動の姿勢にあって、こちらの名づけ意味づけに乗ろうとしないのだ。
つまり、受動とは、相手に身をゆだねる姿勢ではなく、自力の姿勢である」。

（『劇の希望』「受動という力／フィクションの力」、七七〜七八頁）

「われわれは世界を捉える者である前に受け入れる者であり、そういう膨大な受け入れの量を抱えて生きている者だということである」。

（『なにもかもなくしてみる』「受動という力」、九八頁）

目明きと盲目

「能動の言葉は、あるパースペクティブに収められたものごとを伝達しようとする言葉であるとすると、受動の言葉は、パースペクティブが怪しまれるものごとのあることを認めることであり、それを共有しようとする言葉である。
とすると、ここにはパースペクティブについての態度のちがいと、コミュニケーションについての態度のちがいがあらわされていることになる。

このちがいを、ここで前者については〈目明き〉と〈盲目〉、後者については〈能弁〉と〈訥弁〉のちがいといいかえてみる。

そして、このいいかえの上で、六、七〇年代の劇的言語は、〈盲目〉〈訥弁〉という言葉の発見によって形成されたといいえないだろうか、という仮設を立ててみたい」。

（『なにもかもなくしてみる』「劇言語はどこにあるか」、四九頁）

テンポについて

「テンポの遅さは、通じにくいものにだけ表現の必要があるという表現の欲望から見ると、一つの必然性をもっているはずだと思っているのである」。

（『劇の希望』「一つの方法」、八四頁）

「テンポの遅さは、対象との距離を生みだすのかもしれない。人は『この世の生を享け、今ここにいる者』と見るには一定以上の距離が要るのであり、早いテンポでは間近すぎる」。

（『舞台の水』「遅いテンポ」、一六七頁）

中間について

「指さすことのできるもの、はっきりすることができ、目に見えるもの、そういった姿をとれずにあるもの、それを私は〈中間的〉なものと言おうとしている」。

（『舞台の水』「中間というところ」、七三頁）

演劇史について

「リアリズムがはじまったのはごく最近のことであり、いわば、人間を近くでしか見ないようになった時からなのだということである」。

（『動詞の陰翳』「立つａ」、九一頁）

「〈暗喩〉〈直喩〉〈喩なしのストレートな言い方〉という順で発生したという常識を逆転する見解が吉本隆明によってなされているが、演劇史においてそれと似たような経路をたどっているのが演技である」。

（『動詞の陰翳』「歩く」、一〇四頁）

「〈曇りの日〉とは、光の枠である。その枠によって、それまで目に入らなかったものが見えはじめ、つまり存在しているとは言えなかったものが存在しはじめるのであり、その枠の中ではじめて生きたものとなることができるのである」。

（『動詞の陰翳』「黙るａ」、一一三頁）

劇場について

「その私にとって、元何々という劇場が割合い気に入った。外国でも元宮廷の馬小屋、元教会、元消防署の劇場が気に入ったし、国内でも元石切場といった劇場を試みた。

それらは、所謂劇場やホールとちがうものをもっていた。死をもっていた」。

（『舞台の水』「劇場は〈場所〉か〈空間〉か」、六六頁）

赤坂の転形工房という小さなアトリエから始まって、Ｔ２スタジオという中劇場を経て、湘南台の球形劇場へ拠点を移行するさい、太田省吾はこれまでの匂いのある劇場を去って、新築の空間＝スペースに赴いた。

「この劇場は、多極的、多中心的価値が生きられるかたちとして球形が選ばれ、球形として結論づけられている。それは角ばった立方体から、殿堂性といった一極的価値観を削っていったかたちであると言ってもよいかもしれない。球にも中心があるはずだが、中に入ったわたしたちの感覚では、むしろ無数の中心が形づくったかたちとして感じられる。夜空を見、宇宙といったものを感じる時に、わたしたちは多中心（カオス）を大きな球としてイメージする。あの感じだ」。

（『舞台の水』「付・装飾なしの宇宙」、六九〜七〇頁）

記憶について

「この世に生まれてきての記憶、つまりこの世の光景との出あいは、私の場合中国からの引き揚げにまつわるところからはじまっている。〔……〕地平線を見ながら歩いた長い道。大きな荷物を担いで列になって歩いた。荷物は次第に捨てられていき、人々は表情を失くしていった」。

（『舞台の水』「原風景」、一六三〜一六四頁）

ナショナルについて

「私は、〈ナショナルなもの〉に私の最終的根拠をおくことができないし、そこへの帰属意識を生存の宿命としたり歓びと感じたりすることができない」。

（『なにもかもなくしてみる』「〈ナショナルなもの〉への疑い」、一三九頁）

思考の枠組

「芸術を、広い意味で、支配的言語構造の枠はずしの試みだとすると、そこから見た時、それは欠陥、落ちこぼれといった様相をもつことは必然だということになると言ってよいでしょう」。

（『なにもかもなくしてみる』「沈黙のありか」六九頁）

「そこでは、〈正－反〉、〈規範－反規範〉の対立のどちらかの立場をとるかということによってしか語れない思考枠自体が、近代以降の社会を制圧している〈体制〉であり、〈反〉〈反規範〉は、その〈体制〉の形成者の一人であるにすぎない」。

（『なにもかもなくしてみる』「テンポという主題」、一一〇頁）

なにもかもなくしてみる

「『人はどういふことがしないでゐられないか』という問いは、『人はなにをなすべきか』という問いとはちがう。むしろ、『人はなにをなすべきか』という問いを超えるための問い方だと言っていいかもしれない」。

（『なにもかもなくしてみる』「人はどういふことがしないでゐられないだらう」、二四六頁）

能動を超える受動を、宮沢賢治の言葉から引いている。究極の問いという考え方もできる。

社会的生と生命的存在

「現代のからだは目に見えない、見えにくいということがあると思うんです。人間の身体は社会的な生というのが基本で、それは目に見える身体であり、名づけうる身体です。ところがそこからこぼれ落ちていくもの、目に見えにくいものもあるにちがいない。それは生命の身体と言うべきで、演劇はそれを見えるようにすることが今求められているのではないか。ただそのためには仕掛けが必要です。端的に言うとそれはフィクションということになりますが、ハイデガーの研究家で古東哲明という人が能についてこんなことを言っています。観客というのは劇場へ『殺されに来る』のだ、と。それに対して能のシテ方は舞台に『殺しに行く』ことになります。ここで『殺す』ということが仕掛けになります。〔……〕

つまり社会的な生を殺すということです。殺すことで生き返ってくるのは、生命的な生、身体的な生ではないか。〔……〕

社会的な生とは価値の物語を形成している。それに対して生命的な生は存在の物語に対応します。人間の営みだからいずれにしても物語に帰着してしまうのは仕方ないことだが、現在は圧倒的に価値の物語で生きているのではないか。だから何か仕掛けがないと存在の物語が語れない仕組みになっている。そこで僕は、後者の物語を語りたい。〔……〕

生命的身体が見えるのは異常が生じたときです。だがこれを普通の状態で見えるようにできないものか。生命というものは、本来偶然で無根拠なものです。生まれてきたことに何ら根拠はない。にもかかわらず今ここにいることは事実です。その事実性を肯定形で捉えられないものか」。

（以上、『現代演劇の条件』「表現と身体」、九六〜九八頁）

九〇年代の半ば、太田は「社会」と「生命」を対比的に捉え、後者の優位性を唱えていた。それは人間を捉える視点のみならず、演劇の効用を拡大したいという欲求と結びついていたに違いない。

大学教育について

「僕らが六〇年代に演劇を始めたときは、何もないところでやっていたんですが、その無手勝流で始めた者が帰ってくる場所として大学を考えています。教える側も、自分の表現活動を客観的に見直したり、理論化していく機会として活用してもらっていい。そういう欲望や資質を持った演劇人でないと、教育はむずかしいんじゃないか。『教育者』と『芸術家』は違います。教える側にも学ぶ側にも再教育の場所です。それは単発でなく、ある程度きちんと学べるようにカリキュラムを組み立てないといけない。だから散発的なワークショップでは役に立たないんですよ」。

（『現代演劇の条件』「根源に向かう演劇――太田省吾」、二八〇頁）

［参考文献］
『飛翔と懸垂』（而立書房、一九七五年）、『裸形の劇場』（而立書房、一九八〇年）、『動詞の陰翳』（白水社、一九八三年）、『劇の希望』（筑摩書房、一九八八年）、『舞台の水』（五柳書院、一九九三年）、『なにもかもしなくてみる』（五柳書院、二〇〇五年）、『プロセス』（而立書房、二〇〇六年）、『水の希望』（編著、弓立社、一九八九年）（以上、太田省吾の著書）、西堂行人『現代演劇の条件――劇現場の思考』（晩成書房、二〇〇六年）

付録2

裸形の身体——転形劇場の大杉漣

徳島から上京した長身痩軀《そうく》の青年は、たまたま読んだ一篇のエッセイを頼りに、赤坂の路地にあった小さなアトリエの門を叩いた。恐る恐る訪ねた彼に、大柄で温厚そうな男は、とくに志望動機を聞くわけでもなく、会話らしい話もせず、帰りしなにただ一言、こう聞いたという。「三年間我慢できますか」と。彼の思いは、呆気なく受け容れられた。それが俳優大杉漣と劇作家・演出家太田省吾の静かな出会いだった。

高校時代、サッカーをやっていた大杉青年は、大学進学のため上京した。だがたちまち都会の荒波に飲みこまれた。六〇年代末以降の学園闘争の渦中で何をしたらいいか、行く当てを見失った。そんな折に大杉が目にしたのが、「役者の背中」という一文だった。

太田省吾と大杉漣（2002年10月17日）

劇はまずはじめに人間の不健全がたどる方法である。劇を行なうにふさわしい者はおそらくこの世に存在しない。存在するのは、ただ現実の生活に適さない面をもった者たちである。そして、そのうちの幾人かが劇を行なうにいたるだけである。

（太田省吾『飛翔と懸垂』而立書房、一九七五年、七二頁。初出は『新劇』一九七四年一月号）

大杉にとってそれはまるで今の自分に向けられた言葉のように感じられた。世の中からはみ出してしまった「迷える青年」は、サッカーで鍛えた体を使って何かできるのではないかと思った。舞台でこの身一つで演技する俳優になってみたい。そんな大杉の思いが太田に伝わるのに造作はなかった。だが俳優への道は平坦ではない。そこで太田は時間がかかるけど辛抱できますか、そう聞いたのだろう。

太田省吾率いる転形劇場は一九六八年、程島武夫によって創設された。程なくして太田が代表になり、以後、彼の独自の世界が展開されることになる。歌舞伎を現代化したり、老態シリーズと呼ばれる「老い」をテーマにした一連の作品群など、派手さはないが、一定の評価を得た劇団だった。だが同時代には、唐十郎の状況劇場や寺山修司の天井桟敷を始め、綺羅星の如く才能がひしめいていた。その中で大杉が選んだのは派手さのない転形劇場だった。赤坂の路地裏にひっそりと立つアトリエこそ、大杉が求めた翼を休めるアジール（逃げ場）だったのだ。こうして俳優大杉漣が出発した。

一九七七年、転形劇場は『小町風伝』で一躍注目される劇団となった。矢来能楽堂で上演されたこの舞台は、後に完成される「沈黙劇」の先駆け的な作品だった。老婆の内的な世界が詩情豊かに展開される。老婆の中では自分は絶世の美女、小野小町。だが周囲の人間はその幻想を打ち砕いていく。

当時二五歳だった大杉は老婆の隣室に住む一家の長男を演じた。役場に勤める彼は、内気で社交性に乏しく、チンドン屋の父にいつも叱咤される役どころだった。まだ戦前の昭和を引きずる価値観の中で、封建的な父の前でいつもおどおどしている青年、だがそんな青年に小町は恋情を寄せる。

不器用で身の置き所のない役はまるで当時の大杉自身のようだった。もしかすると太田は、この役を大杉に当てて書いたのかもしれない。それが私の俳優大杉漣の最初の印象だった。

こんなエピソードがある。大杉は稽古場で演じることに息詰まると、しばしば衣裳を脱いで裸になったという。そこには太田省吾の「裸形《らぎょう》」の思想が強く影響していると考えられる。「裸形」とは文字どおり裸の身体を意味するが、比喩的に言えば、自分を覆っている衣装や言葉、劇の背景などいろいろな装飾物を剝ぎ取ることであり、もっとも本質的なものだけを残していく引き算の思考法である。太田はこう言っている。

> 劇とは〈議論〉、つまりしゃべる場面ではなく、〈行為〉の場面に立つことであり、人間の直接的な事実性という相貌と向き合い、そこを生きることである。そのように着衣を脱ぎ、裸形になることであり、したがって、劇は〈文化的〉に高度化するものではなく、裸形へ向かって高度化するものである。
>
> （『裸形の劇場』而立書房、一九八〇年、三二頁）

太田は発語の前提にある身体を重視し、生身のからだが舞台という虚構の空間でいかに生きるか、そこに劇の在りかを見る。その原点に当たるのが〈裸形〉なのである。

太田らは一九六〇年代後半の演劇から出発したが、その先駆者の一人がポーランドのイェジュイ・グロトフスキだった。彼も一切の余剰を捨て、最後に残るのは俳優と観客の関係だと演劇の本質を規定した。それが「持たざる演劇（Poor Theatre）」である。オペラやミュージカルなど華やかで「豊かな演劇」に対するアンチテーゼであると同時に、肉体の存在を極限にまで研ぎ澄ます志向性があった。その思想は暗黒舞踏の開祖・土方巽とも響き合う。

動きを極度に緩慢にし、言葉の発語を極限にまで遅くすると、言葉はついに音と意味を消失する。それが沈黙である。太田省吾の「沈黙劇」にとって重要なのは、「沈黙」それ自体ではなく、その過程にあるスローモーションであり、それが「沈黙劇」というスタイルを獲得した。八一年に初演された『水の駅』は代表作となった。

大杉は動きを削ぎ落とし、空間に身体をブッとして佇立させる演技をめざした。言葉を飲みこみ、発語手前の身体でドラマを表現する。こうした演劇的身体は、〈行為〉だけがそこに投げ出されるような存在感を生むのである。

六〇年代以降のエッセンスが詰まった「肉体の演劇」。この転形劇場のスタイルは日本の演劇界でも異彩を放ち、世界でも類例を見ない実験劇となった。

大杉は『小町風伝』以降、劇団の看板俳優の一人になった。芸名も本名の「孝」から「漣」に変えた。その後、太田は『地の駅』『風の駅』など〈駅シリーズ〉を完成させる中で、劇団の幹を担う存在になっていた。

一九八五年、転形劇場はT2スタジオという拠点劇場を開場した。大杉はプロデュースも担うようになっていた。海外公演も増え、順風満帆のように思われた。だが、一九八八年、転形劇場は突然解散した。主たる理由は経済的なものだったが、それだけではなかった。解散の記者会見の席上で太田は、「今は機嫌のいい芸能ばかりがはびこり、芸術は壊滅した」と悲壮な言葉を綴り、このままの方式で続けていてもやがて崩壊するだろうと続けた。大杉はそんな場面に立ち会い、文化や芸術の危機的状況を身に染みこませていった。

助成金が成立する前夜だった。もし文化振興基金がもう二年早く成立していたら、転形劇場の解散もなかったろうし、大杉が劇団を離れることもなく、その後も舞台俳優を主軸に据えていたに違いない。もしそうなったら、映像の世界で渋い役を演じ、茶の間でも知られる役者大杉漣は存在しなかったかもしれない。あるいは演劇、映画両者をまたにかけて活躍しただろうか。大杉にとって果たしてどちらがよかったのか、今となってはわからない。

（二〇二〇年）

初出一覧

第Ⅰ部　太田省吾の〈ゆっくりの美学〉

第1章　太田省吾のために……書き下ろし。
第2章　太田省吾の「希望」……ソウル公演芸術祭セミナー、二〇一四年九月二〇日。
第3章　沈黙、減速、老い――「伝統とゆっくりの美学」から……密陽セミナー、二〇一三年七月二一日。

第Ⅱ部　太田省吾との対話――根源に向かう思考

第1章　太田省吾と沈黙の演劇……ストアハウス四階「シアターアーツ・カフェ」⑫にて、二〇〇五年七月一一日。第二次『シアターアーツ』二〇〇五年秋号。後に、『[証言] 日本のアングラ』作品社、二〇一五年、に収録。
第2章　根源に向かう演劇――虚と実のバランス……日本劇団協議会事務所にて、二〇〇一年一一月三日。『JOIN』三五号、二〇〇一年一二月。後に、『現代演劇の条件』晩成書房、二〇〇六年、に収録。
第3章　創造する伝統――現代演劇と大学教育……京都造形芸術大学〔現・京都芸術大学〕清心館大学学長室にて、二〇〇〇年一〇月一三日。未発表。

第４章　演劇よ、Ｊリーグに学べ……『CIVIC THEATRE』第二四、二五号、一九九七年。
第５章　表現の文法を変える――演出家の仕事……『演出家の仕事（１）』日本演出者協会＋西堂行人編、二〇〇六年、れんが書房新社。後に、前掲『[証言]日本のアングラ』に収録。

第Ⅲ部　最後の芸術家――太田省吾の仕事

第１章　最後の芸術家……『テアトロ』一九九四年一二月号。後に、『ドラマティストの肖像』れんが書房新社、二〇〇一年、に収録。
第２章　「沖縄」――太田省吾の戯曲作品から……『演劇学会紀要』四六巻、二〇〇八年。
第３章　八〇〜九〇年代の太田省吾……『小劇場は死滅したか』れんが書房新社、一九九六年、前掲『ドラマティストの肖像』。
第４章　危機の時代の太田省吾……近畿大学文芸学部論集『文学・芸術・文化』二〇一二年九月号。
第５章　太田省吾の仕事……『シアターアーツ』三二号、二〇〇七年秋号。

第Ⅳ部　太田省吾の闘い――転形劇場解散後の活動

第１章　不機嫌な時代を乗り切るために……「見ることの冒険」、『新劇』一九八九年四月号。
第２章　エロスへのまなざし……円『木を揺らす』パンフレット、一九九〇年五月。
第３章　表現と身体……萩原朔美編『うつしとられた身体』愛知芸術文化センター企画事業実行委員会、一九九五年。

後に、前掲『現代演劇の条件』に収録。
第4章　太田省吾の逆襲……『キマイラ』二号、一九九九年四月。
第5章　太田省吾の闘いと方法意識……新国立劇場パンフレット『↗ヤジルシ～誘われて』二〇〇二年一二月。
第6章　太田省吾さんを悼む……『毎日新聞』二〇〇七年七月二五日。
第7章　「楽天性」と「祝祭劇」……太田省吾　献花／お別れ会『オマージュ・太田省吾』五柳書院、二〇〇七年。
第8章　『小町風伝』初演の頃……日韓演劇フェスティバル公演パンフレット、二〇一二年二月。
第9章　ドラマティスト・太田省吾について……韓国版『更地』パンフレット、二〇一二年五月。
第10章　夏の祝祭と太田省吾の演劇上演……『理』三七号、二〇一四年一月。
第11章　韓国での二つの舞台から……『シアターコミュニケーションズ』日韓演劇交流センター、二〇一〇年。

第V部　舞台評・書評

1…劇評『小町風伝』――〈聖〉へ向う身体と空間……『走都』二号、一九七九年四月。後に、『劇的クロニクル』論創社、二〇〇六年、に収録。

2…劇評『抱擁ワルツ』――腐朽する夢の時間……『共創空間』六号、一九七九年一一月。後に、前掲『劇的クロニクル』に収録。

3…劇評『水の休日』――演出家の前衛的な態度……『テアトロ』一九八八年二月号。後に、前掲『劇的クロニクル』に収録。

4…劇評『夏の場所』――劇の漂着する場所……『テアトロ』一九八八年九月号。後に、前掲『劇的クロニクル』に収録。

5…劇評『小町風伝』――転形劇場の解散は芸術崩壊への挑発行為……『図書新聞』一九八八年一一月二六日。後に、前掲『劇的クロニクル』に収録。

6…劇評『更地』――空間の詩……『スタジオ・ボイス』一九九二年四月号。後に、前掲『劇的クロニクル』に収録。

7…劇評『砂の駅』――円く閉じられた時間と空間……『テアトロ』一九九四年三月号。後に、前掲『劇的クロニクル』に収録。

8…劇評『水の駅－3』――練れた身体性……『テアトロ』一九九八年一二月号。後に、前掲『劇的クロニクル』に収録。

9…劇評『砂の駅』／『トラベラー』――集団が獲得した身体性の可否……『日本照明家協会雑誌』二〇一二年一月号。

10…書評『なにもかもなくしてみる』――原点に立った身体……『書評空間』二〇〇六年三月。

11…書評『プロセス 太田省吾演劇論集』――思考実験の過程……『読書人』二〇〇七年一月一二日号。

12…書評『太田省吾 劇テクスト集』――演劇論を内包した言葉の束……『書評空間』二〇〇八年八月。

13…劇評『小町風伝』ほか――太田省吾と旅する一年……『テアトロ』二〇一四年三月号。

付録

付録1　太田省吾語録……『シアターアーツ』三二号、二〇〇七年秋号。
付録2　裸形の身体――転形劇場の大杉漣……『大杉漣 あるがままに』（『文藝』別冊）河出書房新社、二〇二〇年。

あとがきに代えて——太田省吾が残した問い

太田省吾さんが亡くなられて、すでに一四年になる。

太田さんについての本を早く出そうと思っていたのに、気がついてみたら、いつのまにか一四年も経ってしまった。まさにゆっくりの歩みである。

昨年、コロナ禍が起こり、日本列島はおろか世界中がこの感染症に巻き込まれた。このコロナ禍は演劇のあり方について再考を迫った。人と人が出会うことを妨げ、濃密な関係をつくることを阻み、人間の活動の停滞を招いた。だがそうであるがゆえに、わたしたちが〝当たり前〟だと思っていたことがそうでないことを再認識した。その時、わたしは、この状況を考えるのに太田省吾の劇はふさわしいのではないかと思い至った。その意味で、太田論を刊行するのに、今ほど絶妙なタイミングはないと考えるのである。

太田省吾と転形劇場の舞台について最初に書いたのは、一九七九年である。以来、四〇年以上にわたって継続的に書き続けてきた。今まで書いたものを集大成してみるにあたって、改めて発見することがあった。

一九八八年、転形劇場は解散した。その時、太田はいったいどのような思いで会見の席に向かったのだろう。

この年、唐十郎の状況劇場も解散した（その他、有力劇団も相次いで解散、もしくは活動を停止した）が、唐はすぐに唐組を結成し、再び活動を「再開」した。だが太田はそうではなかった。リセットした唐十郎と、その後紆余曲折があった太田とは何が違ったのか。

太田はベルリンにいる旧知の友人の誘いもあって、ドイツで劇を制作し公演した。並行して、藤沢市が創設した湘南台市民シアターの芸術監督に就任した。ここを拠点に太田は一〇年間、活動を行なうが、そこで創った新作は、おおむね旧転形劇場のメンバーを核としたものだった。つまり、劇団は解散したものの、ゆるやかな劇集団として継続したのだ。ただし固定した劇団ではなく、個人に帰って作品創造のために、その都度結集していく集団性である。公共性をバックにし、「いかだ方式」から脱却する構想の一端がここにあった。

一九九四年から、太田は近畿大学に招聘され、大学をもう一つの活動場所に据えた。演劇活動に「教育」プログラムを加えたのである。こうして創造の拠点を複数持つことで、一枚岩的なアングラ段階を超えようとしたのだろう。

アングラは近代演劇から現代演劇へ移行するための「過渡期」ではないかと、わたしは考えてきた。とすれば、この一九八八年がその「過渡期」の始まりだったのではないか。

アングラ・小劇場運動は、素人集団を母体に自らがまったく新しい演劇の文法をつくり出す「演劇革命」だった。その「運動」は、一九八八年を境に、事実上終焉を迎えた。その端緒を開いたのが太田省吾の活動だった。一方、唐十郎は六〇年代のアングラ革命に再び着手した。唐は身一つで若いメンバーを集め、ゼロから再出発したのだ。集団をシフトチェンジした太田と唐の差異は明らかである。ただし両者に優劣はない。演劇家の人生にとって選択肢は無限である。だが歴史的段階を考えるとき、太田と唐の活動はまったく異なるのだ。

世界では、一九八〇年代は、六〇年代の演劇革命の「その後」を追求していた。「ポスト・メインストリーム」という言葉を、わたしはヨーロッパでいく度か耳にした。ヤン・ファーブルやピナ・バウシュ、ウィリアム・フォーサイスなど新世代はすでに登場していた。「肉体の演劇」と呼ばれた六〇年代演劇は微妙にずらされ、美術、映像、音楽などさまざまな要素の組み換えによる新しい局面を迎えていた。太田省吾もまたその新局面をどこかで直観的に感じていたのではないか。ハンス=ティース・レーマンは、それらの傾向を「ポスト・ドラマ」と総称した。一九二〇年代の「(第一)演劇革命」から始まって、六〇年代の第二革命を経て、ここに演劇の「第三革命」が開始されたのである。

太田の転形劇場の解散は、そうした先を見たうえでの解散だったのではないか。もちろん、確信があったわけではないが、今までとはきっぱり訣別して、その先に身を投じていこうと太田は考えたのではないか。そうわたしは想像する。「なにもかもなくしてみる」時、新たな場所が浮上した。太田省吾が残した問いは、ここにある。

本書も『[証言]日本のアングラ』『蜷川幸雄×松本雄吉　二人の演出家の死』に続いて、内田眞人さんに編集してもらった。太田美津子さんには写真など、いろいろお手を煩わせた。感謝しかない。

今年、わたしは、太田さんが亡くなられた年齢に達する。

二〇二一年一〇月五日

著作一覧

『裸形の劇場』
（而立書房、1980）

『飛翔と懸垂』
（而立書房、1975）

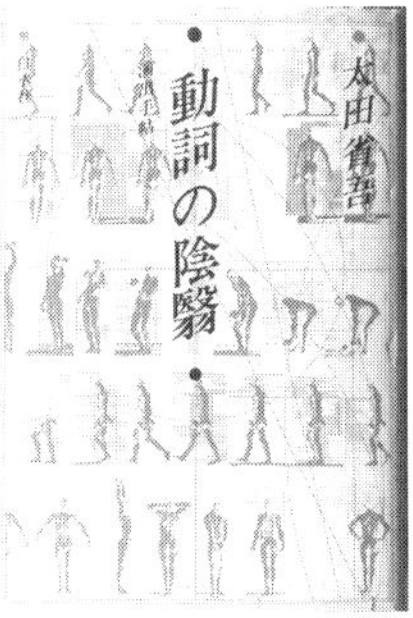

『動詞の陰翳』
（白水社、1983）

『小町風伝』
（白水社、1978）

『裸足のフーガ』
（而立書房、1984）

『老花夜想』
（三一書房、1979）

『なにもかもなくしてみる』
（五柳書院、2005）

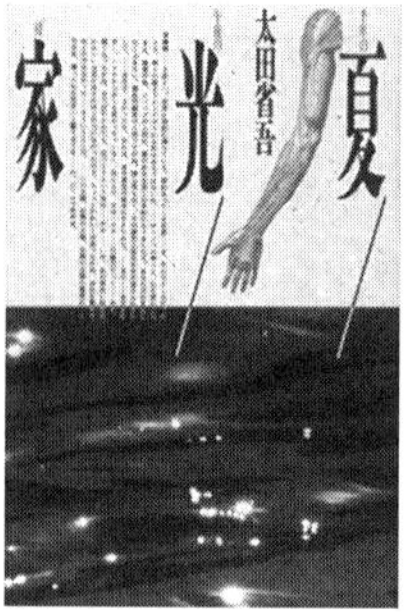

『夏／光／家』
（而立書房、1987）

雑誌『転形』創刊0号
（転形劇場T2スタジオ、発行人：太田省吾、1985）

『プロセス』
（而立書房、2006）

『劇の希望』
（筑摩書房、1988）

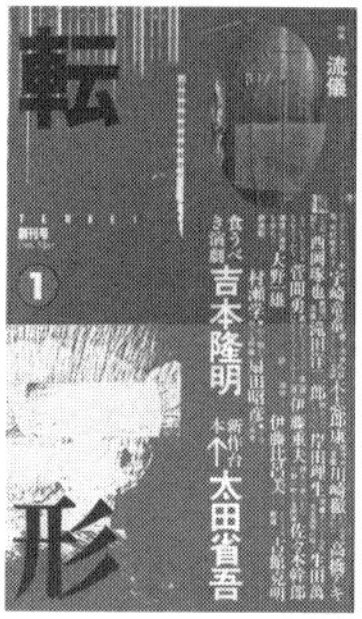

雑誌『転形』創刊号
（同上、1986）

『劇テクスト集（全）』
（草月堂書房、2007）

『舞台の水』
（五柳書院、1993）

太田省吾 作品略歴

1939年	中国済南市生まれ
1962年（23歳）	学習院大学政経学部中退
1968年（29歳）	劇団転形劇場設立に参加（主宰 程島武夫）
1970年（31歳）	転形劇場を主宰。赤坂の工房を拠点に活動開始 『乗合自動車の上の九つの情景』（国際芸術家センター） 『桜姫東文章』（転形劇場工房）
1971年（32歳）	『黒アゲハの乳房』（転形劇場工房）
1972年（33歳）	『花物語』（転形劇場工房） 『赤馬夜曲』（転形劇場工房）
1973年（34歳）	『金糸雀料理』（転形劇場工房）
1974年（35歳）	『老花夜想』（転形劇場工房）
1975年（36歳）	評論集『飛翔と懸垂』（而立書房） 『喜劇役者』（転形劇場工房） 『飢餓の祭り』ポーランド公演
1976年（37歳）	『硝子のサーカス』（転形劇場工房）

1977年（38歳）	『小町風伝』初演（矢来能楽堂）、以後、海外公演を含め上演回数約八〇回
1978年（39歳）	『小町風伝』で第二二回岸田國士戯曲賞受賞 戯曲集『小町風伝』（白水社） 『風枕』（転形劇場工房）
1979年（40歳）	戯曲集『老花夜想』（三一書房） 『抱擁ワルツ』（転形劇場工房）
1980年（41歳）	評論集『裸形の劇場』（而立書房） 『裸足のフーガ』初演（転形劇場工房、スタジオ200）
1981年（42歳）	『水の駅』初演（転形劇場工房）、以後、国内外二四都市で公演を重ね、上演回数二百回以上
1982年（43歳）	『死の薔薇』（転形劇場工房）、後に『プラスチック・ローズ』と改題
1983年（44歳）	評論集『動詞の陰翳』（白水社）
1984年（45歳）	戯曲集『裸足のフーガ』（而立書房）
1985年（46歳）	転形劇場T2スタジオを練馬区氷川台に開設 『地の駅』初演（大谷石地下採掘場跡） 『千年の夏』（T2スタジオ） 演劇集団〈円〉公演台本『棲家』執筆
1986年（47歳）	『↑（やじるし）』（T2スタジオ） 『風の駅』（T2スタジオ） 演劇集団〈円〉公演台本『午後の光』執筆
1987年（48歳）	戯曲集『夏／光／家』（而立書房） 『水の休日』（T2スタジオ）

１９８８年（49歳）	評論集『劇の希望』（筑摩書房） 演劇集団〈円〉公演台本『夏の場所』執筆 11月30日、劇団転形劇場解散
１９８９年（50歳）	『水の希望――ドキュメント転形劇場』（弓立社）
１９９０年（51歳）	演劇集団〈円〉公演台本『木を揺らす』執筆 『夏の船』初演（湘南台文化センター市民シアター） 藤沢市湘南台市民シアター芸術監督就任
１９９２年（53歳）	『更地』初演（湘南台文化センター市民シアター） 日独共同プロジェクト『風の駅（Ｗｉｎｄ）』ベルリン初演
１９９３年（54歳）	日独共同プロジェクト『風の駅』改め『砂の駅』初演（湘南台文化センター市民シアター） 『砂の駅』で第一回タシケント国際演劇祭グランプリ受賞 評論集『舞台の水』（五柳書院） 演劇集団〈円〉公演『ぼくはきみの夢を見た』作・演出
１９９４年（55歳）	『エレメント』初演（スパイラルホール） 近畿大学文芸学部芸術学科教授に就任
１９９５年（56歳）	日中韓共同プロジェクト『水の駅－２』初演（草月ホール）
１９９６年（57歳）	『更地』アメリカ公演
１９９７年（58歳）	『更地』ポーランド公演
１９９８年（59歳）	『水の駅－３』シンガポール公演
１９９９年（60歳）	京都造形芸術大学映像・舞台芸術学科教授に就任、同大学舞台芸術研究センター副所長を兼任

2000年（61歳）	『更地』を韓国語上演
2002年（63歳）	『↗ヤジルシ〜誘われて』（新国立劇場）
2003年（64歳）	ヨン・フォッセ作『誰か、来る』初めての海外戯曲の演出（世田谷パブリックシアター）
2005年（66歳）	評論集『なにもかもなくしてみる』（五柳書院） 『聞こえる、あなた?・』（京都芸術劇場春秋座）
2006年（67歳）	評論集『プロセス』（而立書房） ベケット作『ある夜－老いた大地よ』（シアタートラム）
2007年（68歳）	7月13日午後5時10分、死去 『太田省吾 劇テクスト集（全）』（早月堂書房）

（『オマージュ 太田省吾』「太田省吾 献花／お別れ会」制作、五柳書院編集、二〇〇七年、より）

『赤馬夜曲』

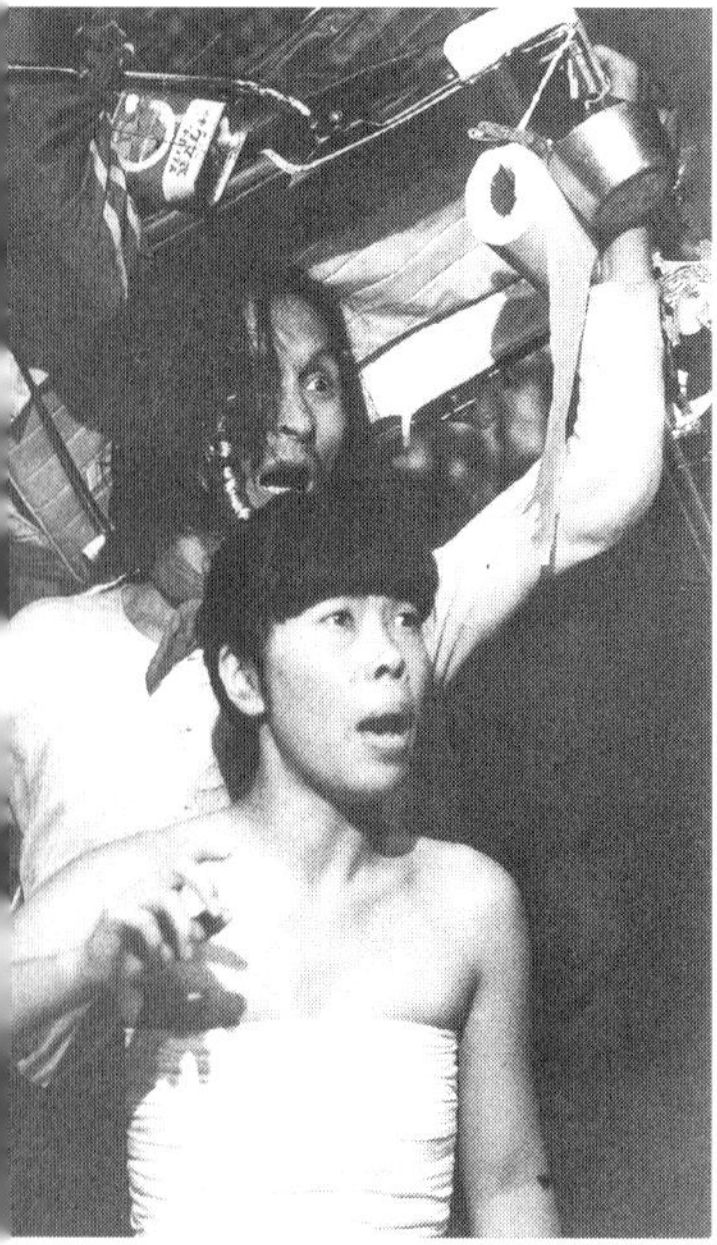
『喜劇役者』

『硝子のサーカス』(上2点)

『ある夜－老いた大地よ』(ベケット作)

[著者紹介]

西堂行人（にしどう・こうじん）

演劇評論家。明治学院大学文学部芸術学科教授。近畿大学文芸学部舞台芸術専攻教授（1998-2016年）。国際演劇評論家協会（AICT）日本センター前会長（2006-2012年）。日韓演劇交流センター副会長（2003年－現在）。演劇批評誌『シアターアーツ』前編集長（-2012年）。日本演劇学会会員・元理事。

1954年10月、東京生まれ。早稲田大学文学部（演劇専修）卒。同大学院中退。1978年から劇評活動を開始。一貫して劇現場の側に立ちながら批評活動を行ない、60年代以降の現代演劇を中心テーマに、アングラ・小劇場ムーブメントを理論化する。80年代末から世界演劇にも視野を広げ、韓国演劇及びドイツの劇作家ハイナー・ミュラーの研究プロジェクト（HMP；同代表）を展開。

読売演劇大賞、朝日舞台芸術賞、京都賞、日本文化振興基金、メセナ協議会などの審査員を務める。

90年代以降は大学で教育に関わる。早稲田大学文学部、日大芸術学部、明治学院大学など大学および大学院の非常勤講師を経て現職。

近畿大学国際人文科学研究所主催の「世界演劇講座」を2006年から開講。2014年より伊丹アイホールにて継続する。

これまで、2002年、2003年に「ハイナー・ミュラー／ザ・ワールド」の実行委員長。

2010年、アジアの演劇批評家による国際会議「国際共同制作と批評家の役割」、および2012年、日本演劇学会の全国大会「現代演劇と批判的想像力」の実行委員長を務める。

ほかに海外発表（ドイツ、クロアチア、アメリカ、フランス、カナダ、エジプト、イギリス、ポーランドなど）、韓国ではシンポジウム、講演など多数行なう。

また国内では、劇評家講座、世界演劇講座～シアターカフェなど、講座・シンポジウムなど多数開催。

主な著書に、『[証言] 日本のアングラ――演劇革命の旗手たち』『蜷川幸雄×松本雄吉――二人の演出家の死と現代演劇』（以上、作品社）、『唐十郎 特別講義――演劇・芸術・文学クロストーク』（唐十郎との共著、国書刊行会）、『日本演劇思想史講義』『演劇思想の冒険』『ハイナー・ミュラーと世界演劇』『劇的クロニクル』（以上、論創社）、『見ることの冒険』『小劇場は死滅したか』『ドラマティストの肖像』（以上、れんが書房新社）、『韓国演劇への旅』『現代演劇の条件』『演劇は可能か』（以上、晩成書房）ほか。

編著に、『演出家の仕事――60年代・アングラ・演劇革命』『八〇年代・小劇場演劇の展開』（以上、れんが書房新社）、『如月小春は広場だった』（新宿書房）、『「轟音の残響」から――震災・原発と演劇』（晩成書房）、『近大はマグロだけじゃない！』（論創社）ほか。

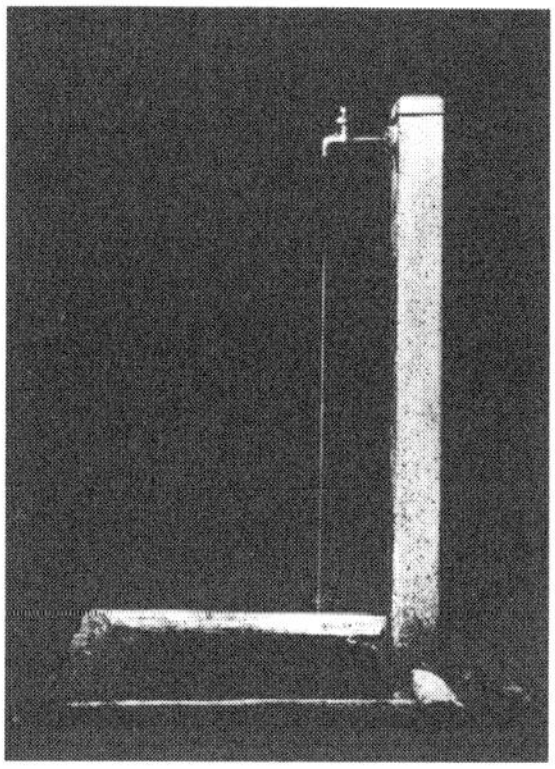

ゆっくりの美学

——太田省吾の劇宇宙

2022年 1 月10日 第 1 刷印刷
2022年 1 月20日 第 1 刷発行

著　者——西堂行人

発行者——青木誠也
発行所——株式会社作品社
102-0072 東京都千代田区飯田橋 2-7-4
Tel 03-3262-9753　Fax 03-3262-9757
振替口座 00160-3-27183
https://www.sakuhinsha.com

編集担当——内田眞人
装丁——小川惟久
本文組版——ことふね企画
印刷・製本—シナノ印刷（株）

ISBN978-4-86182-871-3 C0074